오픈 소스로 알아보는 SDN입문

오픈 소스로 알아보는 SDN 입문

초판 1쇄 발행 2024년 3월 20일

지은이 강효성
편 집 김은숙

펴낸이 한창훈

펴낸곳 루비페이퍼 / **등록** 2013년 11월 6일(제 385-2013-000053 호)
주소 경기도 부천시 원미구 길주로 252 1804호
전화 032-322-6754 / **팩스** 031-8039-4526
홈페이지 www.RubyPaper.co.kr
ISBN 979-11-93083-12-3

* 이 책은 저작권법에 따라 보호받는 저작물이므로 무단 전재와 무단 복제를 금하며,
  이 책 내용의 전부 또는 일부를 이용하려면 저작권자와 루비페이퍼의 서면 동의를 받아야 합니다.
* 책값은 뒤표지에 있습니다.
* 잘못된 책은 구입처에서 교환해 드리며, 관련 법령에 따라 환불해 드립니다.
  단, 제품 훼손 시 환불이 불가능합니다.

저자 서문

네트워크 통신의 시작은 '데이터를 출발지에서 목적지까지 안전하고 빠르게 전달한다'는 아주 단순한 목적에서 시작된다. 그리고 기술이 점차 발전하면서 네트워크 통신 방식 또한 신뢰성, 효율성, 안정성 등을 크게 향상시킬 수 있는 다양한 신기술들이 등장했고, 그중 효율성 관점에서 등장한 개념이 바로 SDN이다. SDN의 가장 큰 핵심은 데이터의 전송 영역과 제어 영역을 서로 나누고, 모든 데이터 전송에 대한 제어를 한곳에서 중앙집중식으로 수행하는 네트워크 구조를 갖는다는 점이다. 따라서 네트워크 관리자 입장에서는 넓은 범위의 네트워크 인프라를 보다 효율적으로 한번에 통합 관제할 수 있다는 장점이 있다. 그리고 이와 관련된 네트워크 기능들이 소프트웨어로 정의된 별도의 애플리케이션으로 구현 가능하게 되면서, 해당 네트워크 통신 방식을 이름 그대로 '소프트웨어 정의 네트워킹(SDN, Software Defined Networking)'이라고 부른다.

SDN의 등장 이후, 해당 기술에 대한 사람들의 반응은 대체로 반반이었다. 차세대 네트워크 기술로 받아들이는 사람도 있지만, 종래의 중앙집중식 네트워크 관제 방식과 크게 다르지 않다는 의견도 많았다. 하지만 현재까지 SDDC, SD-LAN, SD-WAN 등 이름 앞에 'SD(Software Defined)~'가 앞에 붙는 다양한 네트워크 응용 솔루션들이 등장한 걸 보면, 단순히 SDN 기술을 이름만 바꾼 구세대 네트워크 기술로 보기에는 어려울 것 같다. 이제는 네트워크 기술의 한 분야로서 파악할 필요가 있다. 이런 관점에서 네트워크를 처음 공부하는 사람들에게는 종래의 네트워크 방식과 비교하여 SDN 기술을 보다 쉽게 이해할 수 있도록 도와주는 기본서의 역할을, 네트워크 관련 현업 종사자들에게는 SDN 기반 기술에 대한 다양한 경험을 제공하는 가이드로써의 역할을 해주길 바라며 본 서적을 집필했다.

♣♣♣

끝으로 언제나 주말 그리고 퇴근 후 원고 집필에 집중할 수 있게 도움을 아끼지 않았던 사랑하는 아내 이보람과 언제나 '아빠'라고 부르며 안아 주는 귀여운 아들 강유겸에게 고맙다는 말을 남긴다. 그리고 마지막으로 2022년 코로나 위중증으로 하늘나라에 계신 나의 아버지, '항상 사랑하고, 존경하고, 감사합니다.'

2024년 3월

강효성

이 책의 구성

이 책은 총 7장으로 구성되어 있다. 1장에서는 종래의 네트워크와 비교하여 SDN에 대한 기본 구조를 이해하고, 이를 구성하는 핵심 구성 요소(SDN 제어기/SDN 프로토콜/SDN 스위치/네트워크 운영체제)에 대해 간단하게 소개한다. 2장부터 4장까지는 1장에서 소개한 SDN 핵심 구성 요소를 중심으로 각각의 기술 특징과 관련 동향 정보를 분석하여 설명한다. 그리고 5장부터 6장까지는 실제 네트워크 통신 과정에서 SDN을 적용하는 기본 실습부터, 오픈 소스를 활용한 SDN 기반 네트워크 관제 시스템까지 직접 구축해 본다. 마지막 7장에서는 5G 네트워크 환경에서 기업과 통신사가 바라보는 미래 SDN의 위치와 역할에 대해 알아본다.

본 서적은 SDN에 대한 기본서의 역할과 더불어 실제 네트워크 현업에서 SDN 기술을 어떻게 바라보고, 활용하며 또 전망하는지에 대한 실무서 역할을 하기 위한 목표로 정리되었다. 특히 SDN만 가지고 무언가를 하기 보다는 다양한 오픈 소스를 사용하여 SDN 기술이 어떻게 활용되는지 실습 내용을 추가해 직접 확인할 수 있도록 구성했다.

※ 일러두기
- 이 책의 5, 6장 실습에서 필요한 예제 코드 및 스크립트 파일은 저자 네이버 블로그의 '공지 사항'을 통해 공유됩니다.
- 저자 블로그 주소: http://blog.naver.com/love_tolty (Tolty의 소프트웨어 & 하드웨어 공작소)

Contents

Chapter 01   SDN의 이해   1

1.1   SDN 이해에 필요한 네트워크 기본 개념   2
- 1.1.1   네트워크란?   2
- 1.1.2   네트워크 관리의 주체, '네트워크 서비스 제공자'   3

1.2   종래의 네트워크 구조를 통해 SDN 이해하기   5
- 1.2.1   네트워크 장비로 보는 종래의 네트워크 구조와 그 한계   5
- 1.2.2   효율적인 네트워크 관리 방법, SDN의 등장   11
- 1.2.3   종래 네트워크와 SDN의 구조 비교   14

1.3   SDN의 등장 이전 중앙집중식 네트워크 구조와 그 한계   16

1.4   SDN의 핵심 구성 요소 파악하기   20

Chapter 02   SDN 제어기   25

2.1   OpenDaylight   26
- 2.1.1   1등 SDN 제어기, OpenDaylight   26
- 2.1.2   네트워크 솔루션 제공 업체 중심의 SDN 제어기   28
- 2.1.3   OpenDaylight 상용화 현황   30
- 2.1.4   OpenDaylight 배포판 현황   31
- 2.1.5   OpenDaylight 구조 분석   32

2.2   ONOS   33
- 2.2.1   통신 사업자 중심의 SDN 제어기   33
- 2.2.2   ONOS 상용화 현황   35
- 2.2.3   ONOS 배포판 현황   36
- 2.2.4   ONOS 구조 분석   38

2.3		**Floodlight**	42
	2.3.1	OpenDaylight와 형제 SDN 제어기	42
	2.3.2	Floodlight 구조 분석	43
	2.3.3	Floodlight 상용화 현황	45
	2.3.4	Floodlight 배포판 현황	47
2.4		오픈 소스 SDN 제어기 비교	48

Chapter 03 SDN 프로토콜, OpenFlow — 53

3.1		**OpenFlow의 기본 구조**	54
	3.1.1	SDN 제어기와 SDN 스위치 사이의 연결 구조	54
	3.1.2	플로우 테이블의 구조와 동작 과정	55
3.2		**OpenFlow로 살펴보는 SDN의 동작 과정**	58
	3.2.1	리액티브(Reactive) 방식의 플로우 정책 설정 과정	59
	3.2.2	프로액티브(Proactive) 방식의 플로우 정책 설정 과정	64
	3.2.3	리액티브 방식과 프로액티브 방식 비교	66
3.3		**OpenFlow 기술 동향**	68
	3.3.1	OpenFlow 배포 현황	68
	3.3.2	SDN 제어기의 OpenFlow 지원 현황	70

Chapter 04 SDN 스위치 — 73

4.1		**SDN 스위치의 구조**	73
	4.1.1	외부 구조	73
	4.1.2	내부 구조	75
4.2		**SDN 스위치의 두뇌, ASIC**	78
	4.2.1	ASIC의 역할	78
	4.2.2	제조사별 ASIC 비교 분석	82
	4.2.3	프로그래밍 가능한 ASIC	85
	4.2.4.	프로그래밍 가능한 ASIC이 가져온 변화	86

4.3		네트워크 운영체제, NOS	90
	4.3.1	NOS의 종류와 구분	90
	4.3.2	NOS 분석 (1) - Cumulus Linux	92
	4.3.3	NOS 분석 (2) - PicOS	95
	4.3.4	NOS 분석 (3) - OF-DPA	100
	4.3.5	NOS 요약 정리	103
4.4		개방형 네트워크 스위치, '화이트 박스(White-Box) 스위치'	105
	4.4.1	화이트박스 스위치란?	105
	4.4.2	화이트박스 스위치의 등장 배경	106
	4.4.3	범용 NOS 인스톨러, 'ONIE'	109
	4.4.4	업체별 화이트박스 스위치 비교 분석하기	112

Chapter 05 SDN 실습 기초편 : SDN 제어기로 플로우 정책 설정하기
115

5.1		사전 실습 준비 사항	115
	5.1.1	우분투(Ubuntu) 22.04 LTS 서버 설치	116
	5.1.2	라즈베리 파이3에 우분투 마테(Ubuntu MATE) 20.10 버전 설치	137
	5.1.3	우분투 네트워크 설정하기	155
	5.1.4	도커(Docker) 컨테이너 환경 구축	161
5.2		OpenDaylight로 일반 TCP 패킷 제어하기	168
	5.2.1	OpenDaylight 설치 환경 구축	169
	5.2.2	자바(JAVA) 1.8 설치	170
	5.2.3	OpenDaylight 설치하기	174
	5.2.4	OpenDaylight GUI 설치	177
	5.2.5	OpenFlow 관련 Feature 설치	179
	5.2.6	가상 네트워크 구성	182
	5.2.7	가상 네트워크 구조 파악	185
	5.2.8	OpenDaylight로 플로우 정책 설정	191
	5.2.9	호스트 간 통신 과정 분석	197
	5.2.10	네트워크 토폴로지 정보 확인	202

5.3		ONOS로 VLAN 패킷 제어하기	204
	5.3.1	실습 구조 소개	206
	5.3.2	ONOS 설치 환경 구축	208
	5.3.3	ONOS 설치 및 실행(1) – 소스 파일 직접 빌드하여 설치/실행하기	209
	5.3.4	ONOS 설치 및 실행(2) – 도커(Docker) 컨테이너로 ONOS 실행하기	215
	5.3.5	ONOS CLI 접속	221
	5.3.6	ONOS GUI 접속	222
	5.3.7	OpenFlow 앱 실행	224
	5.3.8	라즈베리파이에 물리 네트워크 구성	225
	5.3.9	VLAN 설정	229
	5.3.10	Open vSwitch 가상 네트워크 구성	232
	5.3.11	Open vSwitch를 ONOS에 연결	236
	5.3.12	Open vSwitch 연결 구조 파악	241
	5.3.13	VLAN 플로우 정책 설정	245
	5.3.14	호스트 간 통신 과정 분석	254
	5.3.15	네트워크 토폴로지 확인	260

Chapter 06　SDN 실습 고급편 : SDN으로 실시간 트래픽 처리량 출력하기　261

6.1		실습 구조 소개	262
6.2		단계 1: Mininet + ONOS 구성	265
	6.2.1	ONOS 설치 및 애플리케이션 실행	265
	6.2.2	가상 네트워크 구성	267
	6.2.3	호스트 간 통신 테스트	270
6.3		단계 2: Celery 구성	272
	6.3.1	Celery 설치	274
	6.3.2	RabbitMQ 설치	274
	6.3.3	트래픽 처리량 계산 공식 도출	275
	6.3.4	Celery 태스크 생성	279
6.4		단계 3: InfluxDB 구성	286
	6.4.1	InfluxDB 설치	287
	6.4.2	DB 생성	288
	6.4.3	데이터베이스에 트래픽 처리량 저장	289

6.5		단계 4: Grafana 구성	292
	6.5.1	Grafana 설치	293
	6.5.2	Grafana와 InfluxDB 연동	295
	6.5.3	Grafana 대시보드 설정	297
	6.5.4	그래프 타이머 설정	302
	6.5.5	그래프 동작 확인	303

Chapter 07　5G 시대 미래 SDN의 전망　307

7.1		기업에서 바라보는 5G와 SDN의 위치와 역할	308
	7.1.1	화웨이(Huawei)	308
	7.1.2	시스코(Cisco)	309
	7.1.3	노키아(Nokia)	315
	7.1.4	시에나(Ciena)	317
7.2		국내 통신사에서 바라보는 5G와 SDN의 위치와 역할	319
	7.2.1	KT	319
	7.2.2	SK 텔레콤	320
	7.2.3	LG U+	323
7.3		5G 네트워크 환경에서 SDN의 역할 요약	324

CHAPTER 1

SDN의 이해

소프트웨어 정의 네트워킹(Software-Defined Networking, 이하 SDN)은 네트워크 공부를 시작하면 누구나 한 번쯤 접하게 되는 기술 분야이다. 2010년대 초반부터 본격적으로 국내에 소개되어 통신사, IT 기업, 관련 학술기관 등의 주도로 연구 개발이 시작되었으며, 오늘날 5G에 이르기까지 다양한 네트워크 분야에 적용되어 운용 중에 있다.

네트워크 관련 실무자들이 보기에 10년 이상 지난 SDN 기술 자체는 그렇게 어려운 개념이 아니다. 하지만 네트워크를 처음 접하는 입문자가 이해하기에는 인터넷에 공개된 자료나 관련 서적에서 SDN 기술을 다소 어렵게 설명하고 있다. 그래서 이번 장에서는 SDN 기술에 대한 역사나 등장 배경 등 실무와 관련 없는 이야기는 싹 다 빼고, SDN 기술의 구조, 기능적인 측면과 종래의 네트워크를 비교해 보며 SDN이라고 부르는 기술이 대체 무엇인지부터 알아보겠다.

1.1 : SDN 이해에 필요한 네트워크 기본 개념

1.1.1 네트워크란?

1장인 만큼 기본적인 네트워크의 개념부터 간단히 살펴보자. 우선 네트워크(Network)는 net과 work의 합성어로써, net은 그물망(net)처럼 얽힌 복잡한 통신망을 의미하고 work는 해당 통신망을 통해 데이터를 주고받는 작업(work)을 의미한다. 말 그대로 네트워크란, 종단과 종단 사이의 통신을 목적으로 구성된 그물처럼 얽힌 유·무선 인프라망을 말한다. 보통 네트워크라고 하면 [그림 1-1]의 데이터센터와 같이 수십 개의 서버와 네트워크 장비 그리고 이를 연결하는 수십만 개의 유선 케이블이 복잡하게 엉켜 있는 구조를 떠올리기 쉽다. 그러다 보니 막상 네트워크란 개념을 약간 어렵게 생각하는 경향이 있지만 이런 구조는 규모가 큰 네트워크의 한 형태일 뿐이며 실제 네트워크의 기본 요소부터 하나하나 살펴보면 오히려 네트워크 구조는 굉장히 단순해진다.

[그림 1-1] 데이터 센터의 네트워크 구조

가장 기본적인 네트워크의 형태는 [그림 1-2]와 같이 서비스를 요청하고 수신하는 클라이언트(Client)와 해당 클라이언트로부터 요청받은 서비스를 제공하는 서버(Server)가 한 대씩 서로 연결되어 구성되는 일대일(1:1) 통신 구조이다.

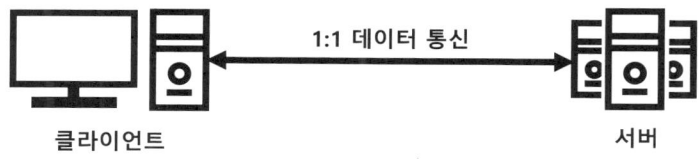

[그림 1-2] 일대일 방식의 단순 네트워크 구조

이런 단순 일대일 방식의 네트워크 구조는 오늘날 [그림 1-3]과 같이 점차 여러 대의 서버와 클라이언트들이 다대다(n:m) 방식으로 서로 긴밀히 복잡하게 연결되면서 그 규모가 범지구적으로 이르게 된다. 대표적으로 인터넷이 여기에 해당된다

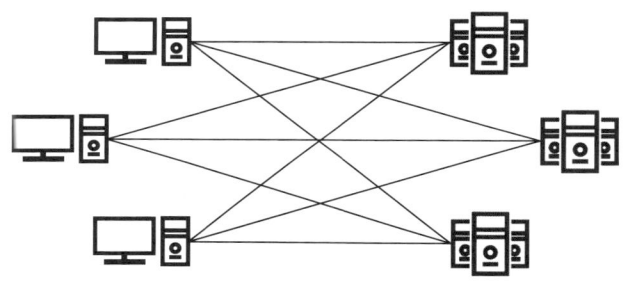

[그림 1-3] 다대다 방식의 복잡한 구조로 발전한 오늘날 네트워크 구조

1.1.2 네트워크 관리의 주체, '네트워크 서비스 제공자'

네트워크가 발전함에 따라 온라인 게임, E-Mail, SNS, 쇼핑, 금융 등 다양한 네트워크 서비스들도 쏙쏙 등장한다. 이런 네트워크 서비스는 **네트워크 서비스 제공자**(Network Service Provider, NSP)를 통해 가정이나 기업에 있는 고객에게 제공된다. 여기서 네트워크 서비스 제공자란 서버와 클라이언트 사이에 위치하여 네트워크 통신 서비스를 중계하고 관리하는 주체를 말한다.

예를 들어, 넥슨이나 엔씨소프트와 같은 국내 게임 회사에서 새로운 온라인 게임을 개발하여 서비스를 개시하면 사용자는 집이나 PC방에서 인터넷을 통해 해당 게임 서비스에 자신의 계정으로 접속할 수 있다. 해당 과정을 네트워크 관점에서 바라본다면, [그림 1-4]와 같이 네트워크를 통해 게임 서비스를 제공하는 게임 개발사의 컴퓨터 시스템 혹은 장치를 **서버**, 사용자가 직접 게임 서비스를 이용하는 컴퓨터를 **클라이언트**라고 할 수 있다. 이때 서버와 클라이언트 사이에서 네트워크를 관리하여 서비스를 중계하는 주체가 바로 **네트워크 서비스 제공자**이다.

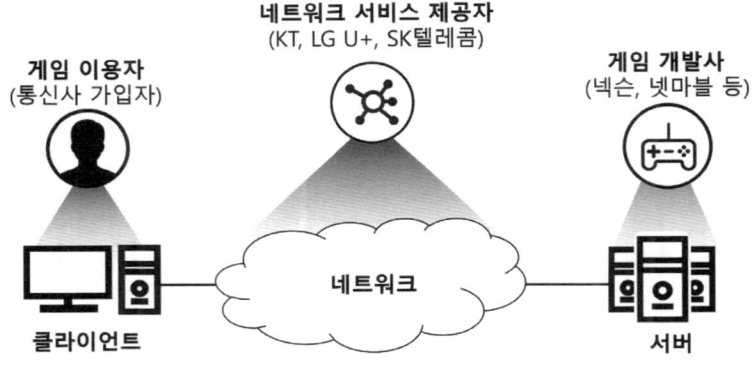

[그림 1-4] 네트워크 관리를 담당하는 네트워크 서비스 제공자

네트워크 서비스 제공자는 가입자에게 유·무선 네트워크 서비스 회선을 제공하고, 해당 회선을 통한 빠른 데이터 송수신, 그리고 데이터의 보안성과 신뢰성을 보장하는 역할을 한다. 오늘날에 제공되는 네트워크의 형태가 대부분 인터넷이기 때문에 인터넷 서비스 제공자(Internet Service Provider, ISP)라고도 부르며, 대표적으로 KT, SK텔레콤(SKT), LG유플러스(LG U+)와 같은 국내 이동통신사들이 여기에 해당한다.

> 📝 **정리 노트!**
> - 네트워크는 종단과 종단 사이의 통신을 목적으로 구성된 그물처럼 얽힌 유·무선 인프라망을 말한다.
> - 네트워크의 형태에는 데이터를 제공하는 서버와 이를 요청하여 수신하는 클라이언트의 연결 규모에 따라 단순 일대일(1:1) 구조부터 다대다(n:m)로 연결되는 네트워크까지 포함한다.
> - 서버와 클라이언트 사이에는 네트워크가 존재하며 이를 제공하고 관리하는 주체는 네트워크 서비스 제공자이다.
> - 네트워크 서비스 제공자에는 대표적으로 KT, SK텔레콤, LG유플러스와 같은 국내 이동통신사들이 여기에 포함된다.

1.2 : 종래의 네트워크 구조를 통해 SDN 이해하기

1.2.1 네트워크 장비로 보는 종래의 네트워크 구조와 그 한계

앞서 살펴본 것처럼 기본적으로 네트워크는 서버와 클라이언트 사이에 구성된 인프라망을 의미하며, 해당 인프라망은 네트워크 서비스 제공자에 의해 관리된다. 네트워크 서비스 제공자가 관리하는 실제 네트워크 구조를 좀 더 깊게 살펴보면 [그림 1-5]와 같이 그 안에는 수십, 수백 여 대의 네트워크 장비들이 서로 긴밀히 복잡하게 연결된 것을 알 수 있다. 여기서 네트워크 장비들은 이런 복잡한 연결 구조 상에서 서버와 클라이언트 사이에 오고가는 데이터들이 목적지까지 최단 경로로 빠르고 안전하게 전달되도록 보장하는 역할을 수행한다.

이처럼 네트워크의 역할은 네트워크 장비에 의해 대부분 수행되기 때문에 보통 우리가 말하는 네트워크의 성능과 기능들은 네트워크를 구성하는 다양한 장비에 의해 결정된다고 봐도 무방하다. 그렇기 때문에 일반적으로 네트워크 장비의 특성(Specification)을 통해 네트워크의 성능과 그 기능을 충분히 파악할 수 있다. 그럼 종래의 네트워크를 구성하는 네트워크 장비는 어떤 구조와 기능으로 구성되어 있을까? 오늘날 일반적으로 사용되고 있는 네트워크 장비의 구조를 통해 SDN 등장 이전 종래의 네트워크 구조를 한번 살펴보자.

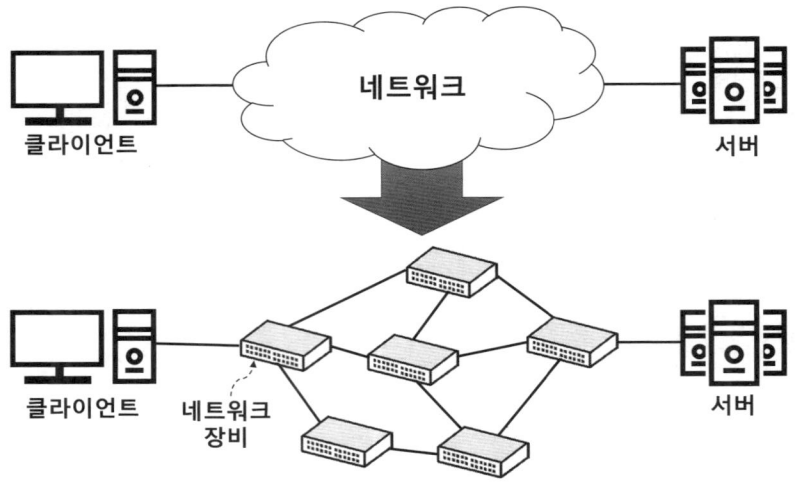

[그림 1-5] 여러 네트워크 장비로 구성된 실제 네트워크의 구조

우선 [그림 1-6]과 같이 전통적인 네트워크 장비의 내부 구조를 들여다보면, 네트워크 장비는 평면(Plane)이라는 영역 단위로 그 기능과 역할을 구분하는데, 이를 크게 제어 평면(Control Plane)과 데이터 평면(Data Plane) 그리고 관리 평면(Management Plane)으로 나뉜다. 제어 평면은 네트워크 장비 내부로 들어온 패킷의 정보를 가지고 패킷이 최적 경로로 목적지까지 전달될 수 있도록 라우팅과 같은 패킷 제어 및 설정을 담당한다. 데이터 평면은 네트워크 장비 내부로 유입된 패킷을 다시 외부로 전송하는 것을 담당하고, 관리 평면은 제어 평면과 데이터 평면 사이의 동작 및 성능을 관리한다. 그리고 이렇게 3가지의 평면을 통해 하나의 네트워크 장비가 구성된다.

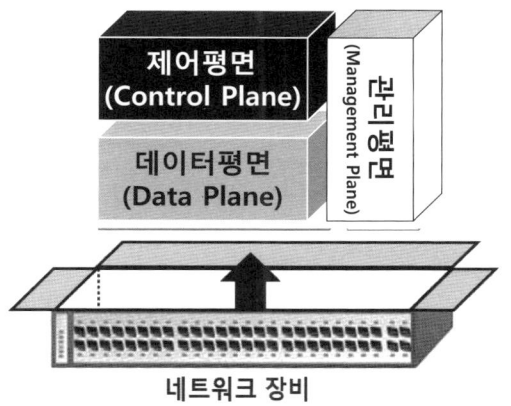

[그림 1-6] 고전적인 네트워크 장비의 내부 구조

이 중 네트워크 장비가 데이터를 목적지까지 전달할 때, 가장 핵심적인 기능을 수행하는 것이 바로 제어 평면과 데이터 평면이다. 네트워크 장비 내부로 데이터 패킷이 들어오면 제어 평면은 해당 패킷의 헤더에 포함된 IP 주소와 MAC 주소 정보 등을 고려하여 해당 패킷을 어떤 포트로 어떤 설정을 통해 내보낼지 결정하고, 데이터 평면은 제어 평면에서 미리 정의한 네트워크 정책(VLAN 설정 등)을 적용하여 패킷을 출력 포트로 내보낸다.

그렇다면 이렇게 제어 평면과 데이터 평면으로 이루어진 네트워크 장비들이 네트워크 내에서는 어떤 방식으로 서로 통신할까? 예를 들어, [그림 1-7]처럼 10.0.0.0/24 대역의 네트워크 IP 주소를 가지는 서버와 클라이언트 사이에 3대의 네트워크 장비가 연결되어 있다고 가정해 보자. 해당 네트워크 장비들은 제어 평면과 데이터 평면으로 구성되어 있고, 여기서 IP 주소가 10.0.0.2로 할당된 클라이언트에서 IP 주소 10.0.0.3이 할당된 서버로 데이터를 보내려 한다.

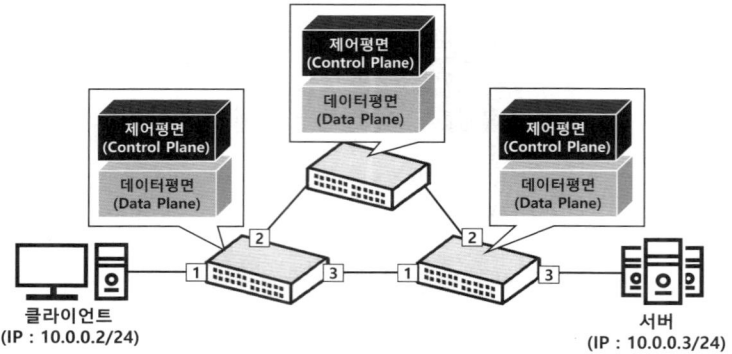

[그림 1-7] 3개의 네트워크 장비로 구성된 네트워크 구조

이때 클라이언트에서 서버로 데이터를 전달할 수 있는 라우팅 경로는 [그림 1-8]과 같이 크게 2가지이다. 하나는 네트워크 장비 3대를 ① → ② → ③ 순으로 지나는 경로(1)이고, 다른 하나는 네트워크 장비 2대를 ① → ③ 순으로 지나는 경로(2)이다.

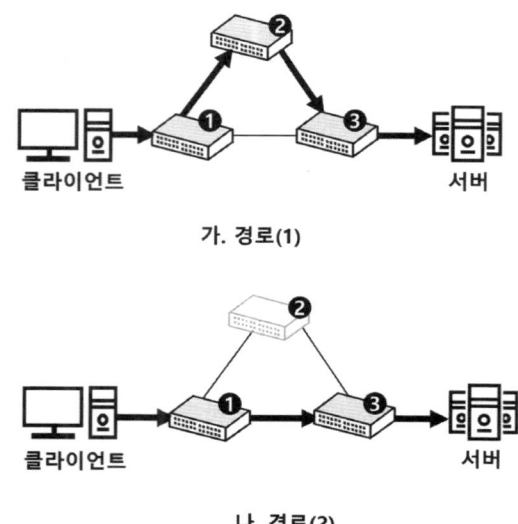

[그림 1-8] 클라이언트가 서버로 데이터를 보낼 수 있는 2가지 라우팅 경로

네트워크 관리자가 위의 2가지 경로 중에 데이터가 네트워크 장비 ① → ② → ③ 순으로 지나는 경로(1)을 최적 경로로 결정했다면 이에 맞게 라우팅 테이블을 수정해야 한다. 즉, 네트워크 관리자가 [그림 1-9]와 같이 네트워크 장비에 유입된 데이터가 경로(1) 순서대로 포워딩 되도록 각 네트워크 장비에 직접 접속하여 코드 라인을 수동으로 입력해 라우팅 테이블의 내용을 수정해 주어야 한다는 의미이다. 그리고 이때 라우팅 테이블을 통한 경로 설정을 수행하는 영역이 바로 **제어 평면**에 해당된다.

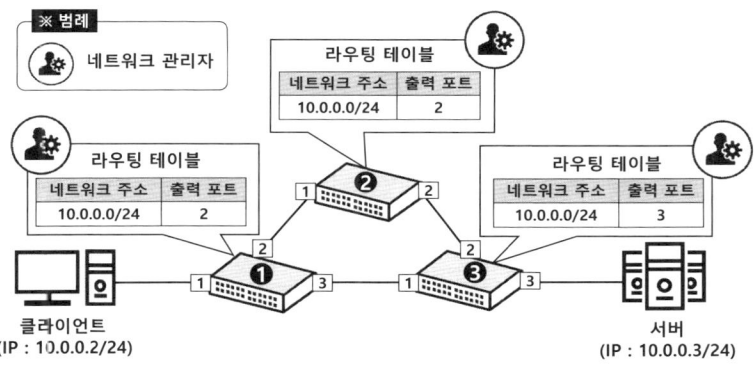

[그림 1-9] 라우팅 테이블 설정

이제 라우팅 테이블 설정이 [그림 1-9]와 같이 완료되었다면 실제 클라이언트가 서비스를 요청하기 위해 서버로 데이터를 전달할 때, 라우팅 테이블이 어떤 역할을 하는지 살펴보자. 먼저 클라이언트에서 서버로 데이터를 보내면, [그림 1-10]처럼 해당 데이터는 제일 먼저 1번 포트를 통해 네트워크 장비 ①로 전달된다. 데이터를 수신한 네트워크 장비 ①은 데이터의 헤더 부분에 포함된 목적지 네트워크 주소가 10.0.0.0/24 대역임을 파악하고, 자신의 라우팅 테이블에서 해당 네트워크 주소와 일치하는 출력 포트 2번으로 데이터를 포워딩한다. 이어서 1번 포트를 통해 데이터를 수신받은 네트워크 장비 ②도 같은 방식으로 자신의 라우팅 테이블에서 해당 네트워크 주소와 일치하는 출력 포트 2번으로 데이터를 포워딩한다. 그 다음 2번 포트를 통해 데이터를 수신한 네트워크 장비 ③ 또한 같은 방식으로 자신의 라우팅 테이블에서 해당 네트워크 주소에 일치하는 출력 포트 3번으로 데이터를 포워딩하여 최종 목적지인 서버에 전달한다. 그리고 이런 일련의 데이터 전송 과정을 수행하는 영역이 바로 **데이터 평면**이다.

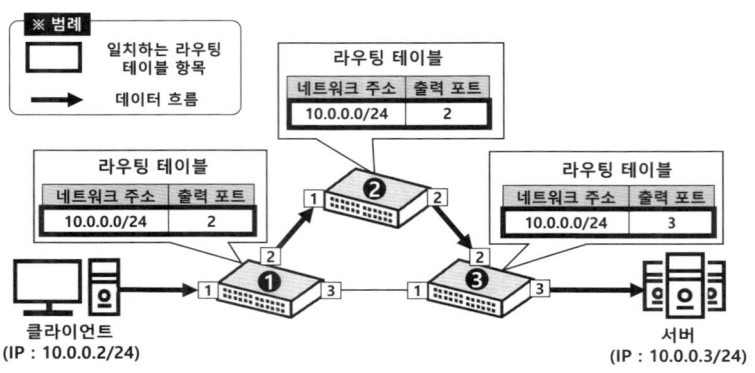

[그림 1-10] 라우팅 테이블을 기준으로 데이터 전송이 이루어지는 과정

이처럼 네트워크를 구성하는 각 네트워크 장비들은 제어 평면과 데이터 평면이 하나의 네트워크 장비를 구성하기 때문에, 네트워크 장비의 구조와 데이터 통신 프로토콜을 이해하고 있는 네트워크 관리자가 직접 해당 네트워크를 구성하는 모든 네트워크 장비들에 터미널로 접속하여 일일이 명령 코드를 수동으로 입력해 주어야 한다.

이와 같은 방식은 [그림 1-11]-(가)처럼 네트워크 장비 한두 대 정도로만 구성되는 소규모 네트워크라면 모르겠지만 [그림 1-11]-(나)와 같이 수십여 대 이상의 네트워크 장비로 구성된 규모가 큰 네트워크라면 데이터를 주고받는 경로상의 네트워크 장비들도 그만큼 많아지기 때문에 네트워크 관리자가 네트워크 장비마다 경로를 일일이 설정해야하는 번거로움이 크고 초기 라우팅 설정 과정에 많은 시간이 소요된다.

[그림 1-11] 네트워크 규모별 관리되는 네트워크 장비의 수

1.2.2 효율적인 네트워크 관리 방법, SDN의 등장

앞서 설명한 내용을 간단히 정리해 보면 종래의 네트워크 구조는 [그림 1-12]와 같이 제어 평면과 데이터 평면이 하나의 네트워크 장비를 구성하고 있으며 해당 네트워크 장비들이 유기적으로 연결되어 하나의 네트워크를 구성한다. 그리고 그 네트워크 규모가 커짐에 따라 네트워크 관리자가 관리해 주어야 하는 네트워크 장비의 수도 비례해서 증가하게 된다.

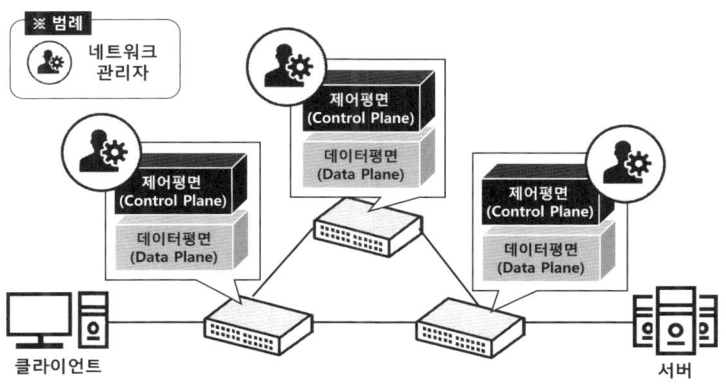

[그림 1-12] 네트워크 관리자가 모든 장비를 일대일로 관리해 주어야 하는 네트워크 구조

이때 늘어난 네트워크 장비들을 대상으로 네트워크 관리자가 직접 장비로 접속해 명령어 코드 라인을 일일이 수동으로 입력하여 네트워크 설정을 해 주어야 하기 때문에 관리의 비효율적인 측면이 크고, 더불어 초기 네트워크 설정 과정에서 그만큼 많은 시간이 소요된다는 문제점이 있다. 특히 이런 문제점은 네트워크 가입자에게 빠른 네트워크 회선 개통과 끊김없는 안정적인 서비스 품질 제공을 목표로 하는 네트워크 서비스 제공자 입장에서 비용과도 직결되는 문제이기 때문에 굉장히 민감한 사안일 수밖에 없다. 예를 들어, 잠깐의 네트워크 장애가 발생해도 네트워크 가입자 입장에서는 의료, 교육, 금융 거래 등의 다양한 네트워크 서비스를 이용할 수 없기 때문에 큰 비용적 손실이 발생될 수 있으며 이와 관련 국내 이동통신사들은 '손해배상 범위 및 청구'와 관련된 이용약관에 따라 '가입자의 책임이 아닌 원인으로 연속 3시간 이상 네트워크 장애 발생으로 인한 서비스를 이용하지 못할 경우 통신 가입자의 월정액과 부가사용료의 **8배에 해당되는 보상 금액**을 고객에게 배상'하도록 규정하고 있을 정도이다. 그렇다면 이런 종래의 네트워크를 어떻게 하면 보다 효율적으로 개선하여 관리할 수 있을까?

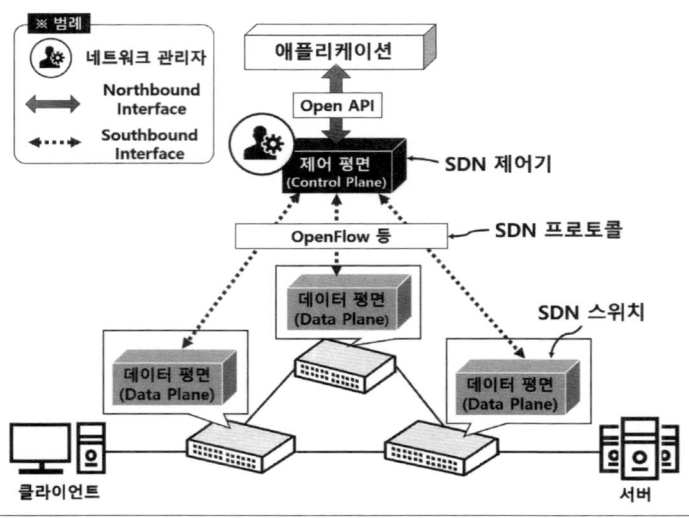

[그림 1-13] SDN의 구조

방법은 아주 간단하다. [그림 1-13]과 같이 네트워크 장비 내 제어 평면을 데이터 평면과 분리하고 외부 최상위 레벨에 위치시켜, 하나의 제어 평면이 하위 여러 개의 데이터 평면과 연결되도록 네트워크 구조를 중앙집중식으로 바꾸는 것이다. 이는 하나의 제어 평면을 통해 하위 여러 네트워크 장비를 관제할 수 있기 때문에 네트워크 관리자가 네트워크 장비를 하나하나 직접 관리할 필요가 없으므로 그만큼 효율성이 증대된다.

[그림 1-13]의 구조를 좀 더 가까이 세부적으로 살펴보면, 제어 평면은 데이터 평면과 분리되면서 상단과 하단 2가지 인터페이스를 가지게 되는데, 하나는 북향(北向)에 해당되는 '노스바운드 인터페이스(NBI, Northbound Interface)이고 다른 하나는 남향(南向)에 해당되는 '사우스바운드 인터페이스'(SBI, Southbound Interface)이다. 먼저 제어 평면의 노스바운드 인터페이스 구간은 최상위 애플리케이션과 연결되며, 제어 평면에서 제공하는 개방형 API를 통해 서로 메시지를 주고받는다. 여기서 API(Application Program Interface)는 애플리케이션들의 자료 공유를 돕는 일종의 소프트웨어 도구라고 이해하면 된다. 그리고 제어 평면의 사우스바운드 인터페이스 구간을 살펴보면 하위 데이터 평면과 별도로 정의된 네트워크 프로토콜을 통해 연결되어 서로 메시지를 주고받을 수 있다. 이때 해당 프로토콜은 제어 평면과 데이터 평면이 어떻게 연결을 수립하고, 어떤 형태로 데이터를 주고받을지에 대한 일종의 정의서라고 이해하면 된다(해당 프로토콜에 대해서는 Chapter 3에서 상세하게 다룬다).

[그림 1-13]의 구조를 이번에는 멀리서 전체적으로 살펴보면, 최상위 애플리케이션을 통해 정의된 네트워크 제어 및 설정 정책들이 공개형 API를 통해 제어 평면에 1차적으로 전달되고, 제어 평면은 해당 정책들을 미리 정의된 프로토콜을 통해서 하위 데이터 평면에 2차로 전달해 정책을 적용하는 중앙집중식 네트워크 구조를 가지는데, 이런 네트워크 제어 및 관리 방식을 바로 **소프트웨어 정의 네트워킹**(Software Defined Networking, 이하 SDN)이라고 부른다.

해당 SDN의 구조에서 최상위 제어 평면은 SDN 제어기(SDN Controller)라고 부르며, 이는 오픈 소스 및 상용 솔루션 형태로 다양하게 존재한다. 그리고 하위 데이터 평면에 해당하는 네트워크 장비는 SDN 스위치(SDN Switch)라고 부르며 물리 및 가상 네트워크 장비를 모두 포함한다. 또한 SDN 제어기와 SDN 스위치 사이의 사우스바운드 인터페이스 구간은 SDN 프로토콜이라는 별도의 규격으로 정의된다. 대표적으로 OpenFlow가 있으며, SDN 스위치와 SDN 제어기의 종류에 따라 네트워크 기능을 모두 혹은 일부 지원한다.

1.2.3 종래 네트워크와 SDN의 구조 비교

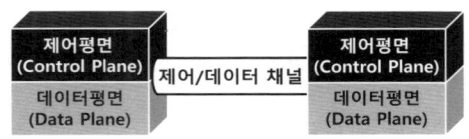

[그림 1-14] 종래 네트워크의 제어 평면과 데이터 평면 구조

SDN 등장 이전의 네트워크는 [그림 1-14]와 같이 데이터 제어를 담당하는 제어 평면과 전송을 담당하는 데이터 평면이 하나의 네트워크 장비를 이룬다. 따라서 채널을 여러 개로 나눌 필요 없이, 하나의 채널을 제어 평면과 데이터 평면이 서로 공유하며 각 네트워크 장비들이 하나의 채널로 서로 통신하도록 구성된다.

반면 SDN은 [그림 1-15]처럼 제어 평면이 데이터 평면과 분리되어 최상위에 위치해 여러 대의 하위 데이터 평면과 연결되는 중앙집중식 구조를 하고 있다.

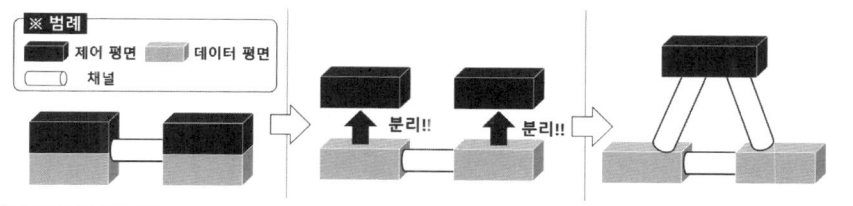

[그림 1-15] SDN으로의 제어 평면과 데이터 평면의 변화 과정

[그림 1-16]과 같이 해당 구조를 통해, 최상위 제어 평면은 하위 여러 대의 데이터 평면과 통신을 하기 위한 별도의 제어 채널로 연결되고, 데이터 평면 또한 다른 데이터 평면과 데이터를 주고받기 위한 별도의 데이터 채널로 연결된다.

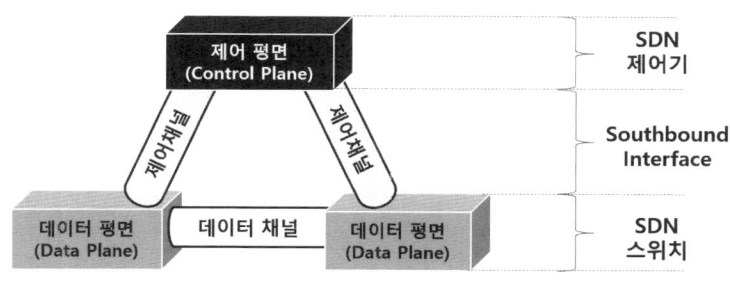

[그림 1-16] SDN의 제어 평면과 데이터 평면 구조

그리고 앞서 말했 듯이 여기서 제어 채널에 연결된 제어 평면을 SDN 제어기, 데이터 평면을 SDN 스위치라고 정의하며, SDN 제어기와 SDN 스위치 사이의 사우스바운드 인터페이스는 SDN 프로토콜이라는 네트워크 규격으로 정의된다. 이처럼 SDN은 중앙집중식 구조로, 하나의 제어 평면을 관제하면 모든 데이터 평면의 설정 및 제어가 가능하기 때문에 종래 네트워크 구조보다 네트워크 관리 효율성이 높다.

📒 정리 노트!

- 네트워크 장비는 네트워크 데이터의 흐름을 제어하는 제어 평면과 데이터 전송을 담당하는 데이터 평면 그리고 제어 평면과 데이터 평면 사이 동작 및 성능을 관리하는 관리 평면으로 구성되며 이중 핵심적인 기능을 수행하는 것이 제어 평면과 데이터 평면이다.
- 종래의 네트워크는 제어 평면과 데이터 평면이 하나의 장비를 구성하기 때문에 네트워크 관리자는 각 제어 평면에 접근하기 위해 네트워크 장비에 직접 접속하여 일일이 수동으로 명령어 코드를 입력해 네트워크 제어 정보를 설정해야 한다.
- SDN은 하나의 제어 평면이 여러 대의 하위 데이터 평면을 관제하는 중앙집중식 네트워크 구조를 가지며, 하나의 최상위 제어 평면으로 모든 하위 데이터 평면을 관제할 수 있기 때문에 네트워크 관리 효율성이 높다.
- SDN에서 상위 제어 평면을 SDN 제어기, 하위 데이터 평면을 SDN 스위치라고 하며, SDN 제어기와 SDN 스위치 사이 인터페이스 규격은 SDN 프로토콜로 정의한다.

1.3 : SDN의 등장 이전 중앙집중식 네트워크 구조와 그 한계

그렇다면 하나의 제어 평면을 통해 여러 대의 데이터 평면을 관제하는 중앙집중식 구조의 네트워크 개념은 SDN이 처음일까? 사실 SDN 이전에도 이런 형태의 네트워크 구조는 존재했다. 2010년대 초반 SDN이라는 개념이 정립되기 이전부터 각 네트워크 솔루션 제공 업체들은 저마다 SDN과 유사한 형태의 중앙집중식 네트워크 관제 솔루션을 가지고 있었다. 예를 들면, 상용 네트워크 장비 및 솔루션 제공 업체인 시스코(Cisco Systems)에는 2007년 발표된, 데이터 센터 내 네트워크를 중앙에서 관제하기 위한 'Data Center Network Architecture'라는 솔루션이 존재한다.

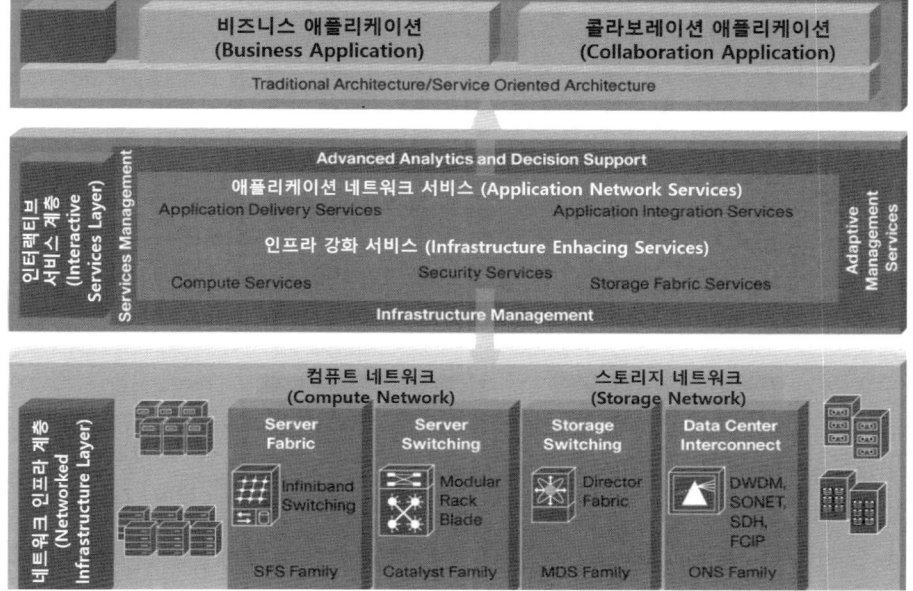

[그림 1-17] 시스코의 'Data Center Network Architecture' 솔루션 구조(출처: Cisco Data Center Network Architecture 및 솔루션 개요)

[그림 1-17]의 해당 솔루션 구조를 살펴보면 크게 인터랙티브 서비스 계층(Interactive Services Layer)과 네트워크 인프라 계층(Networked Infrastructure Layer), 이렇게 두 계층으로 구분된다. 인터랙티브 서비스 계층은 상위 응용 프로그램인 비즈니스 애플리케이션(Business Application)과 콜라보레이션 애플리케이션(Collaboration Application)을 통해 설정된 요구 사항을 하위 네트워크 인프라 계층에 전달하거나 반대로 네트워크 인프라 계층의 네트워크 상태 정보를 수집하여 상위 응용프로그램에 제공한다. SDN 구조에서 제어 평면에 해당하는 SDN 제어기의 역할을 인터랙티브 서비스 계층이 수행한다고 보면 된다. 그리고 상위 계층에서 네트워크 설정 정보를 전달받아 데이터 센터 내의 '사용자 대 서버', '서버 대 서버', 그리고 '서버 대 스토리지' 간의 네트워크 연결을 보장하는 계층이 바로 네트워크 인프라 계층이다. 해당 계층이 SDN의 데이터 평면에 해당하는 SDN 스위치와 비슷한 역할을 수행한다고 보면 된다.

그렇다면 이미 과거에 SDN과 유사한 개념의 상용 솔루션이 있었음에도, SDN이 등장할 당시에는 왜 새로운 기술인 것처럼 주목을 받았을까? 가장 큰 이유는 바로 네트워크 솔루션 제공 업체들의 자사 솔루션에 대한 폐쇄적인 생태계 구성 때문이다. 앞서 소개한 시스코의 데이터 센터 인프라 중앙 관제 솔루션인 'Data Center Network Architecture'도 어디까지나 시스코에서 직접 생산하여 제공하는 자사의 네트워크 장비와 소프트웨어를 통해서만 구현할 수 있다. 그러다 보니 각 장비와 소프트웨어의 통신에 필요한 인터페이스 규격 또한 공인 프로토콜로 정의된 것이 아니라 업체에서 별도로 제정한 것을 사용해야 했다. 즉, 업체의 네트워크 솔루션이 대부분 다른 네트워크 장비와의 호환성이 떨어지기 때문에 해당 솔루션을 적용하기 위해서는 하드웨어와 소프트웨어를 모두 해당 업체의 제품으로 교체해야하는 문제가 있었다. 이러한 상용 솔루션들의 폐쇄성으로 인해 중앙집중식 구조의 개념이 이미 있었음에도 불구하고 네트워크 생태계가 오히려 비효율적인 방향으로 흘러갔던 것이다.

이러한 틀을 깬 것이 바로 개방형 중앙집중식 네트워크 구조를 베이스로 네트워크 제어 및 관리 접근방식을 지원하는 기술인 SDN이다. 여러 네트워크 솔루션 제공 업체에서 자체적으로 제정하여 내부 자사 솔루션에만 적용하던 인터페이스 규격들과는 달리, SDN의 인터페이스 규격은 실제 범용 프로토콜로 정의되어 오픈 소스로 세상에 공개됐다. 이로 인한 가장 큰 변화는 네트워크 관리에 대한 주도권이 네트워크 솔루션 제공 업체가 아닌 직접 네트워크를 관제하고 운영하는 네트워크 관리자들에게 넘어간 것이다.

오픈 소스로 공개된 다양한 SDN 솔루션들이 대거 등장하면서, 기존 상용 솔루션 제공업체를 통해서만 가능했던 네트워크 지원 기술들이 네트워크 관리자의 입맛에 맞게 도입되어 운용할 수 있게 되었다. 그뿐만 아니라 오픈 소스로 공개된 SDN 솔루션에 대한 수요가 많아지면서 네트워크 솔루션 제공 업체에서도 오픈 소스로 공개된 SDN 기술이 적용된 솔루션들을 시장에 내놓기 시작했다. 많은 업체가 스스로 폐쇄성에서 벗어나 서로 경쟁하며 개방형 생태계(Open Ecosystem)를 형성한 것이다. 과거 중앙집중식 네트워크 관리 솔루션과 현재 SDN기술에 대해 좀더 세부적으로 비교해 보면 [표 1-1]과 같이 정리할 수 있다.

구분	과거 중앙집중식 구조 네트워크 솔루션	현재 SDN 기술
주도권	네트워크 솔루션 제공 업체	네트워크 관리자
기술 적용 범위	하드웨어, 소프트웨어 모두 적용	하드웨어 혹은 소프트웨어 선택 가능
기술 개방성 여부	기술공유 없는 폐쇄적 혹은 부분적인 기술 공개	오픈 소스화를 통한 개방적
연동 인터페이스	업체 내부의 독자적인 규격	범용 프로토콜 규격
시장 유형	기술 독점	기술 경쟁
구축 비용	고비용	저비용(오픈 소스)

[표 1-1] 과거 중앙집중식 구조의 상용 네트워크 솔루션과 SDN 기술의 특징 비교

> **📄 정리 노트!**
> - SDN은 제어 평면과 데이터 평면이 분리된 중앙집중식 네트워크 구조를 기반으로 네트워크 제어 및 접근 방식을 지원하는 기술이다.
> - 과거에도 네트워크 솔루션 제공업체 중심으로 SDN과 유사 컨셉의 중앙집중식 네트워크 관제 솔루션들이 존재했다.
> - 과거 중앙집중식 구조의 네트워크 솔루션들은 대부분 네트워크 솔루션 제공업체 중심의 폐쇄적이고 내부 기술 독점으로 인해 높은 구축 비용이 필요하다.
> - 오픈 소스의 개방형 인터페이스 규격을 지원하는 SDN의 등장 이후, 네트워크 관제 솔루션 시장 생태계는 기술 경쟁을 통한 열린 생태계로 변화한다.

1.4 : SDN의 핵심 구성 요소 파악하기

앞서 계속 다뤘던 '기본 SDN의 구조'를 좀 더 구체화해 보면 [그림 1-18]-(가)와 같이, 네트워크 관리자는 데이터의 흐름을 하나의 정책으로 정의하고 이를 SDN 제어기로 노스바운드 인터페이스인 개방형 API를 통해 전달한다. 그리고 이를 전달받은 SDN 제어기는 사우스바운드 인터페이스인 SDN 프로토콜을 통해 하위 SDN 스위치로 해당 정책들을 전달하여 적용한다. 그러면 데이터가 목적지까지 전달되도록 SDN 스위치가 설정된 정책들을 가지고 내부에 유입된 데이터를 포워딩한다.

이렇게 '기본 SDN의 구조'는 SDN 제어기, SDN 스위치, 그리고 SDN 프로토콜 이렇게 세 가지 요소로 크게 구성된다. 그리고 이런 '기본 SDN의 구조'는 상용 네트워크 솔루션 관점에서 보면 [그림 1-18]-(나)와 같이 더 세부적으로 구분할 수 있다.

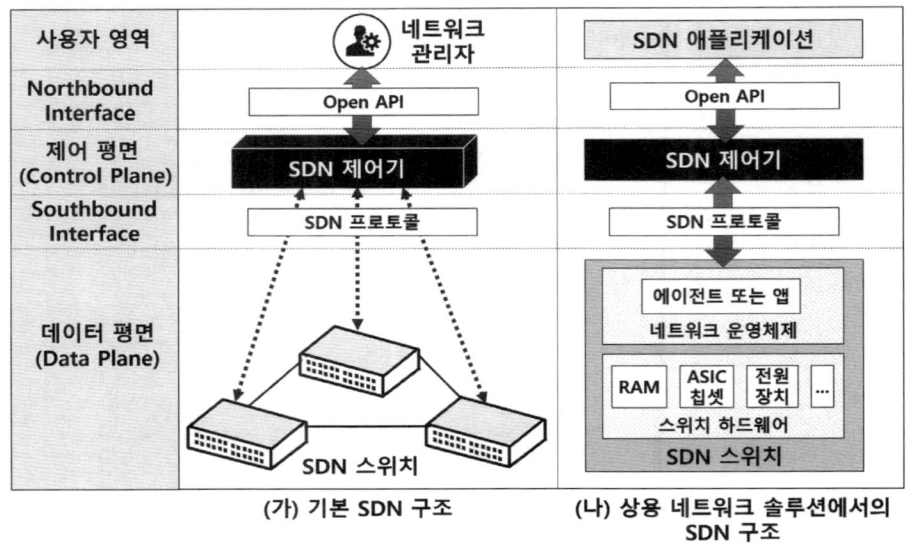

[그림 1-18] 기본 SDN 구조와 상용 네트워크 솔루션 관점에서의 SDN 구조

일단 [그림 1-18]-(나)와 같이 '네트워크 실무자 관점에서의 SDN 구조'를 살펴보면, 네트워크 관리자가 SDN 제어기에서 노스바운드 인터페이스로 제공하는 개방형 API를 직접 이용하는 것이 아니라 해당 API를 이용하는 별도의 SDN 애플리케이션을 사용하여 SDN 제어기와 소통하는 것을 알 수 있다. 즉, 네트워크 관리자가 SDN 애플리케이션을 통해 네트워크 정책을 정의하면, SDN 제어기가 API를 통해 해당 정보를 전달받고, 사우스바운드 인터페이스로 지원하는 SDN 프로토콜을 통해 각 SDN 스위치로 해당 정책들을 설정해 주게 된다. 그렇다고 SDN 스위치가 아무런 절차 없이 SDN 제어기로부터 네트워크 설정 정책들을 받을 수 있는 것은 아니다. SDN 스위치 내부의 네트워크 운영체제(Network Operating System, NOS) 위에 해당 SDN 프로토콜 기반으로 SDN 제어기와 통신하기 위한 에이전트나 애플리케이션이 별도로 탑재되어 있어야 한다. 즉, SDN 스위치에 설치된 네트워크 운영체제의 종류에 따라 지원 가능한 SDN 프로토콜이 결정된다고 보면 된다.

최종적으로 SDN 스위치에 네트워크 정책 적용이 완료되면, SDN 스위치는 해당 정책들을 가지고 내부로 유입된 데이터를 최종 목적지까지 전달한다. 이때 스위치 내부를 구성하는 전원 장치, RAM 메모리 등 다양한 하드웨어 구성 요소들 중에서도 ASIC(Application-Specific Integrated Circuit)이라고 부르는 하드웨어 칩셋의 성능에 따라 대량의 데이터에 다양한 네트워크 프로토콜 기능을 적용하여 빠른 처리가 가능하다.

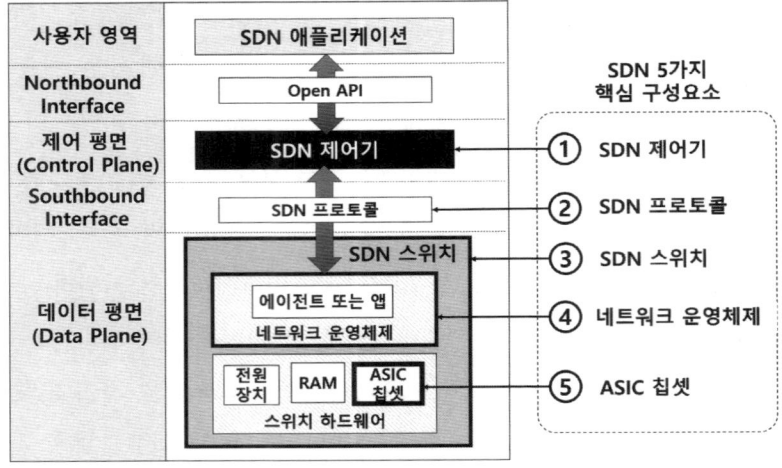

[그림 1-19] SDN 구조의 5가지 핵심 구성 요소

지금까지 SDN의 구조와 각 구성 요소를 살펴보았다. 일단 확인해 본 SDN의 구성 요소들을 요약해 보면 [그림 1-19]와 같이 가장 기본적인 것에는 하위 네트워크 망을 관제하고 설정하는 주체인 'SDN 제어기', SDN 제어기를 통해 설정된 정보를 기준으로 데이터를 전달하는 'SDN 스위치', 그리고 이런 SDN 제어기와 스위치 사이의 제어 정보를 송수신하기 위해 규격화된 인터페이스를 제공하는 'SDN 프로토콜' 이렇게 3가지가 있다.

그리고 핵심 구성 요소에는 이 3가지 기본 구성 요소에 2가지가 더 추가된다. SDN 프로토콜을 지원하기 위해 SDN 스위치 안에 설치되는 네트워크 운영체제(NOS)와 실제 SDN 스위치의 데이터 처리 성능에 영향을 주는 하드웨어 ASIC 칩셋이 그것이다.

다음 2장에서는 앞서 알아본 5가지 SDN 핵심 구성 요소들을 순서대로 살펴보고, 해당 구성 요소들을 중심으로 실제 네트워크 인프라에 응용할 수 있는 SDN의 기본 메커니즘과 기술 동향에 대해서도 함께 알아보도록 하겠다.

📝 정리 노트!

- SDN 구조의 3가지 기본적인 구성 요소에는 SDN 제어기와 SDN 스위치, 그리고 그 사이를 연결하는 인터페이스 규격인 SDN 프로토콜이 있다.
- SDN의 핵심 구성 요소에는 기본 구성 요소 3가지(SDN 제어기, SDN 스위치, SDN 프로토콜) 외에 SDN 스위치에 탑재되는 네트워크 운영체제(NOS)와 핵심 하드웨어인 ASIC 칩셋 이렇게 2가지가 추가로 포함된다.

CHAPTER

SDN 제어기

2*

SDN 제어기는 여러 대의 하위 SDN 스위치와 SDN 프로토콜로 연결되어 서로 메시지를 주고받으면서 스위치의 상태를 확인하고 트래픽을 모니터링한다. 그 과정에서 SDN 스위치 내부로 유입되는 데이터를 대상으로 라우팅과 같은 패킷 제어와 VLAN 설정 등을 통해 데이터의 전반적인 흐름을 관리한다. 이러한 기능을 수행하는 SDN 제어기의 종류는 [그림 2-1]과 같이 매우 다양하다.

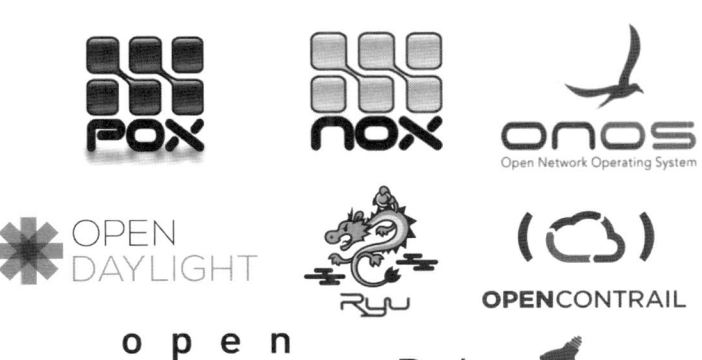

[그림 2-1] 다양한 SDN 제어기의 종류

먼저 SDN이라는 개념이 정립되기 시작한 초기에 공개된 오픈 소스 SDN 제어기인 NOX와 POX를 시작으로, 현재 가장 많이 배포되어 사용되고 있는 오픈 소스 SDN 제어기로는 ONOS(Open Network Operating System), OpenDaylight 그리고 Ryu가 있다. 또한 네트워크 솔루션 업체에서 자체적으로 개발하여 상용 서비스의 형태로 제공하는 SDN 제어기도 있는데, 대표적으로 미국 주니퍼 네트웍스(Juniper Networks)의 OpenContrail과 국내 쿨클라우드(Kulcloud)의 OpenMUL이 있다. 이외에도 아리스타 네트웍스(Arista Networks)에 인수된 빅스위치 네트웍스(Big Switch Networks)의 Floodlight와 같이 자체 상용 SDN 제어기의 기능을 일부만 공개한 오픈 소스도 존재한다. 그렇다면 이렇게 다양한 SDN 제어기가 실제로는 어떻게 활용되고 있을까? 대표적인 3가지 SDN 제어기를 통해 이에 대해 한번 알아보도록 하자!

2.1 : OpenDaylight

2.1.1 1등 SDN 제어기, OpenDaylight

[그림 2-2] 리눅스 재단과 OpenDaylight

OpenDaylight는 2000년 리눅스 발전을 목표로 설립된 리눅스 재단(Linux Foundation)에 의해 2013년 4월 공식 출범한 JAVA 언어 기반의 오픈 소스 프레임워크 프로젝트이다. 상용 네트워크 장비 및 솔루션 제공 업체인 시스코가 주도적으로 이끄는 오픈 소스 커뮤니티에 의해 개발이 시작되었으며, 그 원형은 미국 스탠포드대학에서 개발한 'Beacon'이라는 SDN 제어기를 기반으로 하고 있다.

2022년 7월 기준으로, [그림 2-3]과 같이 이동통신사, 기업, 연구 및 학술기관 등 총 20곳에서 OpenDaylight기반의 SDN 상용 솔루션을 적용하고 있다. 그리고 EPL(Eclipse Public License) 1.0 오픈 소스 소프트웨어 라이선스 규정을 따르고 있기 때문에, 누구나 자유롭게 개인적 혹은 상업적 이용, 수정 및 배포가 가능하다.

[그림 2-3] OpenDaylight 기반 상용 솔루션을 적용한 이통사, 기업, 연구 및 학술기관

OpenDaylight는 SDN 제어기 중에서도 그 수요가 가장 많은 편인데, 다음 [그림 2-4]를 한번 보자. [그림 2-4]는 SDN관련 분야에 대한 최신 뉴스나 시장 동향 정보를 제공하는 업체인 SDxCentral의 2017년도 보고서 『2017 Network Virtualization Report - SDN Controllers, Cloud Networking and More』에 실린 SDN 및 네트워크 가상화 솔루션 수요에 대한 설문 조사 결과이다.

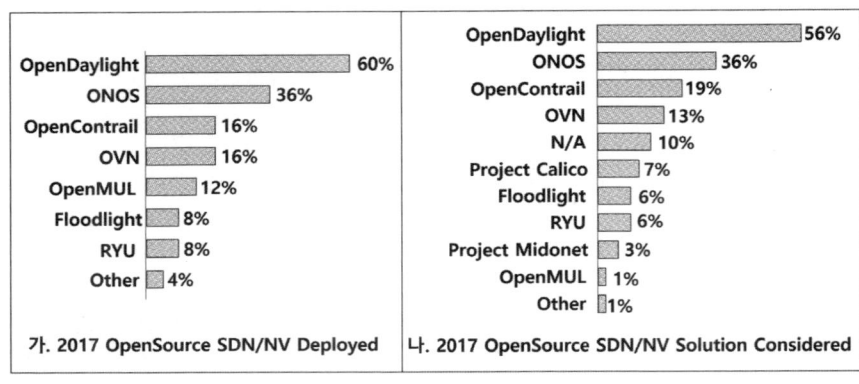

[그림 2-4] SDN 및 네트워크 가상화 솔루션 수요에 대한 설문 조사 결과

설문 조사 결과를 보면 2017년 기준 어떤 SDN 제어기가 가장 많이 배포되고 도입이 고려되는지 순위별로 확인할 수 있는데, 설문 조사에 참여한 과반수 이상이 OpenDaylight 기반 SDN 솔루션을 현재 적용했거나 도입을 고려 중임을 알 수 있다. 그 다음으로는 ONOS가 2위로 뒤를 이었고, 이외에도 OpenContrail, OVN, OpenMul 등이 상위권에는 있지만 OpenDaylight에 비해 그 수요가 현저히 적다. 그렇다면 OpenDaylight는 어떤 이유로 이렇게 많은 주목을 받게 된 것일까? 그 해답을 찾기 위해서는 먼저 OpenDaylight 프로젝트의 방향성을 파악해 볼 필요가 있다.

2.1.2 네트워크 솔루션 제공 업체 중심의 SDN 제어기

OpenDaylight를 자사 솔루션에 적용한 기업은 대부분 네트워크 장비를 직접 생산하거나 자체 개발한 네트워크 상용 솔루션을 확보하고 있는 업체들이다. 그렇다 보니 OpenDaylight는 누구나 무료로 사용할 수 있는 오픈 소스이지만, 여기서 지원하는 기능들은 네트워크 솔루션 제공 업체들의 요구 사항들이 많이 반영되어 있다. 따라서 네트워크 솔루션 제공 업체들 입장에서는 필요한 기능들을

OpenDaylight가 일부 지원하고 있는 만큼, 이를 가져다 자사 네트워크 솔루션에 적용하기에 매우 용이한 것이 사실이다. 이와 같은 내용은 OpenDaylight 공식 사이트에서도 밝히고 있는데, [그림 2-5]를 통해 확인해 보자.

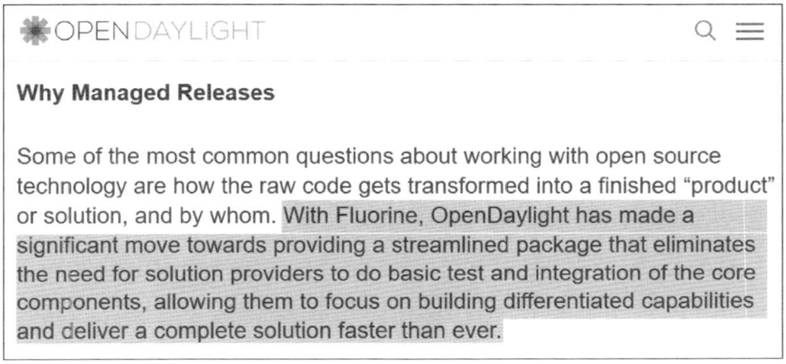

> **OPENDAYLIGHT**
>
> **Why Managed Releases**
>
> Some of the most common questions about working with open source technology are how the raw code gets transformed into a finished "product" or solution, and by whom. With Fluorine, OpenDaylight has made a significant move towards providing a streamlined package that eliminates the need for solution providers to do basic test and integration of the core components, allowing them to focus on building differentiated capabilities and deliver a complete solution faster than ever.

[그림 2-5] OpenDaylight 9번째 배포판 'Fluorine' 소개 페이지(출처: opendaylight.org/what-we-do/current-release/fluorine)

[그림 2-5]는 OpenDaylight의 9번째 배포판인 'Fluorine'에 대한 소개 페이지이다. 여기서 'Why Managed Releases' 부분을 보면, OpenDaylight 프로젝트의 Fluorine을 "네트워크 솔루션 제공 업체가 차별화된 기능을 구축하고 완벽한 솔루션을 신속하게 배포하는 것에 집중할 수 있는, 기본 테스트와 기능 통합을 할 필요 없는 간소화된 패키지"라고 소개하고 있다. 즉, 공식 사이트를 통해서 OpenDaylight 프로젝트가 네트워크 솔루션 제공 업체 중심으로 프로젝트의 진행 방향성을 잡고 있음을 밝힌 것이다. 이처럼 네트워크 관련 업체들의 요구 사항을 적극적으로 반영한 만큼, OpenDaylight는 관련 기업의 상용 솔루션에 적용하기 매우 편리하다는 이점이 있다.

2.1.3 OpenDaylight 상용화 현황

그렇다면 실제로 네트워크 솔루션 제공 업체들은 OpenDaylight를 어떻게 상용에 적용하고 있을까? 여기에서 말하는 상용의 의미는 OpenDaylight를 오픈 소스 그대로 적용하는 것뿐만 아니라, 프로토콜 또는 플러그인을 통해 일부 기능을 개발 적용하거나 네트워크 장비 간 연동에 사용하는 것까지 포함한다. [표2-1]과 같이 실제 지금까지 외부 언론을 통해 공개된 상용화 현황을 살펴보면 OpenDaylight 프로젝트에서 주도적인 역할을 수행했던 시스코에서는 2014년 자사 SDN 솔루션인 ACI(Application Centric Infrastructure)의 정책 관리를 목적으로 OpFlex라는 자체 프로토콜을 개발해 발표했다. 시스코는 OpenDaylight에 해당 프로토콜을 적용하여 OpenDaylight와 ACI 솔루션을 연동할 수 있도록 지원하고 있다. 네트워크 솔루션 제공 업체인 브로케이드(Brocade Communications Systems)에서는 2015년 9월에 OpenDaylight의 3번째 배포판인 Lithium을 기반으로, 자사의 상용 소프트웨어인 브로케이드 SDN 제어기 2.0 버전을 출시했다. 2017년 8월, 루미나 네트웍스(Lumina Networks)가 브로케이드의 SDN 솔루션 사업을 인수했지만, 여전히 상용 솔루션을 OpenDaylight 기반으로 적용하고 있다.

연도	업체/기관	상용화 관련 내용
2014년	시스코	• 자사의 SDN 솔루션인 ACI를 지원하는 SDN 프로토콜 OpFlex 발표 • OpFlex를 통한 OpenDaylight와 ACI 연동 지원
2017년	브로케이드	• OpenDaylight의 3번째 배포판인 Lithium 기반의 브로케이드 SDN 제어기 2.0 출시
2014년~2017년	ETRI	• '스마트 네트워킹 핵심기술 개발' 국책과제에서 OpenDaylight 기반의 T-SDN 망 구축
2018	KT, LG U+	• 전송망구간 네트워크 자동화 관제를 목적으로 OpenDaylight 기반의 T-SDN 솔루션 구축

[표 2-1] OpenDaylight 상용화 현황

또한 국내에서는 정보 통신 기술(ICT, Information and Communications Technology) 자원의 통합 제어 관리가 가능한 개방형 네트워킹 기술 개발을 목적으로 한국전자통신연구원(Electronics and Telecommunications Research Institute, ETRI)의 주관 하에 2014년부터 2017년까지 「스마트 네트워킹 핵심 기술 개발」이라는 국책 사업이 진행되었다. 해당 과제에서 OpenDaylight는 전송망 장비를 제어하기 위한 SDN 솔루션인 T-SDN(Trasnport-SDN)의 SDN 제어기로 활용되었으며, 2018년에는 국내 이동통신사인 KT와 LG U+가 전송망 구간의 네트워크 자동화 관제를 목적으로 OpenDaylight기반 T-SDN 솔루션을 적용하였다. 이처럼 해외뿐 아니라 국내에서도 OpenDaylight 기반의 다양한 SDN 솔루션이 여러 분야에 적용되고있는 만큼, 앞으로도 계속 OpenDaylight의 수요는 증가할 것으로 예상된다.

2.1.4 OpenDaylight 배포판 현황

OpenDaylight 배포판의 명칭은 원소 주기율표의 번호 순서대로 해당 원소의 이름이 붙여지고 있으며, 각 배포판의 소스 코드 및 개발 내용은 리눅스 재단에 의해 관리된다. 2014년 2월에 공개된 첫 번째 배포판 Hydrogen을 시작으로, 2023년 10월 19번째 배포판인 Potassium이 배포되었다. 각 배포 버전별 정보는 [표 2-2]를 참고하자.

배포 순서	배포명	배포 시기	배포 순서	배포명	배포 시기
1	Hydrogen	2014년 2월	11	Sodium	2019년 9월
2	Helium	2014년 10월	12	Magnesium	2020년 3월
3	Lithium	2015년 6월	13	Aluminium	2020년 9월
4	Beryllium	2016년 2월	14	Silicon	2021년 3월
5	Boron	2016년 12월	15	Phosphorus	2021년 9월
6	Carbon	2017년 6월	16	Sulfur	2022년 5월
7	Nitrogen	2017년 9월	17	Chlorine	2022년 10월
8	Oxygen	2018년 3월	18	Argon	2023년 4월
9	Fluorine	2018년 8월	19	Potassium	2023년 10월
10	Neon	2019년 3월			

[표 2-2] OpenDaylight 배포판 정보

2.1.5 OpenDaylight 구조 분석

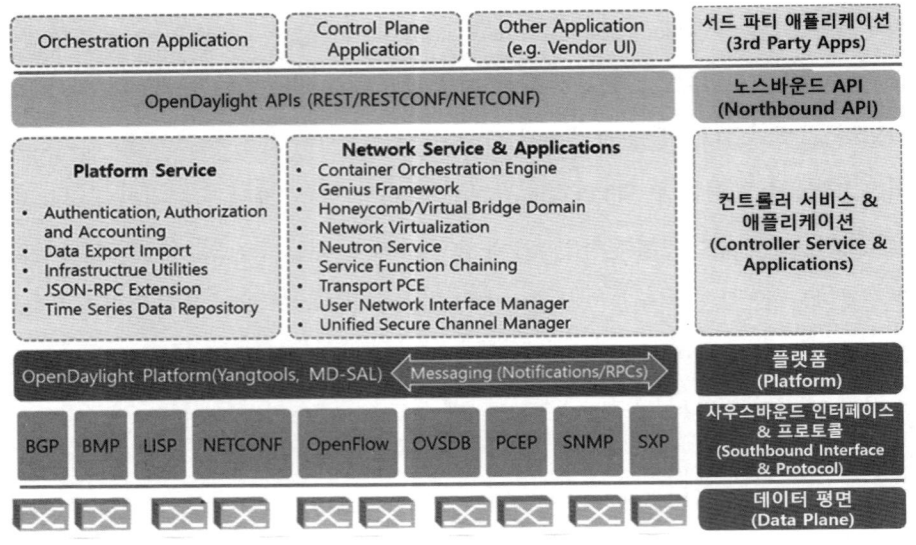

[그림 2-6] OpenDaylight의 9번째 배포판 'Flourine' 구조 (출처 : 리눅스재단)

[그림 2-6]은 OpenDaylight의 9번째 배포판인 Fluorine의 구조이다. 해당 구조를 기반으로 OpenDaylight의 구조를 간단히 살펴보면, OpenDaylight는 크게 서드 파티 애플리케이션(3rd Party Applications), 노스바운드 API(Northbound-API), 컨트롤러 서비스 & 애플리케이션(Controller Service & Applications), 플랫폼(Platform) 그리고 사우스바운드 인터페이스 & 프로토콜(Southbound Interface & Protocol) 이렇게 5개 영역으로 구분된다. 먼저 최상위 **서드 파티 애플리케이션**에서는 네트워크 설정 및 관제를 위한 다양한 SDN 응용 프로그램들이 포함된다. 그리고 **노스바운드 API** 구간은 상위 **서드 파티 애플리케이션**과 연동하기 위한 API를 지원하는 구간으로써 REST API, RESTCONF, NETCONF를 인터페이스 규격으로 지원한다. **컨트롤러 & 애플리케이션** 구간에서는 OpenDaylight의 네트워크 설정 및 제어 관련 서비스 기능들의 실제 동작이 이루어지며, 해당 서비스들은 **플랫폼** 구간의 추상화 과정을

통해 모델링된다. 마지막으로 **사우스바운드 인터페이스 & 프로토콜** 구간에서는 OpenDaylight의 서비스 기능들이 하위 데이터 평면에 적용되도록 BGP, BMP, LISP, NETCONF, OpenFlow, OVSDB 등의 다양한 멀티 프로토콜을 지원한다.

> **정리 노트!**
> - OpenDaylight는 리눅스 재단(Linux Foundation)에 의해 2013년 4월 공식 출범한 JAVA 언어 기반의 오픈 소스 프로젝트이다.
> - OpenDaylight는 상용 네트워크 솔루션 제공 업체인 시스코가 주도적으로 이끄는 오픈 소스 커뮤니티에 의해 개발이 시작되었으며, 스탠포드 대학에서 고안한 Beacon이라는 SDN 제어기를 기반으로 하고 있다.
> - OpenDaylight는 REST API, RESTCONF, NETCONF를 노스바운드 인터페이스로 지원한다.
> - OpenDaylight는 BGP, BMP, LISP, NETCONF, OpenFlow, OVSDB 등 다양한 멀티 프로토콜을 사우스바운드 인터페이스로 지원한다.
> - OpenDaylight는 EPL 1.0 오픈 소스 라이선스 규정을 따르기 때문에, 누구나 자유롭게 상업적 이용, 수정 및 배포가 가능하다.
> - OpenDaylight는 오픈 소스 SDN 제어기 중 가장 많이 배포되었고, 그 수요도 가장 많다.
> - OpenDaylight는 네트워크 솔루션 제공 업체들의 요구 사항이 많이 반영되어 지원 서비스 기능이 많고 다양하다.

2.2 : ONOS

2.2.1 통신 사업자 중심의 SDN 제어기

[그림 2-7] ON.LAB과 ONOS

ONOS는 개방형 SDN 개발을 주도해 온 미국의 비영리 기관인 오픈 네트워킹 랩(Open Networking LAB, 이하 ON.LAB)에 의해 시작된 오픈 소스 SDN 개발 프로젝트이자, 해당 프로젝트를 통해 2014년 12월 공개된 JAVA 언어 기반의 오픈 소스 SDN 제어기를 가리킨다. ONOS 프로젝트에는 ON.LAB의 핵심 참여업체인 미국 통신사 AT&T 그리고 일본 통신사 NTT 커뮤니케이션즈(NTT Communications) 뿐만아니라 미국의 대표 이동통신사인 버라이즌(Verizon), 국내 가입자 1위 이동통신사인 SK텔레콤 등 다양한 국내·외 통신 사업자들이 SDN 핵심 기능 개발을 목표로 참여 중이며, 그만큼 통신 사업자들의 요구 사항들이 서비스 기능에 많이 반영되어 있다. 그러다 보니 ONOS를 '통신사 수준에서 사용할 수있는 SDN 운영체제'라고도 부른다. 물론 SDN 제어기인 ONOS와 연결되는 SDN 스위치 장비들에 대한 설계 부분도 필요한 만큼 통신 사업자 외에도 시스코, 화웨이(Huawei), NEC, 인텔(Intel) 등 다양한 네트워크 장비 제조사들도 여기에 참여하고 있다. 그리고 아파치(Apache) 2.0 오픈 소스 소프트웨어 라이선스 규정을 따르고 있기 때문에, 누구나 자유롭게 개인적 혹은 상업적 이용, 수정 및 배포가 가능하다.

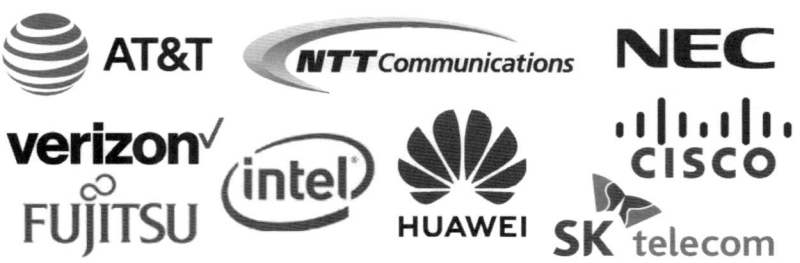

[그림 2-8] ONOS 프로젝트에 참여한 업체

현재 ONOS는 OpenDaylight 다음으로 가장 수요가 많은 오픈 소스 SDN 제어기로써 자리매김하고 있다. 다만 OpenDaylight가 네트워크 솔루션 제공 업체들 중심으로 개발되었다면, ONOS는 통신 사업자를 중심으로 개발된 SDN 제어기다. 국내에서는 2016년 9월, SK텔레콤의 주도로 국내 ONOS 커뮤니티가 발족되었고, 여기에 한국전자통신연구원(ETRI), 한국과학기술원(KAIST), 한국과학기술정보연구원(KISTI), 삼성전자 네트워크 사업부 등 다양한 기관 및 기업과 그리고 학계에서 참여하고 있다.

2.2.2 ONOS 상용화 현황

2014년 ONOS의 등장 이후, 해당 프로젝트에 참여한 많은 기관에서 ONOS 기반의 다양한 SDN 솔루션을 발표했다. 실제 ONOS가 상용화된 사례들을 [표2-3]과 같이 시간 순서대로 살펴보면, 먼저 국내 이동 통신사 중 최초로 ONOS 프로젝트에 참여한 SK텔레콤이 2015년 ONOS 기반의 소프트웨어 정의 데이터 센터(Software Defined Data Center, 이하 SDDC) 네트워크 관리 솔루션인 SONA(Simplified Overlay Networking Architecture)를 발표한다. SONA는 '단순화된 오버레이 네트워킹 아키텍처'라는 약어 의미 그대로 오픈스택 기반의 서버와 스토리지로 구성된 기존 유무선 네트워크 인프라를, SDN 기술을 통해 단순한 가상화 형태의 네트워크로 재구축하는 솔루션이다. 현재 해당 솔루션의 일부를 ONOS 프로젝트에 포함하여 오픈 소스로 공개한 상태이다.

중국의 통신 장비 제조 회사인 화웨이에서는 2016년 애자일 네트워크(Agile Network)라는 SDN 솔루션을 발표했다. 애자일 네트워크 솔루션에는 ONOS 기반의 SDN 제어기인 '애자일 컨트롤러 3.0(Agile Controller 3.0)'이 포함된다. '날렵한, 민첩한'이라는 agile의 사전적 의미처럼, 화웨이는 기업, 통신사, 데이터 센터의 네트워크를 모두 아우를 수 있는 빠르고 유연한 통합 제어 시스템과 자동화된 인프라 구축 시스템을 애자일 컨트롤러를 통해 지원하고 있다. 애자일 네트워크의 SDN 제어기는 ONOS를 기반으로 하고 있지만, 해당 솔루션 자체는 OpenDaylight와도 연동될 수 있도록 지원하고 있다.

상용연도	업체/기관	상용화 내용
2015년	SK텔레콤	· ONOS 기반의 SDDC 관리 솔루션인 SONA 프로젝트 발표 · SONA 프로젝트의 기능 중 일부를 ONOS 프로젝트에 포함하여 오픈 소스로 공개
2016년	화웨이	· ONOS 기반의 SDN 제어기 '애자일 컨트롤러 3.0'이 적용된 SDN 통합 관제 솔루션인 '애자일 네트워크(Agile Network)' 발표
2021년	삼성전자	· 5G망 운영을 위한 ONOS 기반의 '삼성 SDN 솔루션' 발표 · 다양한 제조사의 네트워크 장비를 수용할 수 있도록 멀티 인터페이스 지원

[표 2-3] ONOS 상용화 현황

국내의 경우 2021년 7월, 삼성전자에서 5G망 운영을 목적으로 ONOS를 기반으로 하는 '삼성 SDN 솔루션'을 출시했다. 삼성 SDN 솔루션은 5G 기지국을 포함한 5G 전용망, 5G 이동 통신망에 일괄적으로 적용할 수 있으며, 멀티 인터페이스를 지원하기 때문에 네트워크 장비 제조사를 가리지 않고 다양한 장비를 수용할 수 있다.

2.2.3 ONOS 배포판 현황

[그림 2-9] ONOS 로고

[그림 2-9]와 같이 ONOS의 로고는 개방과 자유를 상징하는 새의 형상이 포함되어 있다. 그래서인지 ONOS의 각 배포판 이름은 알파벳순에 맞게 새의 이름으로 명명되며, 2014년 12월 공개된 첫 번째 배포판 'Avocet'을 시작으로, 약 3개월 단위로 배포판이 공개되고 있다. 2016년 10월에는 도이치 텔레콤(Deutsche Telekom), 페이스북(Facebook, 현재 'Meta'로 변경), 구글(Google), 마이크로소프트(Microsoft), 버라이즌(Verizon) 등의 주요 기업들이 주축이 되어 설립된 SDN 기술 표준화 단체인 '오픈 네트워킹 재단(Open Networking Foundation, 이하 ONF)'과 ONOS 개발의 주도적인 역할을 했던 ON.LAB이 서로 통합됨으로써, 현재 배포되고 있는 ONOS의 모든 소스코드 및 개발 내용들은 모두 ONF에 의해 관리되고 있다. 2022년 1월까지 24번째 배포판인 'X-Wing'이 배포되었으며, 그 외 ONOS 배포 정보는 [표 2-4]를 참고하도록 하자.

배포 순서	배포명	배포 시기	배포 순서	배포명	배포 시기
1	Avocet	2014년 12월	13	Magpie	2017년 12월
2	Blackbird	2015년 3월	14	Nightingale	2018년 5월
3	Cardinal	2015년 6월	15	Owl	2018년 9월
4	Drake	2015년 9월	16	Peacock	2018년 11월
5	Emu	2015년 12월	17	Quail	2019년 1월
6	Falcon	2016년 3월	18	Raven	2019년 4월
7	Goldeneye	2016년 6월	19	Sparrow	2019년 8월
8	Hummingbird	2016년 9월	20	Toucan	2020년 1월
9	Ibis	2016년 12월	21	Uguisu	2020년 6월
10	Junco	2017년 2월	22	Velociraptor	2020년 12월
11	Kingfisher	2017년 6월	23	Woodpecker	2021년 7월
12	Loon	2017년 9월	24	X-Wing	2022년 1월

[표 2-4] ONOS 배포판 정보

[표2-4]의 ONOS 배포명을 살펴보면, 기본으로는 알파벳 순 새의 이름으로 지정되지만 22번째 배포판 이름은 새 이름이 아닌 'Velociraptor'라는 공룡 이름이 차용되었고, 24번째 배포판 이름은 영화 '스타워즈'에 등장한 전투기 모델인 'X-Wing'을 차용하였는데, 이는 알파벳 'V'와 'X'로 시작되는 적당한 새의 이름이 없다보니 새의 조상에 해당되는 깃털 공룡 이름과 하늘을 난다는 공통점을 가진 전투기 이름으로 대체한 걸로 보인다.

[그림 2-10] 새의 조상인 깃털 공룡 'Velociraptor'   [그림 2-11] 영화 '스타워즈'의 전투기 모델 'X-Wing'

2.2.4 ONOS 구조 분석

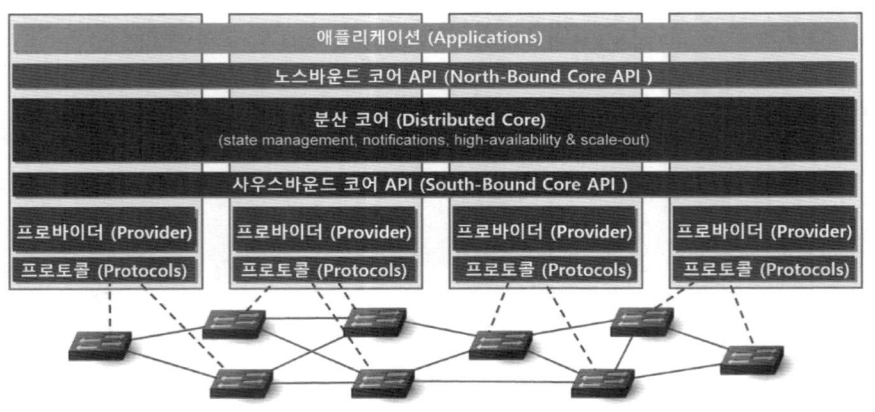

[그림 2-12] ONOS의 구조(출처 : ONOS)

이전에 살펴봤던 OpenDaylight는 여러 네트워크 솔루션 제공 업체의 요구사항이 반영되다 보니, 다양한 기능과 많은 제조사의 네트워크 장비들을 수용하기 위한 멀티 프로토콜 지원을 위해 복잡한 구조로 설계되어 있던 반면, ONOS는 상대적으로 단순하지만 보다 체계적인 계층적 구조를 보이고 있다. [그림 2-12]를 보며 ONOS의 구조를 자세히 살펴보자.

ONOS의 내부 구조는 애플리케이션(Applications), 노스바운드 코어 API(Northbound Core API), 분산 코어(Distributed Core), 사우스바운드 코어 API(Southbound Core API), 프로바이더(Providers), 그리고 프로토콜(Protocols) 이렇게 6계층으로 구분된다. 먼저 최상위 **애플리케이션**에는 네트워크 설정 및 관제를 위한 SDN 응용 프로그램들이 포함되며, **노스바운스 코어 API**를 통해 하위 **분산 코어**와 네트워크 설정 및 관제 정보를 주고받을 수 있다. 그리고 여기서 **노스바운드 코어 API**는 ONOS 자체적으로 제공하는 REST API 뿐만아니라 gRPC와 RESTCONF도 인터페이스 규격으로 지원하고 있다.

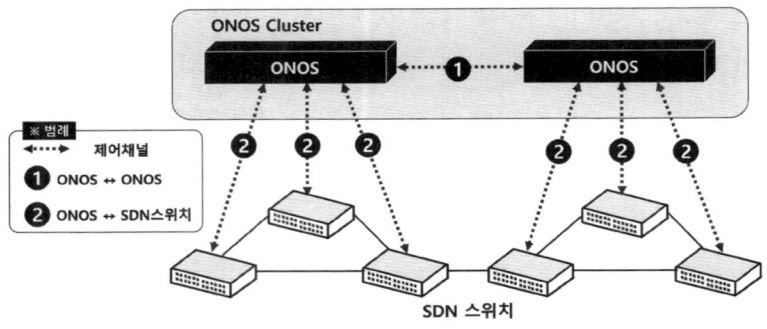

[그림 2-13] ONOS 클러스터 형성

분산 코어는 **사우스바운드 코어 API**를 통해 SDN 스위치의 제어 및 상태 정보를 수집하며 ONOS의 핵심 기능들을 수행한다. 여기서 핵심 기능은 이름 그대로 '분산된 제어 평면'으로써의 역할을 말한다. ONOS의 경우 하나의 제어 평면으로 하위 데이터 평면들을 관제할 수도 있겠지만 [그림 2-13]과 같이 여러 개의 분산된 제어 평면들을 하나의 클러스터로 구성하여 마치 하나의 제어 평면인 것처럼 운용하는 것도 가능하다. 물리적으로 분산된 여러 대의 제어 평면들 간 제어 채널을 통해 하나의 클러스터로 구성할 수 있는 이런 ONOS의 운용 방식을 이용하면, 이미 구축되어 있는 SDN에 필요한 리소스를 담은 SDN 제어기를 추가하여 그 기능과 구조를 확장할 수 있다. 이와 같은 ONOS의 특징을 '고확장성(Scale-Out)이 보장된다'고 표현한다. 또한 제어 평면에 장애가 발생하더라도 동일 클러스터에 소속된 다른 제어 평면이 이를 대체함으로써 SDN이 지속적으로 운용될 수 있도록 하기에 '고가용성(High-Availability)이 보장된다'고도 한다

그리고 SDN 스위치는 단순히 **사우스바운드 코어 API**를 통해 상위 **분산 코어**와 연결되는 것이 아니라 중간에 **프로바이더**와 **프로토콜** 구간을 거치게 된다. 여기서 **프로바이더**와 **프로토콜**은 서로 유기적인 관계를 가지는데, 우선 **프로토콜**은 ONOS 내부 모듈로 구성되며, ONOS가 지원하는 프로토콜 기능을 구현하는데

필요한 런타임 실행 환경을 제공한다. 여기서 ONOS가 해당 모듈을 통해 인식하는 네트워크 프로토콜로는 OpneFlow, NETCONF, SNMP, OVSDB 등이 있으며, 해당 네트워크 프로토콜에서 정의된 기능 동작 작업들은 **프로바이더**를 통해 추상화되어 제공된다.

> 📄 **정리 노트!**
> - ONOS는 ON.LAB에 의해 시작된 오픈 소스 SDN 개발 프로젝트이자, 해당 프로젝트를 통해 개발된 JAVA 언어 기반의 오픈 소스 SDN 제어기를 가리킨다.
> - ON.LAB은 2016년 10월 SDN 기술 표준화 단체인 ONF에 통합된다.
> - ONOS는 오픈 소스 SDN 제어기 중 OpenDaylight 다음으로 수요가 많다.
> - ONOS는 아파치(Apache) 2.0 오픈 소스 소프트웨어 라이선스 규정을 따르고 있기 때문에, 누구나 자유롭게 개인적 혹은 상업적 이용, 수정 및 배포가 가능하다.
> - 국내 ONOS 커뮤니티는 SK텔레콤의 주도로 2016년 9월에 발족됐다.
> - ONOS는 통신 사업자 중심으로 개발이 진행되었으며, '통신사 수준에서 사용할 수 있는 SDN 운영체제'라고도 한다.
> - ONOS는 분산된 여러 대의 제어 평면을 하나의 클러스터로 운용할 수 있는 분산 SDN 제어기로, 고확장성과 고가용성을 보장한다.
> - ONOS는 자체 REST API뿐만 아니라 gRPC, RESTCONF를 통한 노스바운드 인터페이스(NBI, Northbound Interface)로 지원한다.
> - ONOS는 OpenFlow, NETCONF, SNMP, OVSDB 등의 다양한 멀티 프로토콜을 사우스바운드 인터페이스(SBI, Southbound Interface)로 지원한다.

2.3 : Floodlight

2.3.1 OpenDaylight와 형제 SDN 제어기

[그림 2-14] 빅스위치 네트웍스와 Floodlight

Floodlight는 SDN 및 클라우드 소프트웨어 솔루션 업체인 빅스위치 네트웍스(Big Switch Networks)에서 OpenFlow라는 SDN 프로토콜을 지원하기 위해 개발된 JAVA 언어 기반의 SDN 제어기이며, 2012년 1월에 오픈 소스로 최초 공개되었다. 특히 빅스위치 네트웍스가 미국 스탠포드 대학의 SDN 기술 개발 연구팀이 2010년 실리콘 밸리에서 창업한 회사인 만큼 초기 Floodlight는 OpenDaylgiht와 마찬가지로 스탠포드 대학에서 고안한 Beacon이라는 SDN 제어기를 기반으로 하고 있다. 하지만 2013년 6월, OpenDaylight 프로젝트를 주도적으로 진행했던 시스코와의 이해 관계가 상충되면서, Floodlight를 독립적인 오픈 소스 SDN 제어기로 배포하기 시작했다. ONOS와 마찬가지로 아파치 2.0 오픈 소스 소프트웨어 라이선스 규정을 따르고 있으며, 누구나 자유롭게 개인적 혹은 상업적 이용, 수정 및 배포가 가능하다. 다만 2020년 2월, 미국의 네트워크 솔루션 제공 업체인 아리스타 네트웍스(Arista Networks)가 빅스위치 네트웍스를 인수하여, 현재는 Floodlight의 공식 사이트를 통한 배포가 중단된 상태이다.

[그림 2-15] 아리스타 네트웍스

2.3.2 Floodlight 구조 분석

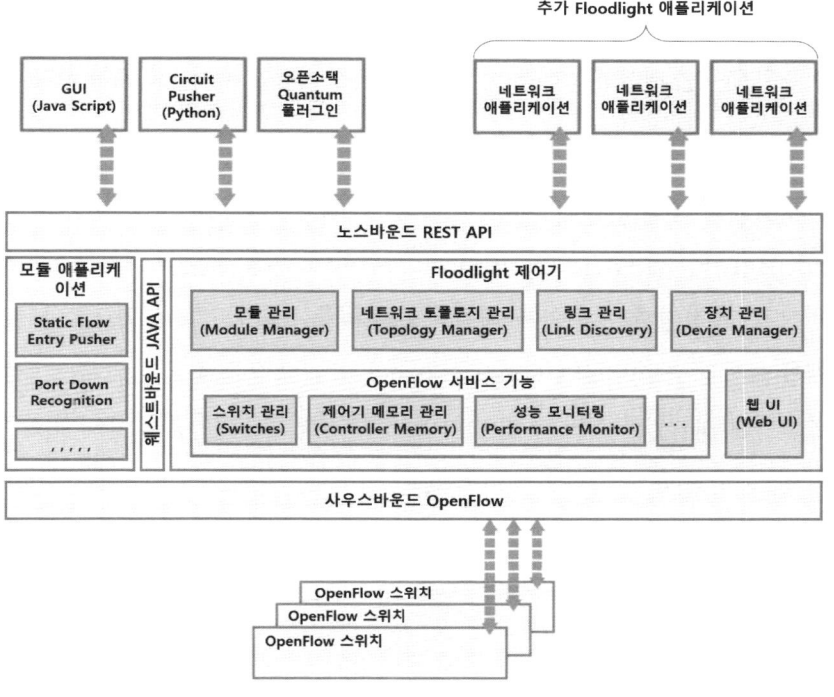

[그림 2-16] Floodlight의 구조

이제 Floodlight의 내부 구조를 한번 살펴보자. 우선 Floodlight는 SDN 프로토콜인 OpenFlow를 지원하기 위해 개발된 SDN 제어기인 만큼 OpenFlow 프로토콜에서 정의하는 다양한 네트워크 기능들을 지원하고 있다. 그리고 이런 기능들의 동작을 위해 다양한 인터페이스를 지원하고 있는데, [그림 2-16]과 같이 크게 3가지 인터페이스를 지원한다. 상위 노스바운스 인터페이스로는 자체 REST API를 통해서 외부 애플리케이션이나 시스템의 제어 및 설정을 지원하고, 이때 정의된 제어 및 설정 정보들을 기반으로 네트워크 서비스 기능들이 동작하도록 관련 내부 모듈 애플리케이션들과 웨스트바운드 인터페이스(Westbound Interface)로 지원되는 JAVA API를 통해 서로 통신을 수행한다. 이렇게 네트워크 기능 동작을 위한 모듈 애플리케이션 간 협의 과정이 완료되면, 하위 사우스바운드 인터페이스인 OpenFlow 프로토콜을 통해, OpenFlow 스위치(OpenFlow 프로토콜을 지원하는 SDN 스위치)들을 제어하여 실제 네트워크 서비스 기능들이 동작하도록 한다.

이번에는 각 인터페이스별 연동 부분에 대해 세부적으로 살펴보면, 먼저 REST API를 통해 연동되는 외부 시스템으로는 자바스크립트 기반으로 개발된 Floodlight의 '웹 GUI', OpenFlow 스위치에 연결된 단말 장치들이 IP 주소 기반으로 목적지까지 손쉽게 패킷을 주고받을 수 있도록 자동으로 네트워크 정책을 설정해 주는 도구인 'Circuit Pusher' 그리고 오픈 소스 클라우드 플랫폼인 오픈스택의 네트워크 서비스 'Quantum'(현재 서비스 이름은 Neutron)의 플러그인 모듈이 있다. 이뿐만 아니라 Floodlight 내부적으로는 지원되지 않는 네트워크 기능들도 REST API를 통해서 외부 '네트워크 애플리케이션'의 형태로 Floodlight의 기능 지원이 가능하다.

그리고 Floodlight는 다른 SDN 제어기와는 다르게 일부 기능들을 모듈 애플리케이션 단위로 외부로 분리하여 웨스트바운드 인터페이스인 JAVA API를 통해 기능 연동을 지원하고 있다. 이때 JAVA API를 통해 연동되는 모듈 애플리케이션으로는 'Circuit Pusher'와는 달리 직접 수동으로 고정된 네트워크 정책을 정의하여 설정해 주른 모듈인 'Static Flow Entry Pusher'와 OpenFlow 스위치의 포트 상태를 감지하는 기능 모듈인 'Port Down Recognition' 등이 있다.

마지막으로 Floodlight 제어기 내부에는 스위치 관리, 제어기 메모리 관리, 성능 모니터링 등 OpenFlow 프로토콜을 통해 지원되는 'OpenFlow 서비스 기능'들이 따로 구분되어 있으며 이때의 기능들이 OpenFlow 프로토콜을 통해 하위 OpenFlow 스위치의 동작을 지원한다.

2.3.3 Floodlight 상용화 현황

빅스위치 네트웍스에서 오픈 소스로 개발한 SDN 제어기가 Floodlight라면, 상용 버전으로 개발된 SDN 제어기로는 빅 클라우드 컨트롤러(Big Cloud Controller, 이하 BCC)가 있다. BCC는 빅스위치 네트웍스의 데이터센터 네트워크 관제 솔루션인 빅 클라우드 패브릭(Big Cloud Fabric, 이하 BCF)에 포함된 Floodlight 기반 SDN 제어기로써, BCF 내부 네트워크 설정 및 제어 그리고 관제를 위한 컨트롤 타워 역할을 수행한다. BCF에서 BCC 기능에 대해 좀 더 세부적으로 파악하고 싶다면 [그림 2-17]을 한번 보자. [그림 2-17]은 빅스위치 네트웍스에서 2017년 공개한 『Big Cloud Fabric 백서(White Paper)』에 나온 BCF의 공식 아키텍처 구조이다.

여기서 BCF는 BCC 상위의 자체 REST API를 통해서 빅스위치 네트웍스 플러그인(Big Switch Networks Plugin, BSN Plugin) 모듈과 연결되어 상용 클라우드 및 컨테이너 관리 솔루션들과 통신을 수행한다. 상용 클라우드 솔루션 제공 업체로는 레드햇(Red Hat)과 미란티스(Mirantis) 그리고 VM웨어(VMware)가 있으며, 지원하는 컨테이너 관리 솔루션에는 레드햇의 '오픈시프트(Openshift)', 오픈 소스인 '쿠버네티스(Kubernetes)' 그리고 컨테이너 기술 개발 업체인 메소스피어(Mesosphere)의 '마라톤(Marathon)'이 있다.

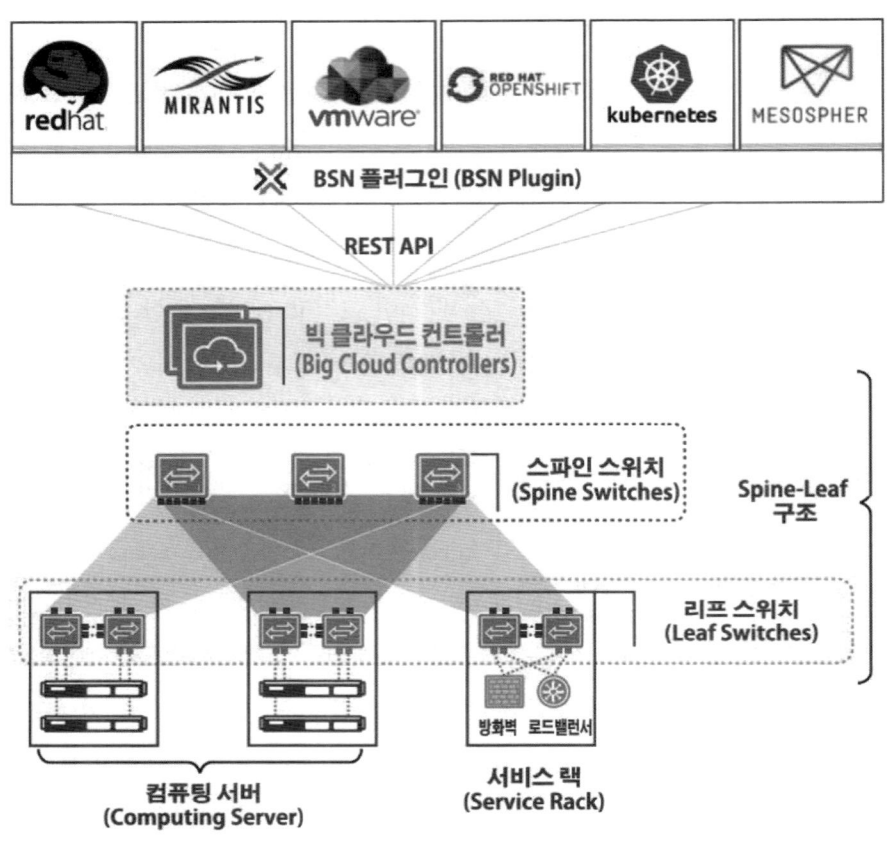

[그림 2-17] 빅스위치 네트웍스의 BCF 솔루션 구조

BCC 하위에는 클라우드와 컨테이너 리소스를 제공하는 컴퓨팅 서버와 방화벽 그리고 로드 밸런서가 포함된 서비스 랙이 스파인-리프 구조(Spine-Leaf Architecture)로 구성된 네트워크 스위치들을 통해 BCC와 연결된다. 전체적으로 보면 BCC가 중간에 위치하여 하위 리프, 스파인 스위치들을 관제하면서, 상용 클라우드 및 컨테이너 솔루션에 정의된 서비스들이 제대로 동작할 수 있도록 컴퓨팅 서버, 서비스 랙을 중계해 주는 역할을 수행한다고 보면 된다. 이런 BCC를 통해서 BCF에서는 네트워크 설정 및 장애 처리 작업 등을 자동화하여, 기존 네트워크

상의 물리적인 용량 증설 또는 논리적인 애플리케이션의 동작 시간을 줄임으로써 모든 작업을 단순화하고 작업 과정에서 오류 발생도 크게 줄일 수 있다. 현재 BCF는 2020년 2월 빅스위치 네트웍스가 아리스타 네트웍스에 인수되면서, '통합 클라우드 패브릭(Converged Cloud Fabric, 이하 CCF)'으로 개편되었으며, 여기에 적용된 BCC는 CCF 컨트롤러(CCF Controller)로 변경되었다.

2.3.4 Floodlight 배포판 현황

Floodlight는 빅스위치 네트웍스가 아리스타 네트웍스에 인수되기 전까지 총 7개의 배포 버전으로 공개되었다. 2020년 2월 아리스타 네트웍스에 최종 인수된 이후에는 Floodlight 공식 사이트를 통한 배포도 중단되었다.

다만 공개된 배포 버전까지는 공식 깃 허브(github.com/floodlight/floodlight)를 통해 다운로드할 수 있다. 배포 버전별 정보는 다음의 [표 2-5]를 참고하자.

배포 순서	배포 버전	배포 시기
1	v 0.85	-
2	v 0.90	2012년 10월
3	v 0.91	2014년 12월 30일
4	v 1.0	2014년 12월 30일
5	v 1.1	2015년 4월 17일
6	v 1.2	2016년 2월 7일
7	Master	-

[표 2-5] Floodlight 배포판 정보

> 📓 **정리 노트!**
> - Floodlight는 빅스위치 네트웍스에서 오로지 OpenFlow를 지원하기 위해 개발한 JAVA 기반의 오픈 소스 SDN 제어기다.
> - Floodlight는 OpenDaylight처럼 스탠포드 대학에서 고안한 Beacon을 기반으로 개발되었다.
> - Floodlight는 아파치 2.0 오픈 소스 소프트웨어 라이선스 규정을 따르고 있으며, 누구나 자유롭게 개인적 혹은 상업적 이용, 수정 및 배포가 가능하다.
> - 빅스위치 네트웍스는 2020년 2월 아리스타 네트웍스에 인수되었으며, 이후 공식 사이트를 통한 Floodlight 배포는 중단되지만, 공식 깃허브 사이트를 통해 다운로드 가능하다.

2.4 : 오픈 소스 SDN 제어기 비교

자, 지금까지 오픈 소스 SDN 제어기인 OpenDaylight, ONOS, 그리고 Floodlight에 대해, 각 등장배경과 구조 그리고 상용화 현황 등에 대해서 간단히 살펴보았다. 그럼 이제 이 3가지 SDN 제어기에 대해서 한눈에 파악하기 쉽게, 표로 요약 정리해 보면 [표 2-6]과 같다.

SDN 제어기	OpenDaylight		ONOS		Floodlight	
개발 언어	JAVA					
오픈 소스 지원시작	2013년 4월		2014년 12월		2012년 1월	
방향성	네트워크 솔루션 제공 업체 중심		통신 사업자 중심		OpenFlow SDN 프로토콜 중심	
주관	리눅스 재단 (Linux Foundation)		(2014년) ON.LAB (2016년~현) 오픈 네트워킹 재단(Open Networking Foundation)		(2012년~2020년)빅스위치 네트웍스 (2020년 2월, 아리스타 네트웍스에 인수되어 현재 주관 없음)	
최신 배포 버전 (2022년 기준)	19번째 배포판 'Potassium' (2023년 10월)		24번째 배포판 'X-Wing' (2022년 1월)		2016년 Floodlight v1.2, Master 버전 배포 이후 현재 배포판 없음	
국내 커뮤니티	없음		2016년 9월 SK텔레콤 주도 한국 ONOS 공식 커뮤니티 발족		없음	
국내 참여 기관	KT		대학	카이스트	없음	
			통신사	SK텔레콤		
			기업	삼성전자		
			연구원	ETRI, KISTI		
Northbound Interface	REST API, FESTCONF, NETCONF		REST API, RESTCONF, gRPC		REST API	
Southbound Interface	BGP, BMP, LISP, NETCONF, OpenFlow, OVSDB, PCEP, SNMP, SXP		OpenFlow, NETCONF, SNMP, OVSDB		OpenFlow	
Westbound Interface	–		–		JAVA API	
라이선스	Eclipse Public License 1.0		Apache 2.0 License			
상용화	업체	솔루션/사업명	업체	솔루션명	업체	솔루션명
	시스코	ACI 솔루션	SK텔레콤	SONA 프로젝트	빅스위치 네트웍스	빅 클라우드 패브릭 (Big Cloud Fabric, BCF)
	브로케이드	브로케이드 SDN 제어기 2.0	화웨이	애자일 네트워크 솔루션		
	ETRI	T-SDN 망구축 국책사업	삼성전자	삼성 SDN 솔루션		2020년 2월, 빅스위치 네트웍스는 아리스트 네트웍스에 인수
	KT, LG U+	전송망 구간 대상 T-SDN 솔루션 적용			아리스타 네트웍스	통합 클라우드 패브릭(Converged Cloud Fabric, CCF)

[표 2-6] OpenDaylight, ONOS, Floodlight 기능 비교 요약

[표 2-6]의 요약 내용을 다시 한번 정리해 보면, 우선 OpenDaylight와 ONOS 그리고 Floodlight 모두 JAVA 언어 기반으로 개발되었지만, 이 중에서는 Floodlight가 2012년 1월에 OpenFlow 프로토콜 기능 지원을 중심으로 최초 개발되어 오픈 소스로 가장 먼저 공개된다. 그 다음 해에는 네트워크 솔루션 제공 업체들 중심의 주도적으로 개발된 OpenDaylight가 2013년 4월에 공개되었고, 마지막으로 통신 사업자를 중심으로 개발된 ONOS가 2014년 12월에 오픈 소스로 공개된다. SDN 제어기의 주관기관별 배포 현황을 보면, OpenDaylight는 현재까지 리눅스재단을 통해 배포 관리되고 있으며, 2023년 10월 19번째 배포판인 'Potassium'이 공개되었다. 반면에 ONOS의 경우 2014년 ON.LAB을 통해 최초 개발되었지만, 이후에는 ON.LAB이 ONF에 통합됨으로써 배포판의 모든 소스 코드 및 개발 내용은 모두 ONF 산하에 관리되고 있으며, 2022년 1월에 24번째 배포판인 'X-Wing'이 공개되었다. 반대로 Floodlight는 빅스위치 네트웍스에 의해 최초 개발되어 관리되었지만, 2020년 2월에 빅스위치 네트웍스가 아리스타 네트웍스에 인수되면서 2016년 공개된 1.2버전과 Master 버전 이후로 공식 배포판은 나오지 않고 있다. 국내 커뮤니티의 경우 ONOS가 유일하게 SK텔레콤의 주도로 발족되었으며, 그만큼 국내의 대학, 통신사, 기업, 연구원 등 다양한 분야의 여러 기관에서 개발에 참여하고 있다. 반면 Floodlight는 국내 지원 기관이 없으며, OpenDaylight는 국내 이동통신사인 KT가 유일하다. 지원 인터페이스를 살펴보면, OpenDaylight, ONOS 그리고 Floodlight 모두 공통적으로 노스바운드 인터페이스는 자체 REST API를 지원하고 있으며, 사우스바운드 인터페이스로는 OpenFlow를 지원하고 있는데, 특이하게도 Floodlight는 내부 모듈 애플리케이션과의 통신을 목적으로 웨스트바운드 인터페이스인 JAVA API를 지원하고 있다. 또한 3개의 SDN 제어기 모두 오픈 소스 라이선스를 규정을 따르고 있으며, 누구나 자유롭게 개인적 혹은 상업적 이용, 수정 및 배포가 가능하다. 마지막으로 상용화 현황을 살펴보면 OpenDaylight와 ONOS는 SDN 제어기

중에서도 수요가 가장 많은 만큼 기업, 통신사, 연구원 등 다양한 기관을 통해 활용되고 있지만 Floodlight의 경우에는 빅스위치 네트웍스의 상용 솔루션에 적용된 경우가 대부분이며, 2020년 2월 아리스타 네트웍스에 인수되어 지금은 아리스타 네트웍스의 상용 네트워크 솔루션으로 활용되고 있다.

> **정리 노트!**
> - OpenDaylight, ONOS, Floodlight 모두 JAVA 언어 기반으로 개발되었으나 이 중 Floodlight가 2012년 1월 가장 먼저 오픈 소스로 공개되었다.
> - 구조적인 관점에서 보면 다른 SDN 제어기들과는 달리 Floodlight는 내부 모듈 애플리케이션과 통신을 수행하기 위한 별도의 웨스트바운드 인터페이스를 추가로 지원한다.
> - SDN 제어기 중에서는 ONOS가 유일하게 국내 커뮤니티가 있으며, 대학, 통신사, 기업, 연구원 등에 속한 다양한 기관에 개발 및 연구를 지원하고 있다.
> - 오픈 소스 SDN 제어기들 모두 오픈 소스 소프트웨어 라이선스 규정을 따르고 있으며, 누구나 자유롭게 개인적 혹은 상업적 이용, 수정 및 배포가 가능하다.

CHAPTER 3*

SDN 프로토콜, OpenFlow

[그림 3-1] ONF와 OpenFlow

2007년, 미국 스탠포드대학과 UC 버클리대학에서는 네트워크의 제어 평면과 데이터 평면을 서로 분리하고 상위에 하나의 제어 평면이 하위 여러 대의 데이터 평면을 관제하는 중앙집중식 구조의 초기 SDN 컨셉을 제안했다. 그리고 해당 SDN 구조에서 제어 평면과 데이터 평면 사이의 통신을 위한 자체 SDN 프로토콜을 개발해 공개했는데 그게 바로 OpenFlow이다.

이후, 스탠포드대학은 다양한 제조사의 네트워크 장비에 OpenFlow를 적용하여 실제 SDN 기반 네트워크 인프라 구축에 성공함으로써, OpenFlow가 단순 독자적인 네트워크 기술 규격이 아니라 다양한 제조사의 네트워크 장비와 유연하게 상호 호환되는, 말 그대로 개방형 네트워크 프로토콜임을 입증했다.

이후 2011년, OpenFlow 기반의 SDN 표준화 및 기술 상용화를 목적으로 비영리 단체인 ONF가 설립되었고, ONF의 주도 하에 OpenFlow 기반의 다양한 산업 표준 규격이 제정되었다. 현재는 다양한 SDN 프로토콜이 등장했지만, SDN 개념이 등장한 이후에 처음으로 개발된 표준 규격이 OpenFlow인 만큼 SDN 프로토콜이라고 하면 OpenFlow가 대표적이다. 이번 장에서는 이러한 OpenFlow의 구조에 대해 구체적으로 알아보고, 실제로 SDN 프로토콜이 SDN 제어기와 SDN 스위치 사이에서 어떤 역할을 하는지 살펴보겠다.

3.1 : OpenFlow의 기본 구조

3.1.1 SDN 제어기와 SDN 스위치 사이의 연결 구조

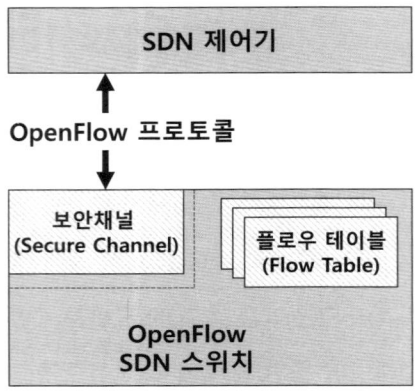

[그림 3-2] SDN 제어기와 SDN 스위치 연결 구조

[그림 3-2]는 2009년 12월 31일, ONF에서 최초 공식 발간한 OpenFlow 프로토콜 공식 문서인 'OpenFlow Switch Specification v1.0.0'의 첫 번째 페이지에 나온 OpenFlow 프로토콜 SDN 연결 구조이다. 해당 구조에서 상위 SDN 제어기는

하위 SDN 스위치와 OpenFlow 프로토콜로 연결되는데, 이때의 연결 구간은 보통 TCP 통신을 통해 직접 데이터를 주고받을 수도 있지만, 주고받는 데이터의 유출 및 외부 접근을 막기 위해 보통 TLS 기반 인증 및 암호화 방식을 지원하고 있다. 그리고 이런 암호화된 경로는 OpenFlow SDN 스위치 내부 프로세스로 구현된 보안 채널(Secure Channel)을 통해, SDN 제어기가 패킷 제어에 대한 설정 정보를 정의하고 이를 SDN 스위치에 전달하면, SDN 스위치는 내부 플로우 테이블(Flow Table)에 해당 내용이 등록된다.

SDN 스위치는 하나 이상의 플로우 테이블을 가지며, 이때 플로우 테이블에 등록된 설정 정보를 플로우 정책(Flow Rule)이라고 한다. 여기서 플로우 정책은 패킷의 경로 설정에 주로 활용되는데, 예를 들면 SDN 스위치 내부로 데이터 패킷이 유입되었을 때, SDN 스위치는 플로우 테이블에서 해당 패킷이 목적지까지 가는데 필요한 플로우 정책을 직접 검색하고, 해당되는 플로우 정책을 기준으로 데이터 패킷을 외부로 포워딩하게 된다.

3.1.2 플로우 테이블의 구조와 동작 과정

OpenFlow 1.0.0 버전 공식 문서 기준, 플로우 테이블 구조를 살펴보면 [그림 3-3]과 같이 헤더 필드(Header Fields), 액션(Actions) 그리고 카운터(Counters) 이렇게 3개의 엔트리로 구성된다.

플로우 테이블 (Flow Table)		
헤더 필드 (Header Fields)	액션 (Actions)	카운터 (Coutners)

[그림 3-3] OpenFlow 1.0.0 버전의 플로우 테이블 구조

여기서 **헤더 필드**에는 SDN 스위치로 유입된 데이터 패킷을 처리하기 위해 어떤 플로우 정책을 적용할지 판단하기 위한 조건부문이 포함되고, **액션**에는 해당 조건에 일치하는 데이터 패킷을 어떻게 처리할지에 대한 내용이 정의된다. 그리고 **카운터**에는 해당 플로우 정책이 적용된 데이터 패킷의 수를 나타낸다.

그럼 실제로 SDN 제어기와 SDN 스위치 사이의 통신 과정에서 플로우 테이블이 어떤 역할을 하는지 [그림 3-4]를 통해 한번 살펴보자. [그림 3-4]에서 SDN 스위치는 최상위 SDN 제어기와 OpenFlow 프로토콜로 연결되고, 하위에는 1번 포트를 통해 단말 장치 #1이, 2번 포트 통해 단말 장치 #2가 연결된다. 그리고 여기서 SDN 스위치 내부 플로우 테이블의 엔트리를 살펴보면 헤더 필드에는 입력 포트가 1번으로 지정되어 있고 액션에는 출력 포트가 2번으로 지정되어 있는데, 이는 '1번 포트로 들어온 데이터 패킷은 2번 포트로 내보내라'는 하나의 플로우 정책을 의미한다. 이 상태에서 단말 장치 #1이 SDN 스위치로 데이터를 보낼 경우, SDN 스위치는 해당 플로우 정책에 따라 1번 포트로 유입된 데이터 패킷을 출력 포트인 2번으로 포워딩하여 내보내고 결국 데이터는 단말 장치 #2로 최종 전달된다. 이때 플로우 정책의 조건에 맞는 데이터 패킷이 SDN 스위치를 통과한 것이므로 해당 플로우 정책에 해당되는 카운터 엔트리 값은 정숫값 1이 증가한다.

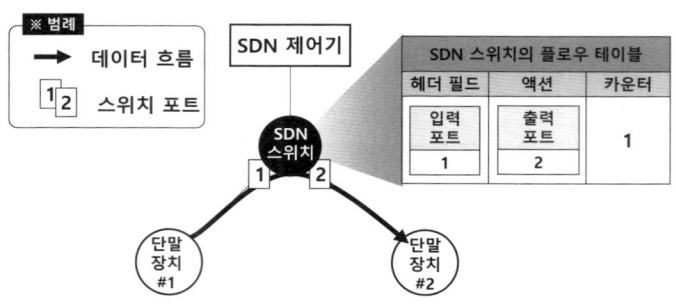

[그림 3-4] 플로우 테이블을 통한 SDN 스위치의 통신 과정

참고로 여기서는 플로우 테이블의 헤더 필드 조건 항목을 입력 포트로 예로 들었지만 입력 포트 외에도 데이터 패킷의 헤더에 포함되는 출발지와 목적지의 IP 주소와 MAC 주소, 패킷 이더넷 타입, TCP 포트 번호, VLAN ID 등 여러 가지 데이터의 패킷 정보가 조건으로 들어갈 수 있다. 세부적인 헤더 필드의 조건 항목은 [표 3-1]을 참고하자.

헤더 필드의 조건항목		대상
용어	내용	
Ingress Port	입력 포트	모든 패킷
Ethernet Source Address	출발지 MAC 주소	활성화된 포트의 모든 패킷
Ethernet Destination Address	목적지 MAC 주소	활성화된 포트의 모든 패킷
Ethernet Type	패킷 타입	활성화된 포트의 모든 패킷
VLAN ID	VLAN ID	이더넷 타입이 VLAN(0x8100)인 모든 패킷
VLAN Priority	VLAN 우선순위	이더넷 타입이 VLAN(0x8100)인 모든 패킷
IP Source Address	출발지 IP 주소	모든 IP, ARP 패킷
IP Destination Address	목적지 IP 주소	모든 IP, ARP 패킷
IP Protocols	IP 프로토콜 번호	모든 IP, ARP 패킷
IP ToS bits	패킷 서비스 유형	모든 IP 패킷
TCP/UDP Source Port	TCP/UDP 출발지 포트 번호	모든 TCP, UDP, ICMP 패킷
TCP/UDP Destination Port	TCP/UDP 목적지 포트 번호	모든 TCP, UDP, ICMP 패킷

[표 3-1] 헤더 필드의 조건 항목

OpenFlow 1.3.0 버전부터는 플로우 테이블의 구조가 더욱 확장되어 [그림 3-5]와 같이 매치 필드(Match Field), 프라이어리티(Priority), 카운터(Counters), 인스트럭션(Instructions), 타임아웃(Timeout), 쿠키(cookie) 이렇게 6개의 엔트리로 구성된다.

플로우 테이블 (Flow Table)					
매치 필드 (Match Filed)	프라이어리티 (Priority)	카운터 (Counters)	인스트럭션 (Instructions)	타임아웃 (Timeout)	쿠키 (Cookie)

[그림 3-5] OpenFlow 1.3.0 버전의 플로우 테이블 구조

여기서 **매치 필드**는 기존 OpenFlow 1.0.0버전 플로우 테이블의 헤더 필드와 마찬가지로 플로우 정책의 조건 항목들을 포함하고 있으며, **프라이어리티**에는 플로우 정책의 우선순위가 지정된다. **카운터**에는 해당 정책이 일치하는 패킷의 수가 누적 저장되며, **인스트럭션**에는 기존 매치 필드에 일치하는 패킷들을 어떻게 처리할지에 대한 동작들이 따로 정의된다. **타임아웃**은 해당 플로우 정책이 플로우 테이블에서 유지되는 남은 시간 정보를 포함하고 있으며, 마지막으로 **쿠키**는 SDN 제어기가 선택한 불명확한 데이터 값을 포함하는데 해당 값을 기준으로 SDN 제어기는 데이터 패킷 처리 시 사용되지 않는 불필요한 플로우 정책들을 제거하거나 필터링할 때 사용한다. OpenFlow 1.1.0 버전 이상부터는 플로우 테이블 외에도 '그룹 테이블(Group Table)'이란 개념도 등장하는데, 여기서는 OpenFlow 1.0.0 버전 기준의 플로우 테이블을 중심으로 어떻게 SDN 제어기가 SDN 스위치의 플로우 테이블에 플로우 정책들을 설정하고, SDN 스위치는 등록된 플로우 정책들을 어떻게 이용하여 데이터 패킷을 포워딩하는지 알아보겠다.

> 📒 **정리 노트!**
> - OpenFlow는 2007년 미국 스탠포드대학과 UC 버클리대학에서 정립된 초기 SDN 컨셉을 기반으로 한 최초의 SDN 프로토콜이다.
> - OpenFlow는 SDN 제어기와 SDN 스위치 사이 연결된 인터페이스 규격과 이를 지원하는 SDN 스위치 구조를 정의한다.
> - OpenFlow를 지원하는 SDN 스위치는 내부 플로우 테이블(Flow Table)을 통해 데이터를 포워딩한다.
> - 플로우 테이블의 각 엔트리별 등록된 데이터를 플로우 정책(Flow Rule)이라고 한다.

3.2 : OpenFlow로 살펴보는 SDN의 동작 과정

OpenFlow에서 SDN 제어기와 SDN 스위치 사이의 동작 방식은 크게 두 가지로 정의한다. 하나는 플로우 정책이 정의되지 않은 미지의 데이터가 SDN

스위치로 유입되었을 때, SDN 제어기가 직접 해당 데이터의 목적지까지 최적 경로를 결정하고 해당 경로로 데이터가 흐르도록 플로우 정책을 정의하여 SDN 스위치의 플로우 테이블에 이를 등록하는 **리액티브(Reactive) 방식**이다. 다른 하나는 SDN 스위치로 데이터가 유입되기 전에, 네트워크 관리자 혹은 외부 애플리케이션으로 직접 SDN 제어기를 통해 미리 SDN 스위치로 유입되는 데이터의 경로를 플로우 정책으로 정의하고 이를 SDN 스위치의 플로우 테이블에 등록하는 **프로액티브(Proactive) 방식**이다. OpenFlow를 지원하는 SDN 제어기들은 이 두 가지 방식을 모두 지원하고 있으며, SDN 환경을 구축할 때 목적에 맞게 동작 방식을 선택할 수 있다. 그럼 이제, 언급된 두 가지 SDN 동작 방식에 대하여 좀 더 세부적으로 알아보자.

3.2.1 리액티브(Reactive) 방식의 플로우 정책 설정 과정

리액티브(Reactive) 동작 방식은 SDN 스위치에 플로우 정책으로 정의되지 않은 미지의 패킷이 유입되었을 때, SDN 제어기가 직접 해당 패킷의 최적 경로를 결정하고, 결정된 최적 경로로 패킷이 전달되도록 해당 경로 상의 SDN 스위치에 플로우 정책을 등록해 주는 방식을 말한다.

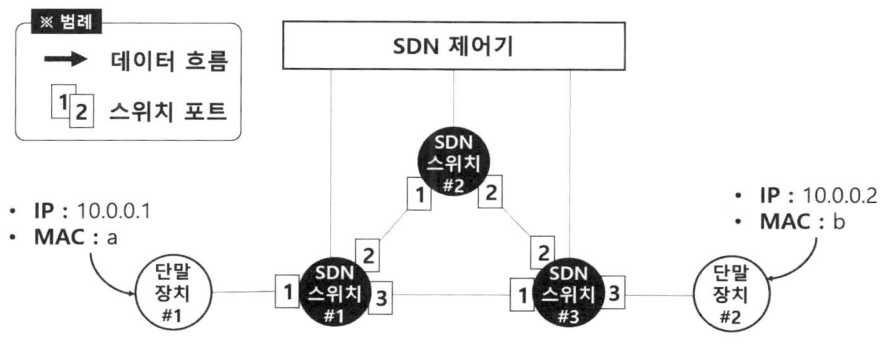

[그림 3-6] 리액티브 방식의 SDN 동작 방식을 살펴보기 위한 SDN 구조

예를 들어, [그림 3-6]과 같이 SDN 제어기에 3개의 SDN 스위치(#1, #2, #3)가 연결되어 있을 때, SDN 스위치 #1의 1번 포트에는 IP 주소가 '10.0.0.1', MAC 주소가 a인 단말 장치 #1이 연결되어 있고, SDN 스위치 #3의 3번 포트에는 IP 주소가 '10.0.0.2', MAC 주소가 b인 단말 장치 #2가 연결되어 있다. 여기서 단말 장치 #1이 단말 장치 #2로 데이터를 보낸다고 했을 때, 리액티브 방식의 플로우 정책 설정 과정을 살펴보자.

먼저 [그림 3-7]과 같이 단말 장치 #1이 단말 장치 #2로 데이터 패킷을 보내면 해당 패킷은 우선 1번 포트를 통해 SDN 스위치 #1로 전달된다(①). SDN 스위치 #1은 해당 패킷의 처리를 위해 자신의 플로우 테이블에 등록된 플로우 정책들을 탐색하지만 해당 패킷을 처리하기 위한 플로우 정책이 없으므로 단말 장치 #1로부터 받은 데이터 패킷을 어디로 보내야 하는지 알지 못하는 상태가 된다. 이때 SDN 스위치 #1은 해당 패킷을 우선 버퍼에 저장하고, 패킷의 헤더를 포함한 일부 데이터를 캡슐화(Encapsulation)하여 메시지 형태로 SDN 제어기에 전달해, SDN 제어기에게 해당 데이터 패킷의 처리를 문의한다. 이때 SDN 스위치 #1에서 SDN 제어기로 캡슐화되어 전달된 메시지를 패킷-인 메시지(Packet-in Message)라고 한다(②).

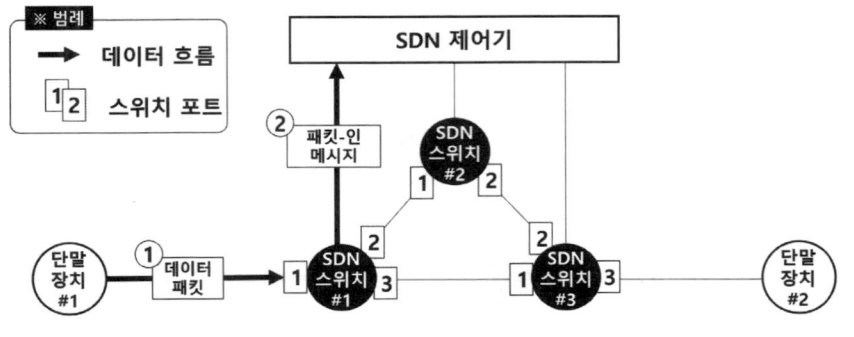

[그림 3-7] 리액티브 동작 방식의 플로우 정책 설정 과정 (1) – 패킷-인(Packet-In) 메시지 전송

패킷-인 메시지를 전달받은 SDN 제어기는 [그림 3-8]과 같이 패킷-인 메시지에 포함된 목적지 정보(단말 장치 #2)를 가지고 단말 장치 #1의 패킷을 단말 장치 #2로 보내기 위한 최적 경로를 탐색한다. 이때, 데이터 패킷을 전달할 수 있는 경로는 SDN 스위치 #1 → SDN 스위치 #3 순으로 지나는 경로(1)과 SDN 스위치 #1 → SDN 스위치 #2 → SDN 스위치 #3 순으로 지나는 경로(2)가 있다. 보통은 별도의 경로 탐색 알고리즘에 따라 2가지 경로 중 최적 경로가 결정되지만, 여기서는 홉 카운트(Hop-Count) 수가 가장 적은 경로(1)을 채택했다고 가정해 보겠다.

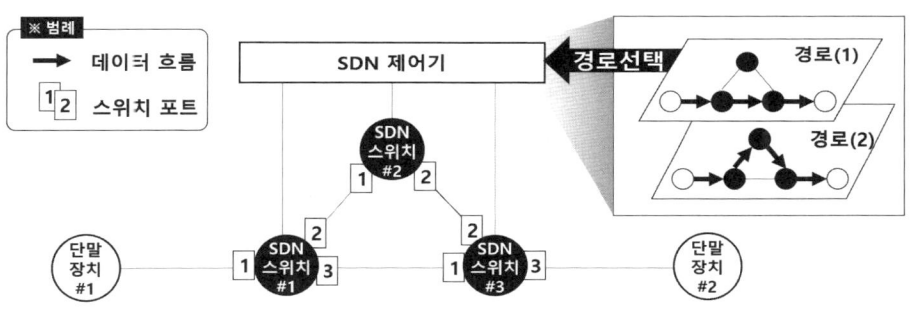

[그림 3-8] 리액티브 동작 방식의 플로우 정책 설정 과정 (2) - 최적 경로 탐색

SDN 제어기가 경로(1)을 최적 경로로 결정했다면, 이제 [그림 3-9]와 같이 해당 경로 상에 위치한 SDN 스위치 #1과 SDN 스위치 #3에 플로우 정책을 설정해 주어야 한다. 이를 위해 SDN 제어기는 '1번 포트로 들어온 데이터 패킷의 출발지 MAC 주소가 a이고 목적지 MAC 주소가 b라면, 3번 포트로 패킷을 내보내라'라는 플로우 정책을 정의하고 해당 정책이 포함된 메시지를 SDN 스위치 #1과 SDN 스위치 #3에 전달한다(①). 그리고 이때 SDN 제어기가 SDN 스위치에 플로우 정책을 포함시켜 전달한 메시지를 플로우 수정 메시지(Flow Modify Message)라고 부른다. 해당 플로우 수정 메시지를 전달받은 SDN 스위치 #1과 SDN 스위치 #3은 해당 메시지에 포함된 플로우 정책 정보를 가지고 플로우 테이블의 각 엔트리에

정보를 등록해 준다. 각 엔트리 정보를 살펴보면 먼저 헤더 필드의 경우 조건 항목으로 입력 포트는 1번으로 지정하고, 출발지 MAC 주소는 단말 장치 #1의 MAC 주소인 a, 목적지 MAC 주소는 단말 장치 #2의 MAC 주소인 b로 지정한다. 그리고 액션에는 출력 포트 번호를 3번으로 설정해 준다(②).

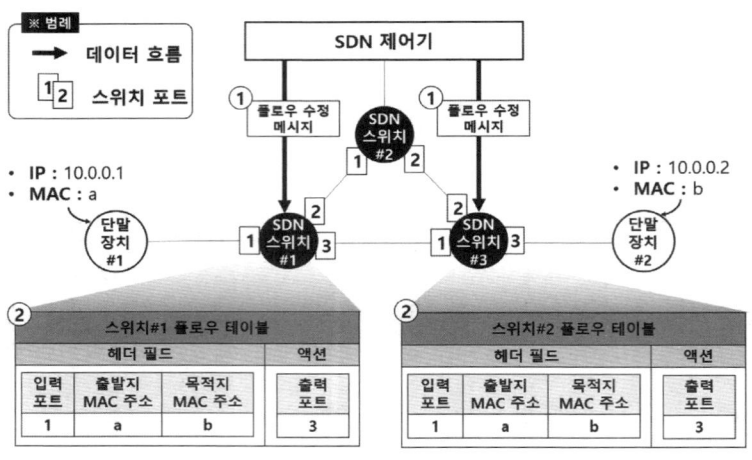

[그림 3-9] 리액티브 동작 방식의 플로우 정책 설정 과정 (3) – 플로우 정책 설정

이렇게 플로우 테이블에 플로우 정책이 등록되면, 최적 경로 상에 위치하는 SDN 스위치는 유입된 데이터 패킷을 플로우 정책의 기준에 맞게 포워딩할 수 있게 된다. 그럼 이제 앞서 설정한 플로우 정책이 어떻게 적용되어 데이터 통신이 이루어지는지 그 과정을 살펴보자.

[그림 3-10]과 같이 먼저 단말 장치 #1이 단말 장치 #2로 데이터 패킷을 보내면, 해당 패킷은 1번 포트를 통해 SDN 스위치 #1로 전달된다(①). SDN 스위치 #1은 수신한 데이터 패킷을 어디로 보내야 할지 결정하기 위해 해당 데이터 패킷 헤더에 포함된 정보를 가지고 자신의 플로우 테이블을 탐색한다.

그리고 플로우 테이블의 헤더 필드에서 해당 패킷이 SDN 스위치로 유입된 입력 포트 번호가 '1'이고, 패킷 헤더의 포함된 출발지 MAC 주소가 'a', 목적지 MAC 주소가 'b'인 조건 항목에 일치하는 플로우 정책이 있음을 확인하고, 해당 플로우 정책의 액션에 정의된 출력 포트 3번으로 데이터 패킷을 내보낸다(②). 이렇게 SDN 스위치 #1의 3번 포트로 나온 데이터 패킷은 1번 포트를 통해 SDN 스위치 #3으로 전달된다(③). SDN 스위치 #3은 수신받은 데이터를 어디로 보내야 할지 결정하기 위해 해당 데이터 패킷 헤더에 포함된 정보를 가지고 자신의 플로우 테이블을 탐색한다.

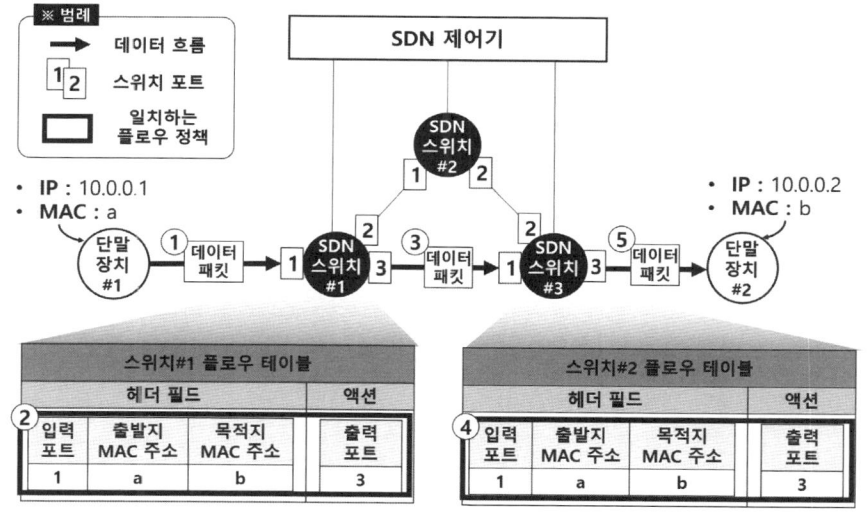

[그림 3-10] 리액티브 방식으로 플로우 정책 설정 후 단말 장치 #1 → 단말 장치 #2 통신 과정

그리고 플로우 테이블의 헤더 필드에서 해당 패킷이 SDN 스위치로 유입된 입력 포트 번호가 '1'이고, 패킷 헤더의 포함된 출발지 MAC 주소가 'a', 목적지 MAC 주소가 'b'인 조건 항목에 일치하는 플로우 정책이 있음을 확인하고, 해당 플로우 정책의 액션에 정의된 출력 포트 3번으로 데이터 패킷을 내보낸다(④). 이렇게 SDN

스위치 #3의 3번 포트를 통해 나온 데이터 패킷은 원래 목적지인 단말 장치 #2로 최종 전달된다(⑤).

자! 여기까지 리액티브 방식의 플로우 정책 설정 방법과 이후 데이터 전달 과정에 대해 알아보았다. 기본적으로 리액티브 방식은 플로우 정책을 설정하는 주체가 SDN 제어기이므로 네트워크 관리자 입장에서는 직접 개입할 필요 없이 SDN 제어기가 알아서 네트워크 설정을 하기 때문에 매우 편리하다. 하지만 SDN 스위치의 개수가 3개가 아니라 수십여 대 이상이라면 한꺼번에 많은 양의 패킷-인 메시지가 SDN 제어기에 몰릴 수 있기 때문에 SDN 제어기 입장에서 많은 부하가 걸린다는 단점이 있다. 그렇다면 이와 반대로 프로액티브(Proactive) 방식의 플로우 정책 설정 과정은 어떨까?

3.2.2 프로액티브(Proactive) 방식의 플로우 정책 설정 과정

프로액티브(Proactive) 방식은 SDN 스위치로 유입되는 데이터를 처리하기 위해 네트워크 관리자 (혹은 외부 애플리케이션)가 미리 SDN 제어기를 통해 SDN 스위치의 플로우 테이블에다 플로우 정책을 정의해 두는 것을 말한다. 네트워크 관리자가 직접 미리 결정한 플로우 정책을 플로우 테이블에 설정만 해 주면 되기 때문에 리액티브 방식보다 절차가 간단하다.

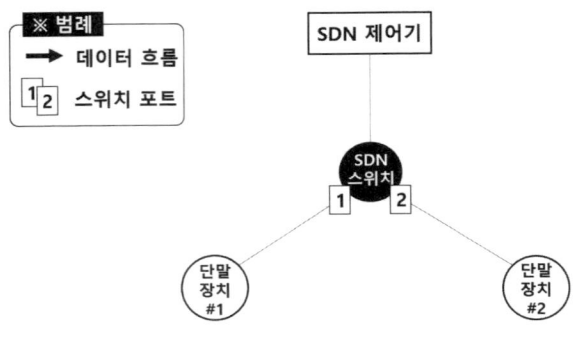

[그림 3-11] 프로액티브 방식의 SDN 동작방식을 살펴보기 위한 SDN 구조

예를 들어, [그림 3-11]과 같이 SDN 제어기에 한 개의 SDN 스위치가 연결되어 있을 때 SDN 스위치의 1번 포트에는 단말 장치 #1이 연결되고, SDN 스위치의 2번 포트에는 단말 장치 #2가 연결되어 있다. 이때 단말 장치 #1이 단말 장치 #2로 데이터를 보낸다고 가정했을 때, 프로액티브 방식의 플로우 정책 설정 과정을 한번 살펴보자.

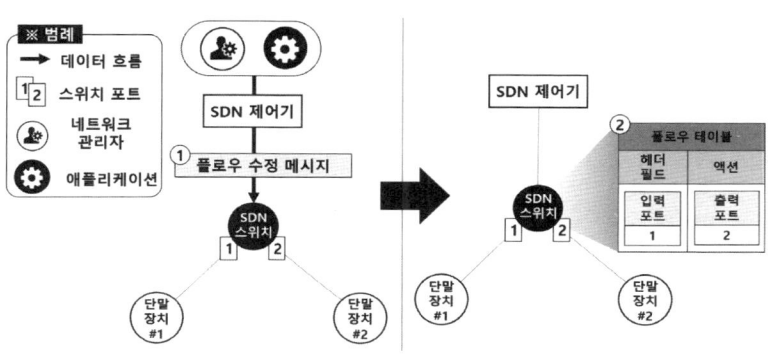

[그림 3-12] 프로액티브 동작 방식의 플로우 정책 설정 과정

네트워크 관리자(혹은 외부 애플리케이션)는 SDN 스위치의 1번 포트에 연결된 단말 장치 #1이 2번 포트에 연결된 단말 장치 #2로 데이터 패킷을 보낼 수 있도록, '1번 포트로 들어온 데이터 패킷은 2번 포트로 내보내라'라는 플로우 정책을 정의한다. 그리고 [그림 3-12]와 같이 네트워크 관리자(혹은 외부 애플리케이션)가 정의한 플로우 정책을 SDN 제어기를 통해 플로우 수정 메시지에 포함시켜 이를 SDN 스위치로 전달한다(①). SDN 스위치는 메시지에 포함된 플로우 정책을 가지고 플로우 테이블의 각 엔트리에 해당 정보를 등록해 준다. 각 엔트리 정보를 살펴보면 먼저 헤더 필드의 경우 조건 항목으로 입력 포트가 1번으로 지정되고, 액션은 출력 포트 번호가 2번으로 설정된다(②).

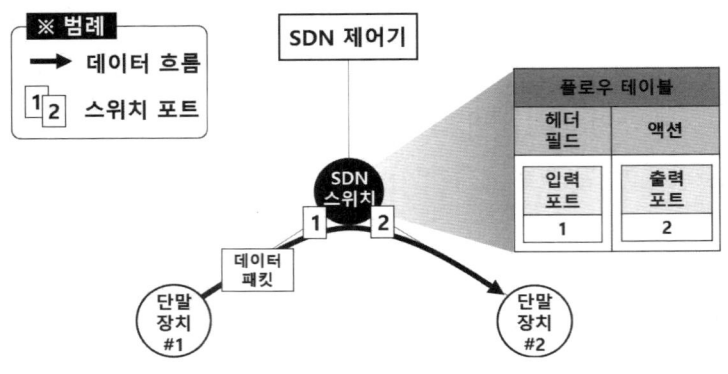

[그림 3-13] 프로액티브 방식으로 플로우 정책 설정 후 단말 장치 #1 → 단말 장치 #2 통신 과정

이렇게 프로액티브 방식으로 플로우 정책 설정이 완료된 후, [그림 3-13]과 같이 단말 장치 #1에서 단말 장치 #2로 데이터 패킷을 보내면, 해당 패킷은 1번 포트를 통해 SDN 스위치로 전달된다. SDN 스위치는 수신한 데이터 패킷을 어디로 보내야 할지 결정하기 위해 해당 패킷 헤더에 포함된 정보를 가지고 자신의 플로우 테이블을 탐색한다. 그리고 플로우 테이블의 헤더 필드에서 해당 패킷이 SDN 스위치로 유입된 입력 포트가 1번인, 조건 항목에 일치하는 플로우 정책이 있음을 확인하고, 해당 플로우 정책의 액션에 정의된 출력 포트 2번으로 데이터 패킷을 내보낸다. 이렇게 SDN 스위치의 2번 포트를 통해 나온 데이터 패킷은 원래 목적지인 단말 장치 #2로 최종 전달된다.

3.2.3 리액티브 방식과 프로액티브 방식 비교

지금까지 살펴본 리액티브 방식과 프로액티브 방식의 플로우 정책 설정 과정을 [표 3-2]와 같이 간단히 한번 비교해 보자. 우선 리액티브 방식은 SDN 스위치가 미지의 패킷이 내부로 유입되었을 때, 해당 패킷에 대한 처리를 패킷-인 메시지를 통해 SDN 제어기에 문의하여, SDN 제어기가 직접 패킷을 전달하기 위한 최적 경로와 해당 경로로 패킷이 전달되도록 플로우 정책까지 결정하고 이를 SDN 스위치에 적용한다. 반면에 프로액티브 방식은 외부 애플리케이션이나 네트워크 관리자가 직접 SDN 제어기를 통해 SDN 스위치의 플로우 테이블에 플로우 정책을 등록하다 보니, 리액티브 방식과는 달리 SDN 스위치가 매번 패킷 처리를 위해 패킷-인 메시지를 SDN 제어기로 보낼 필요가 없어진다.

물론 네트워크 관리자가 유입될 데이터를 파악하여 미리 최적 경로를 결정하고, 해당 경로로 패킷이 흐르도록 플로우 정책을 미리 정의해야 하는 번거로움은 있지만, SDN 스위치 내의 플로우 정책 설정 절차가 간소화되어 설정 과정에 걸리는 시간이 짧다는 장점이 있다.

구분	리액티브(Reactive) 방식	프로액티브(Proactive) 방식
플로우 정책 설정 주체	SDN 제어기	네트워크 관리자, 애플리케이션
경로 설정 방식	경로 탐색 알고리즘	애플리케이션의 내부 정책 혹은 네트워크 관리자가 직접 결정
플로우 정책 설정 절차 복잡도	복잡	단순
플로우 정책 설정 속도	느림	빠름
관리 편의성	편리함	번거로움
SDN 제어기 부하	연결되는 SDN 스위치에 비례하게 부하 증가	부하 적음

[표 3-2] 리액티브 방식과 프로액티브 방식 비교

> **📝 정리 노트!**
> - OpenFlow에서 SDN 제어기와 SDN 스위치 사이의 동작 방식은 크게 리액티브(Reactive) 방식과 프로액티브(Proactive) 방식 두 가지로 구분된다.
> - 리액티브 방식은 SDN 제어기가, 프로액티브 방식은 SDN 제어기 상위의 애플리케이션 혹은 네트워크 관리자가 주체로 플로우 정책을 설정한다.
> - 패킷-인 메시지(Packet-in Message)는 리액티브 방식에서 SDN 스위치가 SDN 제어기에 패킷을 어떻게 처리해야 되는지 문의하기 위해 전달하는 메시지다.
> - 플로우 수정 메시지(Flow Modify Message)는 SDN 제어기가 플로우 정책을 SDN 스위치에 전달하기 위한 메시지이며, 이를 수신한 SDN 스위치는 메시지에 포함된 플로우 정책을 가지고 자신의 플로우 테이블을 갱신한다.

3.3 : OpenFlow 기술 동향

3.3.1 OpenFlow 배포 현황

OpenFlow는 2007년도에 미국 스탠포드 대학과 UC 버클리대학에서 정립한 초기 SDN 컨셉을 가지고 최초로 개발된 SDN 프로토콜이다. 이런 OpenFlow의 세부 규격과 특징들은 ONF 주관 하에 'OpenFlow Switch Specification' 공식 문서로 정리되어 1.0.0 버전이 2009년 12월 31일 최초 배포되었다. 해당 문서는 일종의 기술 시방서(Technical Specification, TS)로써 ONF 주관 하에 시방서 ID가 별도로 부여되어 꾸준히 업데이트되어 왔다. [표 3-3]과 같이 2009년 12월 31일 OpenFlow 1.0.0 버전을 시작으로, 2015년 3월 26일 1.5.1 버전까지 ONF 공식사이트를 통해 공개되었다. 2015년 3월 26일, 1.3.5 버전, 1.4.1 버전, 1.5.1 버전을 공개한 후 추가 업데이트는 2023년 기준 현재 없는 상태다.

공식 문서 이름	릴리즈된 OpenFlow 버전	시방서 ID	공개 날짜
OpenFlow Switch Specification 1.0.0	1.0.0	TS-001	2009년 12월 31일
OpenFlow Switch Specification 1.1.0	1.1.0	TS-002	2011년 2월 28일
OpenFlow Switch Specification 1.2.0	1.2.0	TS-003	2011년 12월 5일
OpenFlow Switch Specification 1.3.0	1.3.0	TS-006	2012년 6월 25일
OpenFlow Switch Specification 1.3.1	1.3.1	TS-007	2012년 9월 6일
OpenFlow Switch Specification 1.3.2	1.3.2	TS-009	2013년 4월 25일
OpenFlow Switch Specification 1.3.3	1.3.3	TS-015	2013년 9월 27일
OpenFlow Switch Specification 1.4.0	1.4.0	TS-012	2013년 10월 14일
OpenFlow Switch Specification 1.3.4	1.3.4	TS-019	2014년 3월 27일
OpenFlow Switch Specification 1.5.0	1.5.0	TS-020	2014년 12월 19일
OpenFlow Switch Specification Ver 1.3.5	1.3.5	TS-023	2015년 3월 26일
OpenFlow Switch Specification Ver 1.4.1	1.4.1	TS-024	2015년 3월 26일
OpenFlow Switch Specification Ver 1.5.1	1.5.1	TS-025	2015년 3월 26일

[표 3-3] OpenFlow Switch Specification 업데이트 현황 (출처: opennetworking.org/software-defined-standards/specifications)

[표 3-3]을 구체적으로 살펴보면, OpenFlow 1.3 버전에 대해서는 2012년 6월 25일 1.3.0 버전부터 2015년 3월 26일 1.3.5 버전까지 지속적인 업데이트가 진행되었다. 이는 OpenFlow를 기반으로 하는 대부분의 SDN 제어기와 SDN 스위치가 1.3 버전을 지원하고 있기 때문이다.

특히 ONF에서는 OpenFlow 1.0.1 초기 버전과 더불어 OpenFlow 1.3.4 버전을 지원하는 네트워크 장비에 대해 『OpenFlow 적합성 테스트 프로그램(OpenFlow Conformance Testing Program)』라는 공인 인증 프로그램을 도입했다. 해당 프로그램의 인증 기관으로는 [그림 3-14]와 같이 국내의 한국전자통신연구원(ETRI), 중국의 Beijing Internet Institute(BII)와 China Telecommunication Technology Labs(CTTL), 인도의 Criterion Network Labs(CNLABS), 미국의 Indiana Center for Network Translational Research and Education(InCNTRE)과

University of New Hampshire Interoperability Lab(UNH-IOL) 그리고 대만의 Network Benchmarking Lab(NBL)까지 이렇게 전 세계 7곳의 연구소에서 OpenFlow 적합성 테스트를 진행하고 있다.

[그림 3-14] OpenFlow 적합성 테스트 인증 기관(출처: opennetworking.org/training-certification/product)

3.3.2 SDN 제어기의 OpenFlow 지원 현황

OpenFlow가 등장한 이후에는 이를 지원하는 많은 상용 및 오픈 소스 SDN 제어기가 등장했고, 현재는 대부분의 오픈 소스 SDN 제어기는 OpenFlow를 기본 SDN 프로토콜로 지원하고 있다. 다만 [표 3-4]와 같이 오픈 소스 SDN 제어기마다 지원하는 OpenFlow의 버전이 다르다.

오픈 소스 SDN 제어기별 현재 지원 중인 OpenFlow 버전을 확인해 보면, OpenDaylight는 별도의 OpenFlow 플러그인을 통해 1.0 버전과 1.3 버전을 지원하고 ONOS는 1.3 버전과 1.5 버전을 지원하고 있다. 오로지 OpenFlow를 지원하기 위해 개발된 Floodlight와 Ryu는 1.0 버전부터 1.5 버전까지 모든 버전을 지원하고 있다. 단, Floodlight 1.2 버전의 경우 OpenFlow 1.5 버전을 지원하지 않는다.

구분	OpenDaylight	ONOS	Floodlight	Ryu
OpenFlow 지원 버전	1.0, 1.3 ※ 플러그인을 통해 지원	1.3, 1.5	Floodlight 1.2 버전 1.0~1.4 Floodlight Master 1.0~1.5	1.0~1.5

[표 3-4] 오픈 소스 SDN 제어기별 OpenFlow 지원 현황

정리 노트!

- OpenFlow는 1.0 버전부터 1.5 버전까지 ONF 주관 하에 세부 기술규격이 공식문서로 공개되었고, 2015년 3월 26일 이후 추가 업데이트는 없는 상태다.
- OpenFlow를 지원하는 SDN 스위치는 'OpenFlow 적합성 테스트(OpenFlow Conformance Testing Program)' 라는 공인 인증 프로그램을 통한 인증이 가능하며 국내에는 현재 공식 인증기관으로 한국통신전자연구원(ETRI)가 있다.
- 현재 대부분의 오픈 소스 SDN 제어기들은 OpenFlow를 기본 SDN 프로토콜로 지원하고 있다.

CHAPTER

SDN 스위치

SDN 제어기와 SDN 프로토콜을 통해 연결되는 SDN 스위치는 SDN의 구성 요소 중 가장 핵심적인 요소이다. 아무리 SDN 제어기를 통해서 네트워크 상의 데이터를 처리하기 위한 정책을 결정하더라도 실제 데이터 평면에 해당되는 SDN 스위치가 해당 정책을 제대로 실행하지 않으면 데이터는 네트워크 상에서 제대로 흐르지 않기 때문이다. 이번 챕터에서는 이런 SDN 스위치의 기본 구조와 형태를 파악하고, SDN 스위치의 구성 요소와 그 종류에 대해서 자세히 살펴보겠다.

4.1 : SDN 스위치의 구조

4.1.1 외부 구조

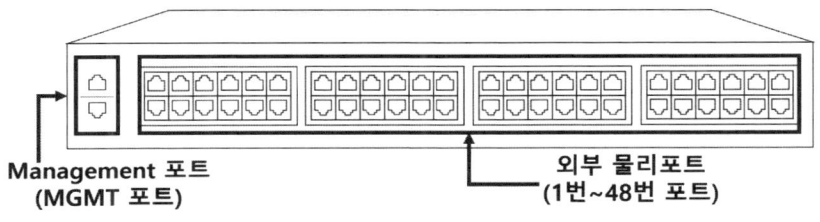

[그림 4-1] 48 포트 스위치의 포트 구성

SDN 스위치는 SDN 프로토콜을 통해 SDN 제어기의 네트워크 설정 정보를 기반으로 데이터 패킷을 처리하는 가상 혹은 물리 네트워크 장비를 말한다. 실제 물리 네트워크 장비로만 보면 일반 네트워크 장비와 크게 다르지 않다. [그림 4-1]과 같이 48 포트짜리 물리 SDN 스위치가 하나 있다고 했을 때 스위치의 1번~48번까지 외부 물리 포트는 단말 장치 혹은 다른 SDN 스위치와 연결되어 스위치 내부로 데이터가 들어오고 나가는 통로 역할을 수행한다.

그리고 SDN 제어기는 Management 포트(이하 MGMT 포트)를 통해서 SDN 스위치와 보안 채널(Secure Channel)로 연결된다. 여기서 보안 채널은 SDN 제어기와 SDN 스위치 간의 통신에 사용되는 경로를 말하며 보통 TLS 프로토콜 기반 인증 및 암호화가 적용된다.

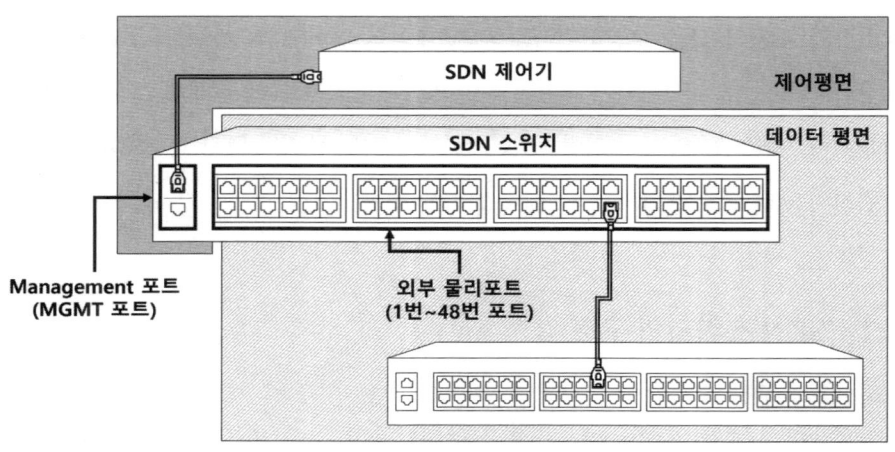

[그림 4-2] SDN 스위치의 연결 구조

다시 정리하면 [그림 4-2]와 같이 물리 SDN 스위치의 MGMT 포트를 통해 SDN 제어기가 연결되고, 외부 물리 포트를 통해 다른 SDN 스위치 혹은 단말장치가 연결되는 구조이다. 여기서 SDN 제어기는 MGMT 포트를 통해서 SDN 스위치와 연결되어 SDN 스위치 내부 플로우 테이블의 플로우 정책을 설정하거나 스위치 상태 정보를 수집할 수 있고, 스위치 내부로 들어온 데이터 패킷은 외부 물리 포트를 통해서 데이터를 포워딩할 수 있다. 즉, 해당 연결구조를 통해 제어 평면과 데이터 평면이 분리되는 SDN 구조를 어느 정도 알 수 있다.

4.1.2 내부 구조

SDN 스위치의 물리적인 외부 연결 구조가 제어 평면과 데이터 평면이 구분되는 전형적인 SDN의 구조라면, SDN 스위치의 내부는 하드웨어와 소프트웨어 요소로 구분된다. 이는 어렵게 생각할 필요 없이 그냥 컴퓨터 한 대를 조립한다고 생각하면 이해가 쉽다.

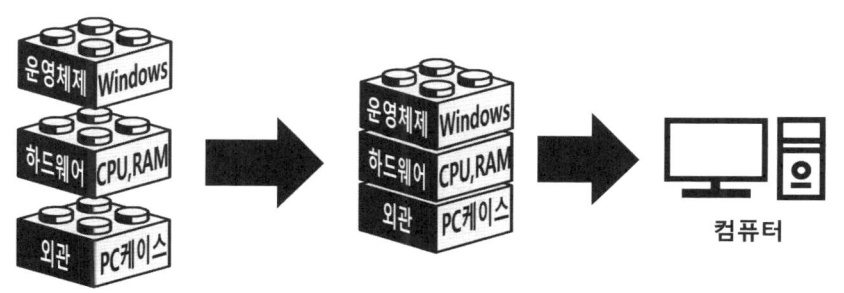

[그림 4-3] 컴퓨터의 구조

[그림 4-3]과 같이 개인용 컴퓨터를 조립한다고 생각해 보자. 외부 충격으로부터 컴퓨터의 내부를 보호하는 PC 케이스가 있고, 그 안에 메인 보드를 기반으로 CPU, RAM 등의 하드웨어 장치들이 구성될 것이다.

그 다음에는 윈도우나 리눅스와 같이 컴퓨터의 하드웨어 리소스를 이용하여 여러 가지 애플리케이션 실행 환경을 지원하는 운영체제를 설치해 주면 컴퓨터 조립은 모두 완료된다.

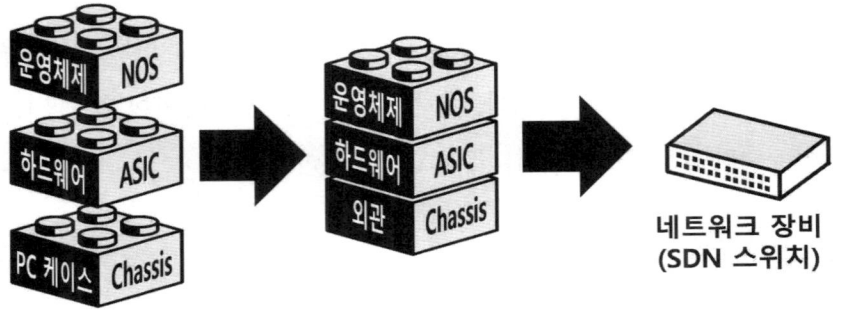

[그림 4-4] 네트워크 장비의 구조

네트워크 장비인 SDN 스위치의 구조도 컴퓨터와 크게 다르지 않다. [그림 4-4]처럼 우선 SDN 스위치도 외부 충격으로부터 내부를 보호하면서 내부 하드웨어 장치들이 장착되기 위한 물리 프레임 구조를 제공하는 섀시(Chassis)가 외관을 구성한다.

그리고 섀시 안에는 ASIC, 메모리 등 네트워크 기능 동작에 필요한 여러 하드웨어 장치들이 장착된다. 마지막으로 스위치의 하드웨어 리소스를 이용하여 여러 네트워크 서비스 기능을 지원하는 네트워크 운영체제(Network Operating System, 이하 NOS)까지 설치되면 하나의 SDN 스위치가 완성된다. 그렇다면 완성된 SDN 스위치의 하드웨어와 소프트웨어 구성 요소에는 무엇이 있을까?

앞서 SDN 구조를 네트워크 장비의 기능 중심으로 데이터 흐름을 관제하는 제어 평면과 데이터 전송을 담당하는 데이터 평면으로 그 영역을 구분하고, 하나의 제어 평면이 여러 개의 데이터 평면을 중앙집중식으로 관리하는 구조라고 정의했다. 여기서 네트워크 장비의 기능 중심으로 SDN을 다뤘던 이유는 그만큼 실제 네트워크 인프라를 구성하는 네트워크 장비의 지원 기능을 통해 해당 네트워크의 규모와 역할을 충분히 파악할 수 있기 때문이다.

이번에는 이것과는 조금 다르게 SDN 제어기와 연결되는 네트워크 장비인 SDN 스위치를 하드웨어와 소프트웨어적인 관점에서 각 구성 요소에 대해 살펴보고자 한다. SDN 산업 시장에서 SDN 스위치 생태계에는 SDN 스위치를 생산하는 제조사만 있는 것이 아니며, 실제 SDN 스위치를 구성하는 요소마다 제조사 또한 여러 곳이 존재한다. 각 제조사는 독자적인 하드웨어와 소프트웨어 기술력을 바탕으로 공정 경쟁을 통해 하나의 네트워크 장비로써 SDN 스위치를 구성하고 있다.

그럼 실제 SDN 스위치의 내부는 어떤 요소들로 구성되어 있을까? SDN 스위치를 구성하는 하드웨어와 소프트웨어 요소에 대한 이해를 돕기 위해 실제 컴퓨터와 비교해 보면 다음과 같다.

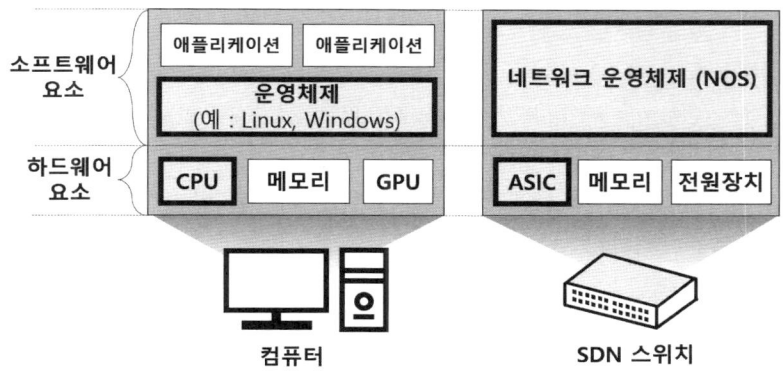

[그림 4-5] 컴퓨터와 SDN 스위치의 구성 요소 비교

[그림 4-5]에서 컴퓨터는 하나의 메인 보드 위에 두뇌 역할을 하는 CPU와 기억장치인 메모리 등이 장착된 하드웨어 요소들이 기본으로 구성된다. 그리고 그 위에는 시스템 자원을 효율적으로 관리하기 위한 운영체제와 이를 기반으로 실행되는 다양한 소프트웨어 요소들을 통해 사용자에게 게임이나 문서 작업, 웹 서핑과 같은 여러 응용 서비스를 제공한다.

마찬가지로 SDN 스위치도 두뇌 역할을 하는 하드웨어 칩인 ASIC 칩셋과 기억장치인 메모리 등으로 구성된 하드웨어 요소를 기반으로 한다. 그리고 그 위에는 네트워크 운영체제(이하 NOS, Network Operating System)라는 소프트웨어 요소를 통해 스위치의 리소스를 가지고 여러 가지 네트워크 서비스 기능들을 지원한다.

해당 스위치의 구성 요소에서 핵심은 하드웨어 요소인 ASIC와 소프트웨어 요소인 NOS이다. ASIC의 경우 연산 성능에 따라 동시에 많은 데이터의 경로 제어 및 설정이 가능하며, NOS는 그 종류에 따라 다양한 SDN 프로토콜 기반 네트워크 서비스 기능을 지원한다. 그럼 이러한 요소들로 구성된 SDN 스위치의 세부적인 기능과 동향 정보까지 하나씩 구체적으로 알아보자.

> 📎 **정리 노트!**
> - SDN 스위치는 보통 TLS 기반 인증 및 데이터 암호화를 지원하는 보안채널(Secure Channel)을 통해 SDN 제어기와 연결된다.
> - SDN 스위치의 내부는 ASIC과 같은 하드웨어 요소와 NOS와 같은 소프트웨어 요소로 구성되며, ASIC의 성능과 NOS의 종류에 따라 다양한 네트워크 서비스 기능이 결정된다.

4.2 : SDN 스위치의 두뇌, ASIC

4.2.1 ASIC의 역할

먼저 ASIC(Application-Specific Integrated Circuit)은 이름 그대로 일반적인 범용 반도체와는 다르게 특정 목적과 용도에 맞게 설계되어 개발된 주문형 맞춤식 반도체를 말한다. 범용성 및 대량 생산을 목적으로 개발된 것이 아니라 사용자가 요구한 특정 기능에 맞추어 설계된 만큼 단가는 비싸지만 다양한 서비스 분야에 활용되고 있다.

특히 세계 1위 반도체 생산 업체인 인텔(Intel)에서는 2019년에 인공지능 분야에 특화된 인공지능 전용 ASIC 모델인 Nervana NNP를 출시하였고, 2020년에는 인공지능뿐만 아니라 5G, 클라우드 분야까지 지원하는 ASIC 모델인 eASIC N5X를 발표했다.

(가) Intel의 인공지능 전용 ASIC 'Nervana NNP'   (나) Intel의 5G, A.I, 클라우드 전용 ASIC 'eASIC N5X'

(다) XILINX의 5G 무선 전용 ASIC 'ZYNQ'   (라) 미래컴퍼니의 3D카메라 전용 ASIC 'MR100'

[그림 4-6] 다양한 분야에서 사용되는 ASIC(출처 : Intel, 출처: 미래컴퍼니)

또, 같은 해인 2020년 하드웨어 집적회로 설계 및 개발 회사 자일링스(XILINX)는 5G 무선망을 지원하기 위한 ASIC 모델 ZYNQ를 출시했고, 2021년에는 센서 산업 장비를 생산하는 업체인 미래컴퍼니에서 3D 카메라 전용 ASIC 모델인 MR1000을 출시하기도 했다.

이처럼 많은 분야에서 다양한 종류의 ASIC이 활용되고 있는데, 여기서 우리가 말하고자 하는 SDN 스위치에서 ASIC은 네트워크 스위치 장비를 대상으로, SDN 프로토콜의 네트워크 서비스 기능 수행을 목적으로 개발된 주문형 반도체라고 생각하면 된다.

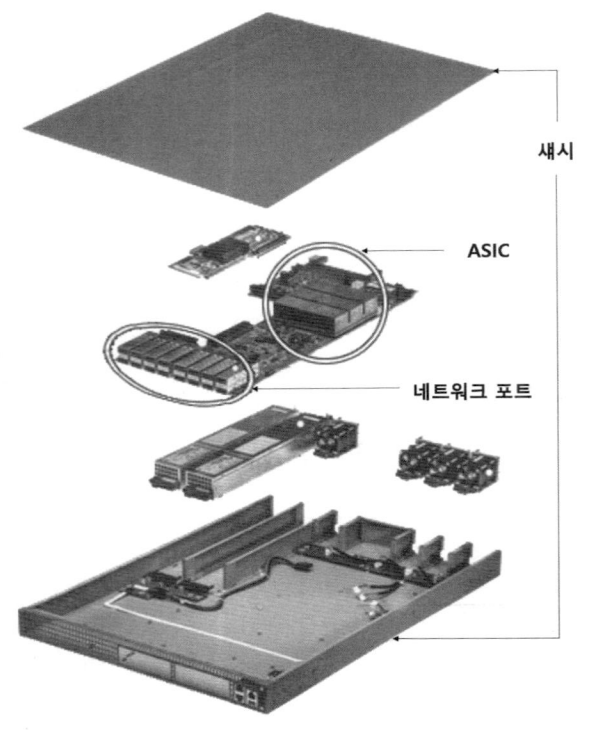

[그림 4-7] 페이스북에서 공개한 스위치 Wedge의 구조(출처 : Meta)

실제 상용 네트워크 장비에서 ASIC의 역할을 자세히 알아보자! [그림 4-7]은 글로벌 소셜 네트워크 서비스(SNS, Social Network Service) 제공 업체인 페이스북(Facebook, 2021년 Meta로 사명 변경)에서 자사 서비스 인프라 구축을 위해 직접 개발하여 공개한 웨지(Wedge)라는 이름의 데이터 센터용 스위치 장비 구조이다. 이 스위치의 섀시 안에는 많은 하드웨어 장비가 있는데, 그 중에서 가장 핵심적인 하드웨어 부품이 바로 ASIC이다.

웨지에서 ASIC은 크기는 작지만 16개의 네트워크 포트가 한 보드 위에 구성되어 있으며, 해당 포트를 통해 유입된 데이터 패킷의 흐름을 제어하고 관리한다. 크기가 작은 반도체 칩의 형태라 보통 칩셋(Chipset)이라고도 부르며, 범용 IC(Integrated

Circuit, 집적 회로)보다 적은 소비 전력으로 스위치 내에 유입된 데이터 패킷 처리를 위한 빠른 연산 처리 등이 가능하다.

네트워크 장비에서 ASIC은 처리할 수 있는 최대 입출력 데이터 용량에 따라 스위치의 포트 수와 스위치의 지원 속도가 결정되기 때문에 스위치 설계에서 가장 기본이 되는 것이 바로 ASIC이라고 보면 된다. 그리고 SDN 스위치에서 패킷 처리를 위한 플로우 정책(Flow Rule)이 저장되는 플로우 테이블(Flow Table)의 최대 사이즈도 스위치에 탑재된 ASIC 사양에 따라 달라지므로 SDN 스위치에서 ASIC의 성능은 굉장히 중요하다.

보통 SDN 제어기는 SDN 스위치로 플로우 정책을 전달하고, SDN 스위치는 전달받은 플로우 정책 정보를 플로 테이블에 등록하여 스위치 내부로 유입된 데이터 패킷을 처리한다. 이때 플로우 테이블에 등록할 수 있는 플로우 정책 정보의 수, 즉 플로우 테이블의 엔트리(entry) 사이즈는 스위치에 장착된 하드웨어 ASIC 사양에 따라 결정된다.

만약 스위치의 ASIC이 처리할 수 있는 범위보다 너무 많은 플로우 정책이 SDN 스위치의 플로우 테이블에 등록될 경우, 스위치가 이를 감당할 수 없어 결국 패킷 처리 속도가 떨어지고 최종적으로 스위치 성능 저하로 이어질 수도 있다. 즉, ASIC의 연산 처리 능력이 뛰어나다면 성능 저하 없이 플로우 테이블에 많은 플로우 정책 정보를 등록하여 데이터 패킷의 흐름을 제어할 수 있다.

이처럼 ASIC은 스위치 내부로 유입된 패킷에 대한 하드웨어적인 처리를 담당하고, 대부분의 SDN 스위치가 ASIC 기반으로 설계되기 때문에 어떤 ASIC을 쓰느냐에 따라 설치되는 네트워크 운영체제(NOS)와 지원 가능한 L2, L3 기능 또한 달라질 수 밖에 없다. 물론 요즘은 기능 개선을 통해 ASIC 기반 물리 스위치와 가상 스위치 간의 성능 차이가 많이 좁혀지고 있다.

4.2.2 제조사별 ASIC 비교 분석

SDN 스위치를 대상으로 ASIC을 제조 및 생산하는 대표적인 업체로는 베어풋 네트웍스(Barefoot Networks), 엑스플리언트(Xpliant), 그리고 브로드컴(Broadcom) 등이 있다.

먼저 베어풋 네트웍스는 SDN 연구 개발을 최초로 시작한 스탠포드 대학의 닉 맥퀀(Nick McKeown) 교수가 공동 창업한 SDN 관련 네트워크 솔루션 제공 회사로서, 2016년 토피노(Tofino)라는 단일 모델의 ASIC을 출시했다.

토피노는 P4라는 별도 프로그래밍 언어를 통해 SDN 제어기에서 수행하던 제어 평면의 일부 기능을 데이터 평면인 SDN 스위치에서 구현할 수 있도록 개발되었다. 토피노는 초당 6.5Tb(테라비트)의 데이터 처리가 가능했는데, 이는 출시 당시에 존재했던 ASIC 모델 중에서는 가장 큰 대역폭(=데이터 처리 용량)이었다.

토피노의 다음 세대 ASIC 모델은 2018년 토피노 2(Tofino 2)라는 이름으로 출시됐다. 토피노 2의 데이터 처리 용량은 이전 모델의 약 2배인 초당 12.8Tb로 늘어났으며, 이는 출시 당시의 상용 ASIC 중에서도 단연 높은 데이터 처리 용량을 보여주었다.

베어풋 네트웍스가 2019년에 세계 반도체 시장 1위 업체인 인텔에 인수된 이후로 2021년에는 기존 1세대 토피노 모델보다 약 4배, 2세대 모델인 토피노 2보다는 약 2배 더 높은 대역폭인 25.6Tb를 지원하는 토피노 3(Tofino 3)가 출시됐다. 높은 데이터 처리 용량을 보여주는 ASIC인 만큼 해당 ASIC을 탑재한 SDN 스위치는 고성능의 하이엔드(high-end)급으로써 기본적으로 100Gb(기가비트) 이상의 높은 데이터 처리 속도를 지원한다.

다음으로 엑스플리언트는 SDN 스위치 전용 ASIC을 생산하는 반도체 제조회사로서 주로 10Gb, 40Gb, 100Gb급 속도의 스위치를 지원하는 ASIC 모델을 출시했다. 엑스플리언트는 2014년, 데이터 센터와 기업을 대상으로 하는 SDN 기반의 네트워크 솔루션 제공을 목적으로 비디오 및 네트워크 프로세서 생산 업체인 캐비엄 네트웍스(Cavium Networks)에 인수되었다.

이후 캐비엄 네트웍스는 네트워크 전용 ASIC이 탑재된 1Gb부터 100Gb급의 다양한 네트워크 속도를 지원하는 스위치 장비들을 출시했으며, 이 중에는 베어풋 네트웍스의 토피노와 마찬가지로 SDN 스위치 레벨에서 자체 프로그래밍을 통해 네트워크 서비스 기능 동작을 지원하는 ASIC 모델인 'CNX88091'이 있다. 캐비엄 네트웍스는 2017년에 멀티미디어 및 저장 장치용 반도체를 생산했던 마벨(Marvell)에 인수되었으며, 마벨은 이를 통해 네트워크 장비 분야까지 사업 부문을 확대하게 된다.

마지막으로 브로드컴은 2021년 상반기 기준 세계 반도체 시장 7위 기업으로, 네트워크 스위치 장비들에 적용된 ASIC만 보면 세계 점유율을 30% 이상 차지하고 있다. 그만큼 10Gb부터 100Gb급까지 다양한 네트워크 속도를 지원하는 SDN 스위치의 상당수가 브로드컴의 ASIC을 탑재하고 있다고 봐도 무방하다. 또한 브로드컴의 ASIC 중에서도 2017년에 출시된 모델인 트라이던트 3(Trident 3)와 2019년 출시된 트라이던트 4(Trident 4)는 자체 프로그래밍을 통한 네트워크 서비스 기능 동작을 지원한다. 앞에서 소개한 제조사별 ASIC의 세부적인 기능과 내용들을 다시 한번 요약 정리하면 다음 [표 4-1]과 같다.

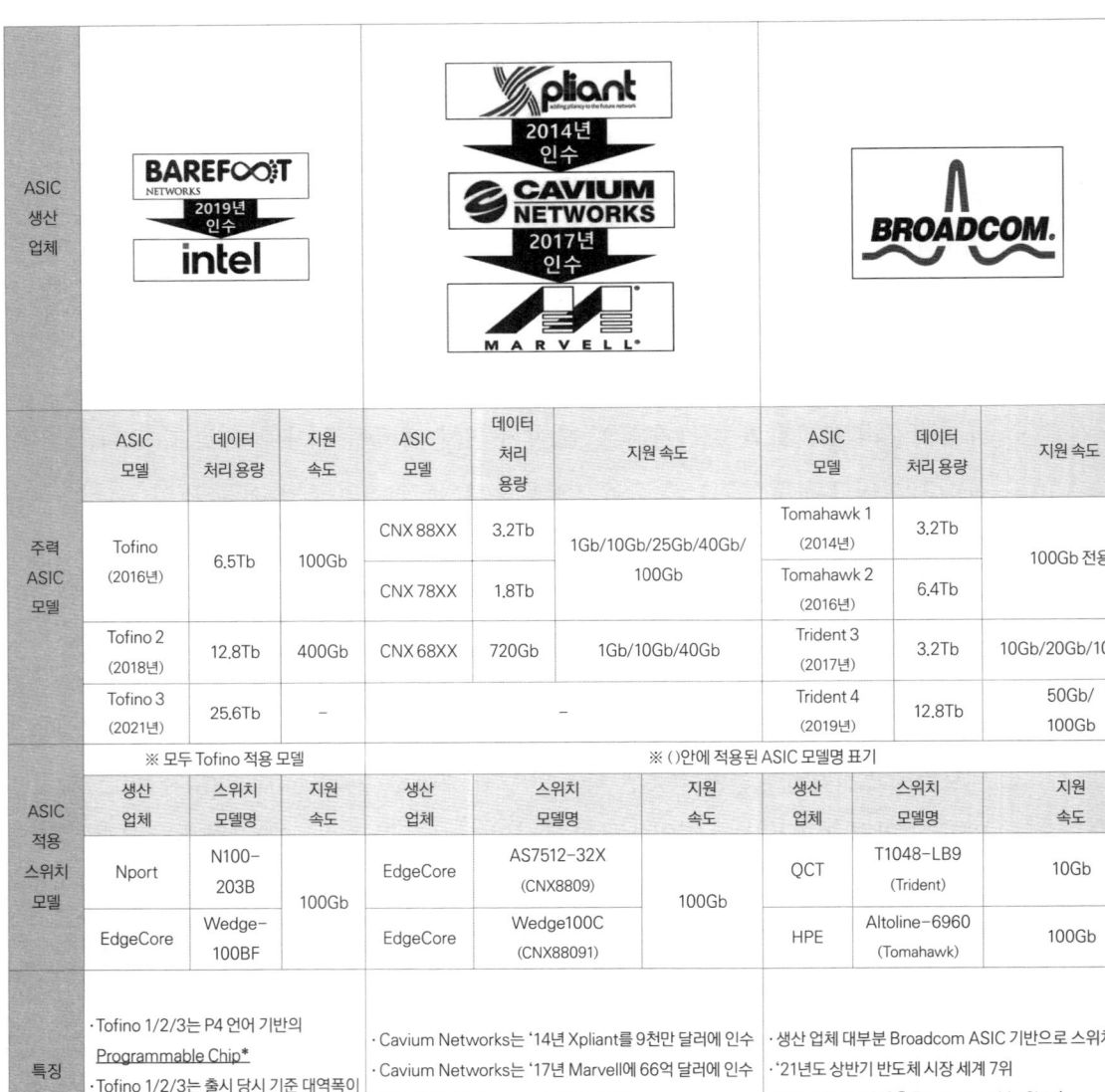

ASIC 생산 업체	BAREFOOT NETWORKS (2019년 인수) intel			Xpliant (2014년 인수) CAVIUM NETWORKS (2017년 인수) MARVELL			BROADCOM		
	ASIC 모델	데이터 처리 용량	지원 속도	ASIC 모델	데이터 처리 용량	지원 속도	ASIC 모델	데이터 처리 용량	지원 속도
주력 ASIC 모델	Tofino (2016년)	6.5Tb	100Gb	CNX 88XX	3.2Tb	1Gb/10Gb/25Gb/40Gb/ 100Gb	Tomahawk 1 (2014년)	3.2Tb	100Gb 전용
				CNX 78XX	1.8Tb		Tomahawk 2 (2016년)	6.4Tb	
	Tofino 2 (2018년)	12.8Tb	400Gb	CNX 68XX	720Gb	1Gb/10Gb/40Gb	Trident 3 (2017년)	3.2Tb	10Gb/20Gb/10(
	Tofino 3 (2021년)	25.6Tb	–	–	–	–	Trident 4 (2019년)	12.8Tb	50Gb/ 100Gb
	※ 모두 Tofino 적용 모델			※ ( )안에 적용된 ASIC 모델명 표기					
ASIC 적용 스위치 모델	생산 업체	스위치 모델명	지원 속도	생산 업체	스위치 모델명	지원 속도	생산 업체	스위치 모델명	지원 속도
	Nport	N100-203B	100Gb	EdgeCore	AS7512-32X (CNX8809)	100Gb	QCT	T1048-LB9 (Trident)	10Gb
	EdgeCore	Wedge-100BF		EdgeCore	Wedge100C (CNX88091)		HPE	Altoline-6960 (Tomahawk)	100Gb
특징	· Tofino 1/2/3는 P4 언어 기반의 Programmable Chip* · Tofino 1/2/3는 출시 당시 기준 대역폭이 가장 높은 ASIC			· Cavium Networks는 '14년 Xpliant를 9천만 달러에 인수 · Cavium Networks는 '17년 Marvell에 66억 달러에 인수 · CNX88091은 Programmable Chip*			· 생산 업체 대부분 Broadcom ASIC 기반으로 스위치 · '21년도 상반기 반도체 시장 세계 7위 · Trident 3/4 ASIC은 Programmable Chip*		

[표 4-1] 생산 업체별 ASIC 기능 비교

* Programmable Chip: ASIC에 의한 패킷 처리를 프로그래밍 언어를 통해 쉽게 구현할 수 있는 ASIC

4.2.3 프로그래밍 가능한 ASIC

앞서 살펴본 ASIC 중에서 최근에 출시된 베어풋 네트웍스(현 인텔)의 토피노 시리즈, 캐비엄 네트웍스(현 마벨)의 CNX88091, 그리고 브로드컴의 트라이던트 3, 트라이던트 4 모델은 특이하게도 SDN 제어기가 수행하던 제어 평면의 기능 중 일부를 별도 프로그래밍을 통해 해당 ASIC이 탑재된 SDN 스위치에서 일부 구현할 수 있도록 설계되었다. 이런 ASIC을 프로그래밍 가능한 반도체 칩(Programmable Switch Chip) 혹은 프로그래밍 가능한 ASIC(Programmable ASIC)이라고 한다.

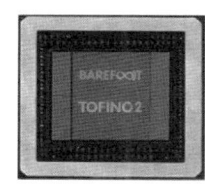

Tofino
(Barefoot Networks, 2016)

Tofino 2
(Barefoot Networks, 2018)

Tofino 3
(Intel, 2021)

[그림 4-8] 최초의 프로그래밍 가능한 ASIC, 토피노 시리즈(출처 : Intel)

이런 프로그래밍 가능한 최초의 네트워크 ASIC은 공식적으로 베어풋 네트웍스의 토피노이다. 토피노는 P4라는 오픈 소스 프로그래밍 언어를 통해 네트워크 관리자가 직접 네트워크 기능을 정의하고, 이에 맞게 ASIC을 제어하여 스위치나 라우터 같은 네트워크 장비의 작동 방식을 네트워크 관리자의 입맛에 맞게 반영할 수 있다. 이런 프로그래밍 가능한 ASIC은 크게 세 가지 특징이 있다.

1. 새로운 네트워크 프로토콜 기능 지원

종래의 상용 네트워크 장비들은 이미 특정 네트워크 프로토콜을 지원하기 위한 기능들이 미리 고정된 형태로 탑재된 것에 반해 프로그래밍 가능한 ASIC이 탑재된 네트워크 장비의 경우, 사용자 편의대로 필요한 기능을 직접 프로그래밍하여 추가할 수 있다.

2. 메모리 여유 공간 확보

사용자 편의대로 필요한 네트워크 기능을 손쉽게 설치할 수 있다는 의미는 반대로 필요 없는 기능도 손쉽게 제거할 수 있단 의미이다. 즉, 사용하지 않는 프로토콜 기반의 네트워크 기능들은 삭제함으로써 보다 효율적으로 메모리를 사용할 수 있다.

3. 빠르고 효율적인 네트워크 운용

ASIC을 통해 여러 가지 네트워크 기능을 스위치 장비에 추가하고 삭제하는 것이 가능하기 때문에 스위치 내부로 유입된 데이터 패킷에 대한 처리를 스위치 레벨에서 빠르게 처리할 수 있다. 또한, 어떤 네트워크 기능을 탑재하느냐에 따라 효율적인 네트워크 운용도 가능하다. 예를 들어 데이터 패킷에 태그를 생성하는 기능을 추가했다면 해당 태그를 통해 데이터 패킷이 지난 라우팅 경로를 추적한다거나, 데이터 패킷이 네트워크 장비를 지나면서 발생될 수 있는 패킷 부하량, 지연 등의 네트워크 품질 측정이 가능하다.

4.2.4. 프로그래밍 가능한 ASIC이 가져온 변화

이런 프로그래밍 가능한 ASIC의 등장은 SDN의 구조 변화에도 많은 영향을 끼쳤다. 기존 SDN이라는 기술은 [그림 4-9]와 같이 상위 제어 평면의 역할을 수행하는 SDN 제어기를 통해 OpenFlow와 같은 SDN 프로토콜로 데이터 평면의 역할을 수행하는 SDN 스위치를 관제하는 '상향식 제어 방법'을 따른다.

이런 상향식 제어 방식의 가장 큰 장점은 모든 네트워크의 기능 설정과 모니터링 과정이 상위 SDN 제어기를 통해서 일괄 이루어지기 때문에 네트워크 관리자 입장에서는 관제가 매우 유용하고 효율적이란 점이다.

다만, SDN 스위치로 유입된 데이터 패킷에 대한 처리가 상위 SDN 제어기를 통해 결정되므로 이를 처리하기 위한 절차가 많고, 이로 인한 데이터 패킷의 처리까지 시간이 걸린다는 단점이 있다.

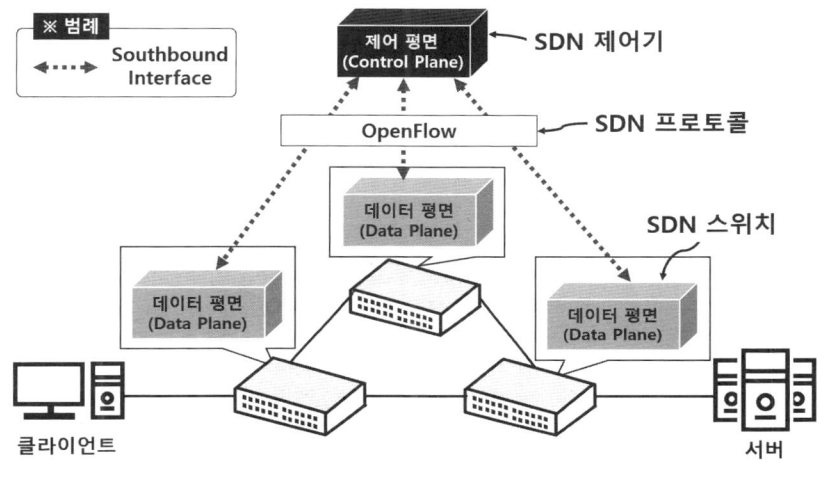

[그림 4-9] 상향식 제어 방법의 SDN

반대로 프로그래밍이 가능한 ASIC이 탑재된 스위치의 경우 네트워크 제어 기능들 중 일부를 스위치 레벨에서 구현할 수 있다. 즉, [그림 4-10]과 같이 기존 SDN 제어기의 일부 제어 평면의 기능을 데이터 평면에서 수행함으로써 SDN 스위치는 데이터 평면과 더불어 일부 제어 평면을 포함하게 된다.

그러니까 기본적으로 SDN 스위치의 데이터 평면은 상위 SDN 제어기의 제어 평면을 통해 제어가 이루어지지만, SDN 스위치 내부의 일부 제어 평면을 포함하기 때문에 부분적으로는 SDN 제어기의 제어나 설정 없이 스위치 내부로 유입된 데이터 패킷을 스위치 스스로 처리할 수 있는 '하향식 제어 방법'이 가능해진 것이다.

이런 하향식 제어 방법의 가장 큰 장점은 간단한 네트워크 기능의 경우 SDN 제어기의 관제 없이도 SDN 스위치를 통해 빠른 처리가 가능하다는 것이다. 무엇보다도 네트워크 기능이 고정되어 공급되는 기존 네트워크 스위치 장비들과는 달리 네트워크 관리자가 원하는 기능을 자유롭게 SDN 스위치에 구현할 수 있기 때문에 훨씬 경제적인 비용으로 제조 업체로부터 장비를 확보할 수 있다는 점이 가장 큰 장점이다.

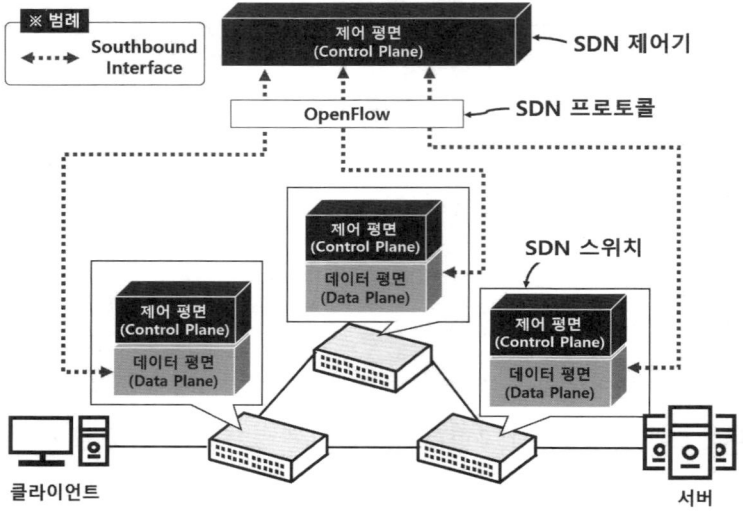

[그림 4-10] 하향식 제어 방법의 SDN

자! 그럼 이번에는 한 번에 이해하기 쉽도록 프로그래밍 가능한 ASIC의 등장과 함께 SDN의 구조 변화가 어떻게 이루어져 왔는지 요약 정리해 보겠다. 먼저 종래의 네트워크 구조는 [그림 4-11]의 (가)와 같이 데이터 패킷 제어를 담당하는 제어 평면과 전송을 담당하는 데이터 평면이 하나의 네트워크 장비를 구성했다.

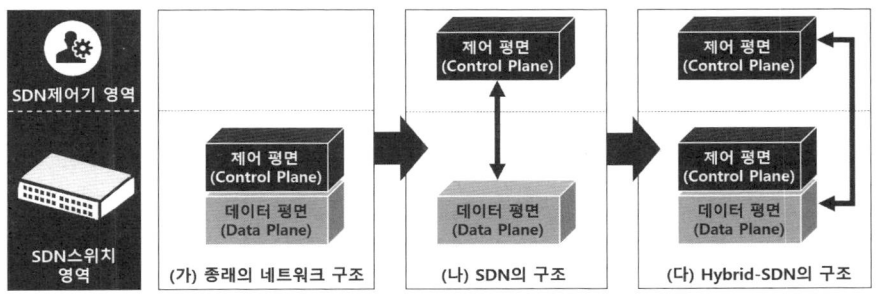

[그림 4-11] SDN의 구조 변화 과정

이후 효율적인 네트워크 관리를 목적으로 [그림 4-11]의 (나)와 같이 제어 평면과 데이터 평면을 분리하여 하나의 제어 평면이 여러 개의 하위 데이터 평면을 관제하는 형태인 SDN이 등장했다. SDN의 등장 이후 모든 네트워크 설정을 제어 평면의 역할을 수행하는 SDN 제어기를 통해 일괄적으로 관리하면서 네트워크 관제 효율성은 증가했지만, SDN 제어기에 부하가 많이 몰리고 SDN 스위치 내부로 유입된 데이터 패킷 처리를 위한 절차가 늘어나는 번거로움도 동시에 생겼다.

그 후 프로그래밍이 가능한 ASIC이 등장하면서 [그림 4-11]의 (다)와 같이 SDN 제어기의 일부 제어 평면의 기능을 데이터 평면인 SDN 스위치에서도 수행할 수 있게 됐다. 즉, SDN 제어기의 제어 평면의 역할을 SDN 스위치가 분담하게 되면서 일부 네트워크 기능은 SDN 제어기 없이도 SDN 스위치 레벨에서 빠른 처리가 가능해졌다.

[그림 4-11] (다)의 구조를 보면 SDN 스위치는 종래의 네트워크와 동일하게 제어 평면과 데이터 평면이 합쳐졌지만, 일부 네트워크 기능을 외부 SDN 제어기의 제어 평면을 통해 관제함으로써 종래의 네트워크 구조와 SDN의 중간 형태인 하이브리드 SDN(Hybrid-SDN)의 구조를 가진다.

> **📒 정리 노트!**
> - SDN 스위치에서 ASIC은 SDN 스위치의 SDN 프로토콜 기반 네트워크 기능을 지원하기 위한 주문형 네트워크 칩을 말한다.
> - ASIC에 성능에 따라 SDN 스위치 내부 데이터 패킷을 처리하기 위한 플로우 정책이 등록되는 최대 플로우 테이블의 사이즈가 결정된다.
> - ASIC 중에서 자체 프로그래밍이 가능한 ASIC을 Programmable Switch Chip 혹은 Programmable ASIC이라고 한다.
> - 프로그래밍 가능한 ASIC의 등장은 SDN의 구조를 종래의 네트워크와 SDN의 중간 형태인 하이브리드 SDN으로 변화시켰다.

4.3 : 네트워크 운영체제, NOS

4.3.1 NOS의 종류와 구분

기본적으로 모든 하드웨어 장비는 혼자서 동작할 수가 없다. 하드웨어 기반의 각 디바이스 모듈이 정상적으로 동작하도록 지원하는 소프트웨어가 필요하다. SDN 스위치에서는 이런 소프트웨어를 네트워크 운영체제(Network Operating System, 이하 NOS)라고 부른다.

즉, NOS는 하드웨어인 SDN 스위치가 기본적인 스위칭과 같은 네트워크 기능 동작을 하기 위해 필요한 스위치 전용 운영체제라고 이해하면 쉽다. 이런 NOS에는 제공 형태에 따라 여러 가지가 존재하는데, 보통은 네트워크 솔루션 제공 업체에서 자사 솔루션에 포함된 네트워크 장비들 대상 설치 가능한 패키지 형태로 일괄 제공된다.

대표적으로 네트워크 장비 및 관련 솔루션 제공 업체인 주니퍼 네트웍스의 Junos, 대규모 데이터 센터와 클라우드 대상 네트워크 장비 및 관련 솔루션 제공 업체인 아리스타 네트웍스의 EOS, 마지막으로 오픈 소스 SDN 제어기인 Floodlight의 개발사이자 자체 SDN 솔루션을 보유했던 빅스위치 네트웍스(2020년, 아리스타 네트웍스에 인수됨)의 Switch Light가 있다. 기본적으로 세 업체 모두 자체 네트워크 솔루션에 포함되는 네트워크 장비를 보유하고 있으며, 해당 장비에 자체 NOS를 탑재하여 사용자에게 제공한다.

[그림 4-12] 상용 솔루션에 탑재된 NOS

그런데 만약 굳이 상용 네트워크 솔루션은 필요 없고 그냥 네트워크 기능만 수행하는 스위치 장비만 필요한 경우라면 어떨까? 우리가 컴퓨터를 구매할 때 운영체제를 윈도우나 리눅스로 선택할 수 있듯이 NOS도 사용자가 직접 선택하고, 거기에 해당하는 라이선스 비용만 스위치 장비 제조 업체에 따로 지불하면 스위치에 미리 설치된 형태로 제공받을 수 있다.

대표적으로 네트워크 장비 대상 리눅스 기반 소프트웨어를 제공하는 업체인 큐물러스 네트웍스(Cumulus Networks)의 Cumulus Linux와 컴퓨터 네트워킹 회사인 피카8(PICA8)의 PICOS, 그리고 통신용 집적 회로를 생산하는 브로드컴의 OF-DPA가 있다.

[그림 4-13] 사용자 선택 설치를 지원하는 NOS

여기서 OF-DPA는 정확히 NOS가 아니라 주로 오픈 소스 개방형 NOS인 Open Network Linux(ONL)라는 별도의 NOS 환경에서 OpenFlow 기반의 네트워크 기능을 지원하는 애플리케이션이다. 다만, NOS 대부분이 이런 OF-DPA와 같은 네트워크 기능을 기본적으로 포함하기 때문에 여기서는 OF-DPA를 NOS에 포함했다.

상용 네트워크 솔루션에 포함된 NOS는 대부분 솔루션 제공사마다 독자적인 기술로 개발되어서 보안상 구조와 자료가 많이 공개되어 있지 않다. 그래서 그나마 외부에 NOS의 구조와 관련 자료가 많이 공개된 [그림 4-13]의 세 가지 NOS를 가지고 각 NOS의 간단한 구조와 그 기능을 분석하여 SDN 스위치에서 NOS의 전반적인 역할에 대해 알아보겠다.

4.3.2 NOS 분석 (1) - Cumulus Linux

Cumulus Linux는 네트워크 장비 대상 리눅스 기반 소프트웨어 최적화 솔루션을 제공했던 업체인 큐물러스 네트웍스에서 만든 데비안(Debian) 계열 리눅스 기반의 NOS이다. 2020년에 큐물러스 네트웍스가 컴퓨터용 그래픽 처리 및 멀티미디어 장치 개발 회사인 엔비디아(NVIDIA)에 인수되면서 네트워크 장비보다는 대규모 데이터 센터를 대상으로 활용되고 있다.

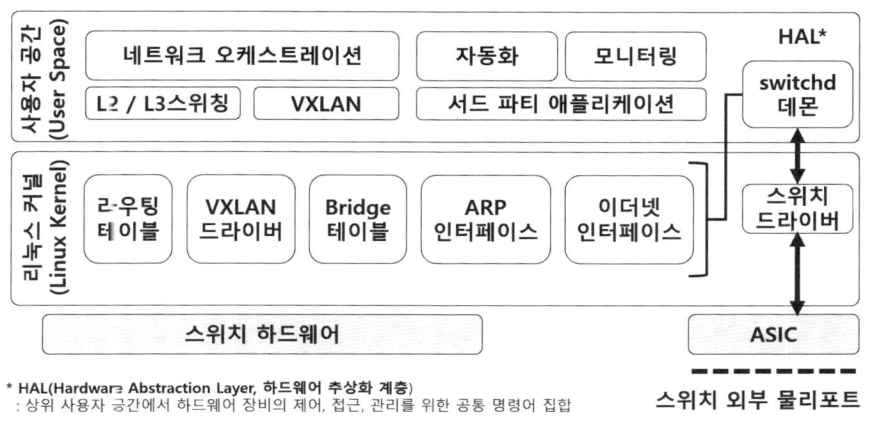

[그림 4-14] Cumulus Linux 구조(출처: hackernet.se/w/Cumulus_Linux)

Cumulus Linux의 대략적인 구조는 [그림 4-14]와 같다. Cumulus Linux 구조를 보면 일반 리눅스의 기본적인 구조와 동일하게 리눅스 커널(Linux Kernel)과 사용자 공간(User Space) 이렇게 2계층으로 구분된다.

먼저 리눅스 커널에서는 메모리에 상주하면서 하드웨어 자원을 관리하고, 하드웨어 추상화 계층(Hardware Abstraction Layer, HAL)을 통해 사용자 프로세스에 서비스를 제공한다.

사용자 공간에서는 커널로 접근하기 위한 인터페이스인 시스템 호출(System Call)을 통해 해당 리눅스 커널에 접근하여 L2/L3 스위칭, 네트워크 자동화, 모니터링 등의 네트워크 서비스 기능들이 동작한다.

실제 동작을 확인해 보면 사용자 공간의 switchd라는 데몬이 백그라운드 프로세스로 실행되어 리눅스 커널에 위치한 스위치 드라이버의 중계로 하드웨어 ASIC과 연동된다. 그리고 ASIC을 통해 스위치 외부 물리포트를 거쳐 스위치 내부로 유입된 데이터 패킷에 대해서 상위 애플리케이션을 통해 설정된 L2/L3 스위칭 및 VXLAN,

네트워크 자동화 등의 네트워크 기능들을 구현하기 위한 패킷 처리 과정이 수행된다.

모든 과정은 스위치에 설치된 ASIC을 기반으로 동작하기 때문에, 'Cumulus Linux와 호환되지 않는 스위치'라는 것은 '스위치에 설치된 ASIC이 Cumulus Linux를 지원하지 않는다'는 의미이기도 하다. 즉, ASIC마다 지원 가능한 NOS가 서로 다르다.

다음 [표 4-2]는 2023년을 기준으로 Cumulus Linux를 지원하는 제조사별 ASIC 모델 현황을 나타낸다. 크게 브로드컴(Broadcom)과 멜라녹스(Mellanox), 이렇게 두 제조사의 ASIC이 Cumulus Linux를 지원한다. 2023년 기준 Cumulus Linux 호환 모델 중에서는 브로드컴의 ASIC 모델이 15개로 가장 많고, 멜라녹스는 Spectrum이라는 1개의 ASIC 모델 시리즈만 Cumulus Linux를 지원하고 있다.

ASIC 제조사	Cumulus Linux 호환 ASIC 모델명	모델 수
Broadcom	Helix4, Trident, Trident+, Trident2, Trident2+, Trident3, Maverick, Tomahawk, Tomahawk+, Tomahawk2, Tomahawk3, Apollo2, Triumph2, Hurricane2, Firebolt3,	15개
Mellanox	Spectrum	1개

[표 4-2] Cumulus Linux를 지원하는 제조사별 ASIC 모델

큐물러스 네트웍스가 엔비디아에 인수된 이후 Cumulus Linux는 2023년 1월 기준 5.3 버전이 배포되어 있으며, 대표적인 SDN 프로토콜인 OpenFlow는 더 이상 지원하지 않는다.

오픈 소스가 아닌 상용 NOS의 경우에는 별도 라이선스 정책에 따라 비용이 발생하는데, Cumulus Linux는 현재 공식적으로 공개된 비용 라이선스 정책은 없다. 다만 큐물러스 네트웍스가 인수되기 전, NOS 및 네트워크 스위치 판매 업체인 BM-SWITCH.COM을 통해 공개된 라이선스 비용 정책을 살펴보면 [표 4-3]과 같다.

스위치 지원 네트워크 속도	Cumulus Linux 비용 정책(단위: $, 달러)			
	1년	3년	5년	업데이트 및 기술 지원(1년)
1Gb	999	1,199	1,399	199
10Gb/25Gb	3,549	4,099	4,949	549
40Gb/100Gb	5,549	6,399	7,249	849

[표 4-3] Cumulus Linux 라이선스 비용 정책

Cumulus Linux의 라이선스 비용 정책을 근거로 대략적인 Cumulus Linux의 비용 산정 방식을 살펴보겠다. 기본적으로 스위치에서 지원하는 최대 네트워크 지원 속도(1Gb, 10Gb/25Gb, 40Gb/100Gb)에 따라 1년, 3년, 5년 단위로 라이선스 비용이 산정되고, 업데이트 기술 지원도 마찬가지로 스위치의 지원 속도에 따라 1년 단위로 연장하는 방식이다.

참고로 라이선스 비용은 정책에 따라 달라질 수 있으며, 여기서는 대략적인 비용 산정 방식에 대한 방향성을 파악하는 정도로만 이해하자.

4.3.3 NOS 분석 (2) – PicOS

PicOS는 미국의 컴퓨터 네트워킹 회사인 피카 8(PICA 8)에서 개발한 스위치 전용 NOS이다. PicOS는 'Programmable Internetworking & Communication Operating System' 약자로써 이름 그대로 네트워크 장비에 특화된 '프로그래밍 가능한 인터넷 및 통신 운영체제'를 뜻한다. 크게 L2/L3 스위칭 기능을 지원하며, 그 외에도 ONF에서 표준화한 대표적인 SDN 프로토콜인 OpenFlow를 가상 네트워크 스위치인 Open vSwitch(이하 OVS)를 통해 지원한다. PicOS의 구조를 살펴보면 다음 [그림 4-15]와 같다.

[그림 4-15] PicOS의 구조(출처: pica8.com)

PicOS의 기본 구조는 앞서 살펴본 Cumulus Linux와 동일하게 리눅스 커널에서 ASIC과 연동하여 여러 가지 통신 프로토콜을 지원한다. Cumulus Linux와 다른 점이 있다면, ASIC 외에도 별도의 vASIC(virtual ASIC)이라는 가상의 하드웨어 추상화 계층이 존재한다는 것이다.

일반적으로 NOS는 스위치의 ASIC에 종속적인데, PicOS는 별도의 vASIC이라는 하드웨어 추상화 계층을 둬서 다양한 제조사들의 ASIC을 수용함과 동시에 OSPF, BGP 등 다양한 라우팅 프로토콜 및 BIRD, OVS 등 오픈 소스 플랫폼을 지원한다.

대표 SDN 프로토콜인 OpenFlow의 경우, vASIC을 통해 OVS를 지원함으로써 OpenFlow 프로토콜 기반으로 SDN 제어기와 연결이 가능하다. 좀 더 정확하게 표현하자면 PicOS는 OVS가 실행될 환경을 제공해줄 뿐이고, 실제 OpenFlow 프로토콜을 지원하는 주체는 OVS라고 봐야 한다.

PicOS버전	OVS 지원 버전	OpenFlow 지원 버전	비고
4.3.1	2.3.0 or 2.6.0	v1.3, v1.4	OVS 2.3.0 버전과 2.6.0 버전을 전환해 사용 가능
2.8.0 이상	2.5.0	v1.5	-

[표 4-4] PicOS 버전별 OpenFlow 지원 현황

PicOS의 OpenFlow 지원 현황을 살펴보면 [표 4-4]와 같이 2023년 1월 기준, 공식 문서 상으로 4.3.1 버전이 배포되고 있으며, OVS는 2.3.0 버전과 2.6.0 버전 두 가지를 선택적으로 지원하고 있다. 그러니까 OVS마다 지원하는 기능이 일부 차이가 있기 때문에 사용자가 원하는 OVS 버전을 선택하여 전환할 수 있다는 의미이다. OpenFlow의 경우, OVS 버전 상관없이 1.3 버전과 1.4 버전을 지원한다.

이외에도 [그림 4-16]과 같이 피카 8은 2016년 10월에 PicOS의 2.8 버전부터 OVS 2.5 버전을 탑재하여 OpenFlow 1.5 버전 지원을 공식 발표했으며, 만약 PicOS 기반의 SDN 스위치가 OpenFlow 1.5 버전을 지원한다면 SDN 제어기는 RYU와 ONOS를 통해 연결해서 사용할 수 있다.

[그림 4-16] PICA8이 발표한 PicOS의 OpenFlow 1.5 버전 지원 발표 내용(출처: pica8.com)

PicOS의 동작 방식은 크게 OVS 모드와 L2/L3 모드, 두 가지를 지원한다. 먼저 OVS 모드는 앞에서도 살펴봤듯이 OVS라는 가상 스위치를 통해 OpenFlow 프로토콜 기반의 애플리케이션을 통한 네트워크 기능을 지원하는 방식이다. L2/L3 모드는 OpenFlow 프로토콜 기반의 애플리케이션뿐만 아니라 기본 L2 스위칭 및 L3 라우팅 프로토콜 기반의 애플리케이션 모두를 지원한다.

그리고 동작 지원 방식에 따라 라이선스 비용도 따로 책정되는데, 독일의 컴퓨터 및 통신 장비 관련 하드웨어 판매 업체인 델타 컴퓨터(Delta Computer)를 통해 공개된 [표 4-5]의 PicOS의 라이선스 정책을 살펴보자.

스위치 지원 네트워크 속도	연간 PicOS 라이선스 비용(단위: €, 유로)			
	L2	L3	OpenFlow	L2+L3+OpenFlow
1Gb	147.25	49.08	49.08	221.38
10Gb/40Gb	313.54	101.18	101.18	460.80
100Gb	500.87	162.28	162.28	737.28

[표 4-5] PicOS 연간 라이선스 비용(출처: deltacomputer.com)

큰 틀에서는 Cumulus Linux와 동일하게 스위치의 지원 속도에 따라 연간 라이선스 비용이 다르게 책정되어 있다. 좀 더 세부적으로는 PicOS의 동작 지원 기능이 L2, L3 그리고 OpenFlow 프로토콜을 각각 지원하느냐 혹은 모두 지원하느냐에 따라 최종 비용이 결정된다. 라이선스 비용은 정책에 따라 언제든 달라질 수 있으며, 여기서는 대략적인 비용 산정 방식에 대한 방향성을 파악하는 정도로만 이해하자.

물론 PicOS가 단순히 OpenFlow 기반 SDN만을 지원하는 것은 아니다. 특이하게도 피카 8에는 PicOS와 함께 AmpCon이라는 자체 네트워크 제어기가 존재한다. 그 연결 구조를 살펴보면 다음 [그림 4-17]과 같다.

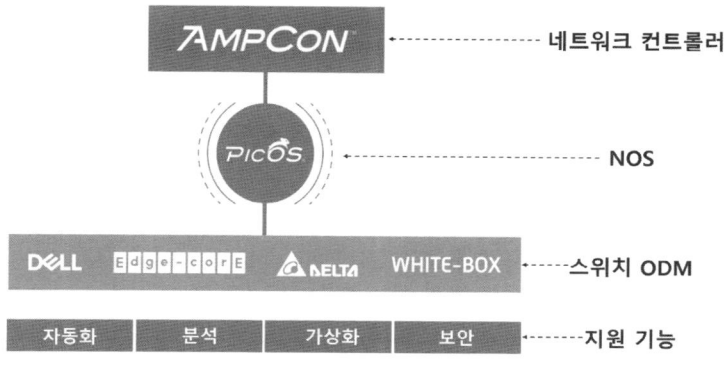

[그림 4-17] AmpCon과 PicOS 기반 스위치의 연결 구조

AmpCon의 기본적인 연결 구성방식은 SDN의 컨셉과 동일하게 제어 평면과 데이터 평면이 분리되어 하나의 네트워크 제어기가 하위의 PicOS가 설치된 네트워크 장비들을 관제하는 형태이다. PicOS를 지원하는 네트워크 장비로는 대표적으로 델(DELL)과 에지코어 네트웍스(Edge-core Networks), 그리고 델타 일렉트로닉스(Delta Electronics)가 생산한 ODM 장비들이 있으며, 이외에도 다양한 화이트박스(White-Box) 스위치에 PicOS를 탑재하여 자동화 관제, 네트워크 장애 및 로그 분석, 네트워크 가상화 등의 기능들을 수행한다. 그 외에 AmpCon은 추가 라이선스 및 업데이트 비용 없이 사용할 수 있다.

그리고 PicOS 또한 Cumulus Linux처럼 호환 가능한 ASIC이 별도로 존재한다. 현재 PicOS를 지원하는 ASIC 제조사로는 마벨, 멜라녹스, 브로드컴, 인텔, 그리고 캐비엄 네트웍스가 있으며 Cumulus Linux보다 많은 제조사의 ASIC 모델을 지원하고 있다.

4.3.4 NOS 분석 (3) – OF-DPA

Cumulus Linux와 PicOS 다음으로 소개할 OF-DPA는 'OpenFlow Data Plane Abstraction'의 약자로, 이름 그대로 네트워크 스위치 장비가 OpenFlow 프로토콜 기반의 데이터 평면의 역할을 하도록 각 기능을 추상화하여 제공하는 일종의 소프트웨어이다.

Cumulus Linux와 PicOS 같은 상용 NOS는 기본적인 네트워크 프로토콜 기능을 포함하고 있지만, OF-DPA는 해당 네트워크 프로토콜 기능을 포함하고 있지 않은 NOS를 지원하기 위해 브로드컴에서 개발하고 배포한 소프트웨어로써 주로 오픈소스 NOS인 Open Network Linux(이하 ONL)를 지원한다.

특히 2021년 기준, 전 세계 반도체 시장 7위를 차지하고 있는 ASIC 제조사인 브로드컴에서 직접 개발하여 배포하고 있는 만큼 브로드컴에서 생산한 ASIC 모델 기반의 스위치는 OF-DPA를 설치하여 OpenFlow 기반의 SDN 스위치로 적용할 수 있다.

그럼 이렇게 OF-DPA가 설치된 SDN 스위치의 내부는 어떤 구성일까? 다음 [그림 4-18]을 살펴보자.

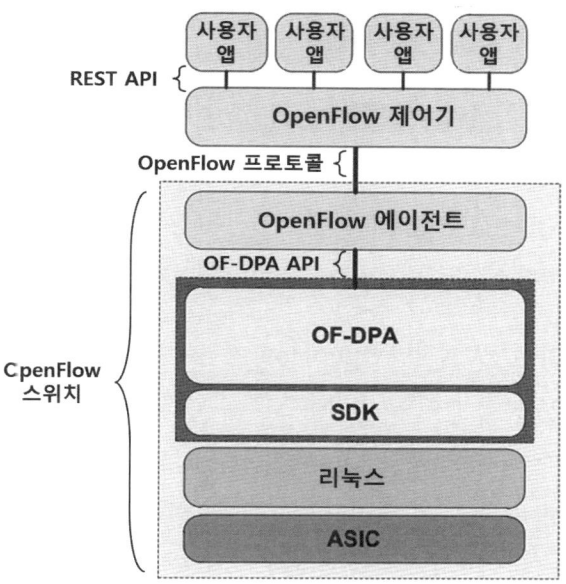

[그림 4-18] OF-DPA 설치 구조

[그림 4-18]은 브로드컴에서 공식 배포한 OF-DPA 스펙 문서에 나온 OF-DPA가 설치된 네트워크 장비의 내부 계층 구조를 나타낸 것이다. 참고로 그림에서 OpenFlow 제어기와 OpenFlow 스위치는 OpenFlow 프로토콜을 지원하는 SDN 제어기와 SDN 스위치를 말한다. 해당 구조를 살펴보면 OF-DPA는 NOS가 아닌 소프트웨어이기 때문에 기존 리눅스 커널(Linux Kernel), 사용자 공간(User Space)으로 구분되던 PicOS, Cumulus Linux와는 달리 그 내부 구조가 다르다.

ASIC 위에 별도의 리눅스, 즉 NOS가 올라가고 그 위에 OF-DPA가 실행되는 계층 구조이다. OF-DPA는 OF-DPA API를 통해 OpenFlow 에이전트와 서로 정보를 주고받는데, 여기서 정보란 OpenFlow 제어기가 OpenFlow 스위치 내부 OpenFlow 에이전트와 연결되어 OpenFlow 프로토콜을 통해 서로 주고받는 메시지 정보를 말한다.

ASIC의 경우에는 OF-DPA를 브로드컴에서 제작 배포했으므로 당연히 브로드컴의 ASIC을 지원하며, 그 위에서 실행되는 리눅스(NOS)는 오픈 소스 개방형 네트워크 OS인 ONL이 주로 설치된다. 앞에서 Cumulus Linux와 PicOS는 NOS를 설치함으로써 네트워크 스위치 장비의 L2/L3 스위칭 기능을 지원한다고 했다면, ONL은 스위치에 올리는 운영체제라는 관점에서는 분명 NOS가 맞지만, 스위치 기능을 지원하기 위해서는 OF-DPA와 같은 소프트웨어가 별도로 필요하다.

다음 [표 4-6]에서 OF-DPA 버전별 OpenFlow 지원 현황을 살펴보면, 브로드컴을 통해 공개된 OF-DPA 공식 스펙 문서 기준으로는 2014년 10월 6일 OF-DPA 2.0 버전이 배포되었으며, OpenFlow 1.3.4 버전을 지원한다. 그리고 1년이 조금 지나 2016년 1월 26일 OF-DPA 2.01 버전이 배포되었으며, 여전히 OpenFlow 1.3.4 버전을 지원한다. 그리고 이후 공식 문서로 공개된 정보는 없다.

OF-DPA 버전	공개일	OpenFlow 지원 버전	비고
1.0	-	1.3.1	
2.0	2014년 10월 6일	1.3.4	공식 스펙 문서 있음
2.01	2016년 1월 26일	1.3.4	공식 스펙 문서 있음

[표 4-6] OF-DPA 버전별 OpenFlow 지원 현황

브로드컴에서는 공식 사이트를 통해서 OF-DPA를 ODP와 CDP, 이렇게 두 가지 패키지 방식으로 배포하고 있다. 먼저 ODP는 OEM & ODM Development Package라는 의미이며, 이름처럼 네트워크 장비를 설계도 기반 단순 생산하는 OEM(Original Equipment Manufacturing) 업체 그리고 설계 및 개발 부터 생산까지 담당하는 ODM(Original Development Manufacturing) 업체를 대상으로 OF-DPA 전체 소스 코드를 제공하는 패키지이다. 당연히 브로드컴의 기술 지원에 따른 라이선스 비용이 발생한다.

반대로 CDP 방식은 Community Development Package의 약자로, 개발자들을 대상으로 별도 애플리케이션 개발 도구(Application Development Kit, ADK)를 통해 개발된 OF-DPA 기능을 Open API 라이브러리로 지원하는 무료 배포 패키지이다. 해당 패키지는 소프트웨어 형상 관리를 지원하는 깃허브(GitHub) 저장소를 통해 누구나 사용할 수 있지만, 상업용이 아니기 때문에 브로드컴을 통한 기술 지원은 받을 수 없다.

4.3.5 NOS 요약 정리

그럼 지금까지 분석한 NOS를 요약해 보면 다음 [표 4-7]과 같이 정리할 수 있다.

NOS		Cumulus Linux	PicOS		OF-DPA	
NOS 개발 업체		cumulus networks 2020년 인수 NVIDIA.	PICA8		BROADCOM.	
지원 ASIC 제조사		Broadcom, Mellanox	Mellanox, Broadcom, Intel, Marvell		Broadcom	
최신 지원 버전 (23년 1월기준)		5.3	4.3.1		2.01	
프로토콜 지원	L2	지원	지원		지원	
	L3	지원	지원		지원	
	Open Flow	미지원	PicOS 버전	OpenFlow 지원 버전	OF-DPA 버전	OpenFlow 지원 버전
			4.3.1	1.3, 1.4	2.0	1.3.4
					2.01	1.3.4
라이선스 비용 정책		단순 스위치 네트워크 지원 속도(1G, 10G/25G, 40G/100G)에 따라 연간 라이선스 비용 산정	L2/L3/OpenFlow 프로토콜 기능의 지원 여부에 따라 스위치 네트워크 속도(1G/10G/40G/100G)별로 연간 라이선스 비용 산정		커뮤니티 개발 패키지는 프리웨어 형태로 공개되어 무료로 이용 가능하나 Broadcom의 기술 지원은 없음	
오픈 소스 지원 여부		미지원	미지원		미지원	

[표 4-7] NOS 기능 비교(2023년 1월 기준)

먼저 Cumulus Linux는 2020년 엔비디아에 인수된 큐물러스 네트웍스에서 개발한 NOS이다. 2023년 1월 기준, 5.3 버전이 엔비디아를 통해 공개되어 있으며, 기본 L2 스위칭, L3 라우팅 관련 네트워크 기능들을 지원하지만 OpenFlow 기반의 SDN 프로토콜 기능은 지원하지 않는다. 주로 브로드컴과 멜라녹스 ASIC 기반 스위치 장비에 설치를 지원하며, Cumulus Linux가 설치되는 스위치의 네트워크 지원 속도를 기준으로 기술 업데이트 지원 기간 등에 따라 연간 라이선스 비용이 결정된다.

다음으로 PicOS는 미국의 컴퓨터 네트워킹 회사인 피카 8에서 개발한 NOS이다. L2 스위칭, L3 라우팅 관련 네트워크 기능뿐만 아니라 OpenFlow 기반의 SDN 프로토콜 기능도 지원한다. PicOS는 내부 OVS라는 가상 스위치를 통해 OpenFlow 프로토콜 기반으로 외부 SDN 제어기와 연결할 수 있으며, 4.3.1 배포 버전 기준으로 OpenFlow 1.3 버전과 1.4 버전을 지원한다. 그리고 PicOS가 설치될 스위치의 네트워크 지원 속도를 기준으로 L2, L3 그리고 OpenFlow 프로토콜 기능을 각각 지원하는지 아니면 모두 지원하는지에 따라 연간 라이선스 비용이 결정된다.

마지막으로 OF-DPA는 NOS라기보다 네트워크 스위치 장비가 OpenFlow 프로토콜 기반의 데이터 평면의 역할을 하도록 각 기능을 추상화하여 제공함으로써 이를 지원하는 일종의 소프트웨어이다. 브로드컴에서 개발하였으며, 당연히 브로드컴 ASIC 기반 스위치 장비에 설치를 지원한다.

OF-DPA는 OpenFlow 지원을 위해 개발된 소프트웨어인 만큼 기본적으로 L2, L3 네트워크 기능뿐만 아니라 OpenFlow 기반 SDN 프로토콜 기능도 모두 지원한다. 공개된 공식 문서상으로는 2023년 1월 기준 OF-DPA 2.01 버전까지 배포되었으며, OpenFlow 1.3.4 버전을 지원하고 있다.

라이선스 비용의 경우 OF-DPA의 배포 방식에 따라 결정되며, 개발 커뮤니티 대상으로 공개된 패키지(CDP)는 별다른 라이선스 비용 없이 무료로 이용할 수 있지만, 브로드컴의 기술 지원은 받을 수 없다. 반면 브로드컴의 기술 지원을 받을 수 있는 상업용 배포 패키지(ODP)는 라이선스 비용이 별도로 발생한다.

종합적으로 보면 Cumulus Linux, PicOS, OF-DPA 모두 오픈 소스를 지원하지 않으며, 상업용으로 사용 시 별도의 라이선스 비용이 발생한다. 물론 ONL과 같은 오픈 소스로 공개된 NOS도 존재하지만, ONL 자체는 기본 네트워크 기능을 지원하지 않으므로 OF-DPA와 같이 네트워크 기능을 지원하는 NOS 전용 소프트웨어가 반드시 설치되어야 한다.

4.4 : 개방형 네트워크 스위치, '화이트 박스(White-Box) 스위치'

4.4.1 화이트박스 스위치란?

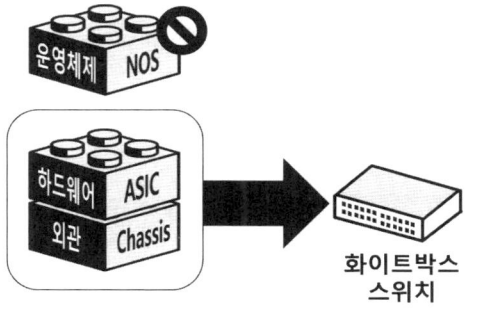

[그림 4-19] 화이트박스(White-Box) 스위치의 구조

지금까지는 스위치 구성 요소인 ASIC과 NOS에 대해 각각 알아봤다면 이번에는 이를 내부에 포함하는 스위치 자체를 살펴보자. 기존 상용 네트워크 솔루션에 포함된 네트워크 장비와 여기에 미리 설치되어 고정된 형태로 서비스를 제공하는

상용 NOS와는 달리 앞서 소개한 Cumulus Linux, PicOS 그리고 OF-DPA는 네트워크 장비에 사용자가 자율적으로 선택하여 설치할 수 있는 개방형 NOS이다.

그리고 이런 NOS를 지원하기 위해서는 호환 가능한 ASIC과 해당 ASIC을 지원하는 스위치 장비가 필요하다. 이때 누구나 자신이 선택한 NOS를 가지고 자유롭게 설치하여 네트워크 기능을 사용할 수 있도록 [그림 4-19]와 같이 NOS를 미리 설치하지 않고 하드웨어만 섀시(Chassis)에 포함하여 제공하는 형태의 네트워크 스위치를 화이트박스(White-Box) 스위치라고 부른다.

소프트웨어인 NOS가 설치되지 않고 단순히 하드웨어로만 구성된 스위치란 의미로 베어메탈(Bare-Metal) 스위치라고도 한다. 그렇다면 이런 화이트박스 스위치란 개념은 왜 등장하게 되었을까?

4.4.2 화이트박스 스위치의 등장 배경

비용 절감

화이트박스 스위치가 등장하게 된 가장 큰 원인은 아무래도 기존 상용 스위치 장비의 높은 비용문제 때문이다. 컴퓨터를 예로 들어보자. 보통 상용 컴퓨터의 경우에는 외부 보호를 위한 전용 케이스 안에 이미 CPU, RAM 메모리, 하드디스크, 그래픽카드 등 여러 가지 하드웨어 장치가 조립되어 있고, 윈도우 운영체제도 미리 설치된 완제품 상태로 판매된다.

여기서 마이크로소프트 입장에서는 어떤 제조사의 컴퓨터든지 상관없이 윈도우 운영체제가 설치된 PC가 팔릴 때마다 라이선스 비용이 발생하여 높은 수익을 확보할 수 있다. 그러나 PC 제조 업체 입장에서는 값싼 외산 PC가 국내 시장에 증가하여 경쟁이 심해지는 가운데 괜히 컴퓨터의 단가만 높아져서 판매 부진으로 이어지는 문제가 생긴다.

그래서 등장한 것이 바로 운영체제 없이 컴퓨터 본체만 판매하는 일명 '깡통 PC'다. PC 제조사들은 소프트웨어 라이선스 비용을 제외해서 보다 경제적인 비용으로 하드웨어 사양에 맞춘 경쟁력 있는 제품을 출시했고, 소비자는 동일 사양의 컴퓨터를 더 저렴한 가격에 구매할 수 있게 됐다. 게다가 운영체제가 설치되지 않은 데스크톱과 노트북 모델을 출시함으로써 PC 제조사들은 운영체제 관련 A/S 비용도 줄었다.

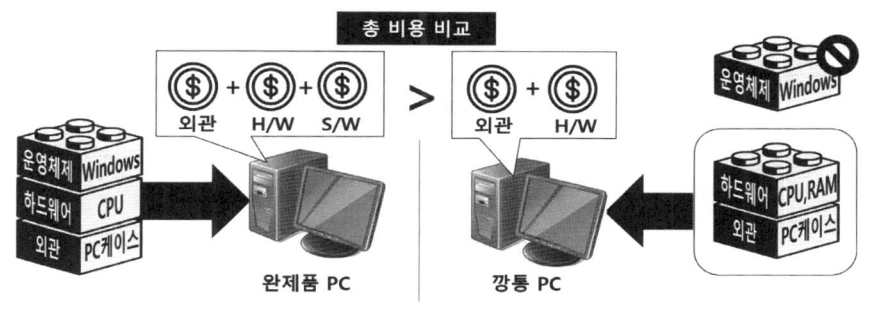

[그림 4-20] 완제품 컴퓨터와 OS 없는 깡통 PC의 비용 차이

화이트박스 스위치도 이와 마찬가지이다. NOS에 대한 라이선스 비용을 제외함으로써 스위치 제조 업체로서는 NOS 없이 스위치의 하드웨어 사양에 맞춘 경쟁력 있는 네트워크 장비로 제품을 판매할 수 있고, 소비자는 보다 저렴한 가격에 네트워크 장비를 구매할 수 있다.

개방성

하드웨어로만 구성된 화이트박스 스위치가 아무리 저렴하더라도 결국 네트워크 기능을 수행하기 위해서는 NOS라는 소프트웨어가 필요하다. 상용 네트워크 솔루션의 경우 솔루션에 포함된 네트워크 장비에 NOS가 고정적으로 설치되는 것에 반해, 화이트박스 스위치의 경우 사용자가 NOS를 직접 선택하여 설치할 수 있는 개방성을 가지고 있다.

특히 NOS마다 호환되는 ASIC 모델이 달라서 화이트박스 스위치 하나를 구매할 때 NOS뿐만 아니라 ASIC, 그리고 해당 ASIC 기반의 화이트박스 스위치를 제작 및 생산하는 다양한 제조사를 고려해야 한다. 다시 말하면 사용자가 원하는 네트워크 기능과 목적에 따라 정해진 예산 범위 안에서 다양한 조합의 네트워크 스위치 구성이 가능하다는 의미이다.

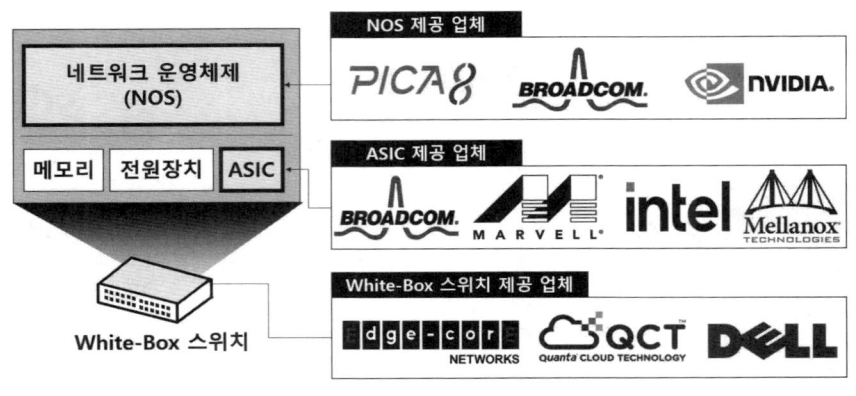

[그림 4-21] NOS, ASIC 그리고 화이트박스(White-Box) 스위치에 따른 제조사

예를 들어, OpenFlow 1.4 버전의 프로토콜을 지원하는 SDN 스위치를 화이트박스 스위치로 구성한다고 가정해 보자. 먼저 NOS는 2023년 1월 기준 OpenFlow 1.4 버전을 지원하는 PicOS 4.3.1 버전을 선택하면 된다. 그리고 해당 PicOS를 지원하는 ASIC 제조 업체인 브로드컴, 마벨, 인텔, 멜라녹스의 여러 모델 중 적당한 것을 선택한다. 그다음 해당 ASIC 기반의 화이트박스 스위치를 생산하는 제조사가 있는지 찾아보고 정해진 예산 범위에서 구매를 결정하면 된다.

상용 네트워크 솔루션을 적용할 때보다 번거로울 수 있지만 사용자 입장에서 선택할 수 있는 폭이 많다는 점은 제한된 예산 범위 안에서 가장 효율적인 네트워크 인프라를 좀 더 자유롭게 구축할 수 있다는 의미이기도 하다. 또한, 이는 기존 상용 네트워크 솔루션 업체 중심의 네트워크 시장뿐만 아니라 네트워크 장비 관련 제조 업체 간의 새로운 경쟁 생태계 형성에도 영향을 준다.

이런 특성들로 인해 화이트박스 스위치를 단순히 NOS 없는 하드웨어 네트워크 장비라고 부르기보다는 개방형 네트워크 장비라고 부른다.

4.4.3 범용 NOS 인스톨러, 'ONIE'

화이트박스 스위치만 싸게 구매하여 어떤 NOS든지 자유롭게 구동시킬 수 있으면 이상적이겠지만, 실제로는 화이트박스 스위치에 탑재된 ASIC에 따라 최적화와 호환성 문제가 많아 손쉽게 설치할 수 있는 NOS는 극히 제한적이다.

이를 개선하기 위해 2012년 큐물러스 네트웍스를 중심으로 NOS를 쉽게 설치하기 위한 환경을 제공하는 ONIE(Open Network Install Environment)란 프로젝트가 등장한다. ONIE는 상용 NOS를 화이트박스 스위치에 쉽게 설치할 수 있도록 스위치의 부트로더(boot loader)와 NOS 사이에 펌웨어(firmware) 형태로 미리 설치되는 소프트웨어이다. 즉, 범용 'NOS 설치 도우미'라고 생각하면 이해하기 쉽다.

ONIE는 네트워크 관리자가 원하는 종류의 NOS를 손쉽게 찾아서 화이트박스 스위치에 설치할 수 있도록 도와주는 것이 목적이며, USB 혹은 네트워크 등의 매체를 통해 NOS 설치를 지원한다.

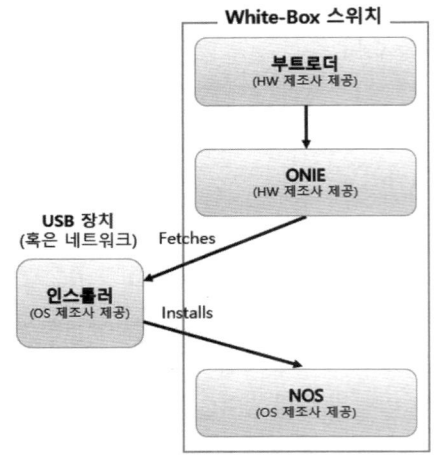
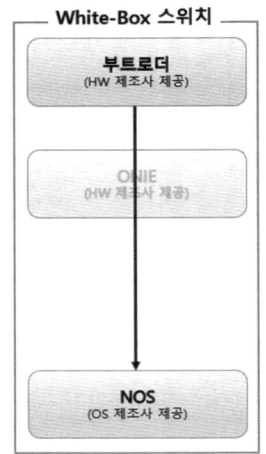

[그림 4-22] White-Box 스위치의 최초 부팅 과정   [그림 4-23] NOS 설치 후 부팅 과정

그럼 ONIE를 통한 화이트박스 스위치의 NOS 설치 과정을 한번 살펴보면, 먼저 [그림 4-22]와 같이 ONIE가 탑재된 화이트박스 스위치가 최초로 부팅되면 화이트박스 스위치 제조사에서 제공하는 부트로더는 스위치 하드웨어를 초기화하고 설치된 ONIE를 불러온다. ONIE가 실행되면 사용자가 설치할 NOS의 종류와 설치 방식을 지정하고, 그 외 NOS 설치에 필요한 부가적인 환경 설정을 시작한다.

이후에는 사용자가 ONIE를 통해 선택한 설치 방식에 맞게 USB 저장 장치 혹은 네트워크 매체를 통해서 설치하고자 하는 NOS의 설치 도구(인스톨러, Installer)를 실행한다. NOS 설치 도구가 실행되면 앞서 ONIE를 통해 설정한 환경 설정 정보를 가지고 화이트박스 스위치에 NOS가 최종 설치된다.

NOS 설치가 완료된 후부터는 [그림 4-23]과 같이 화이트박스 스위치가 부팅될 때 ONIE 없이 부트로더를 통해서 바로 NOS가 실행된다. 이처럼 사용자는 화이트박스 스위치에 설치할 수 있는 NOS는 무엇이고, 어떻게 설치해야 하는지 전혀 고민할 필요 없이 ONIE를 지원하는 화이트박스 스위치라면 손쉽게 NOS를 설치할 수 있다.

[그림 4-24] ONIE와 OCP

ONIE는 2013년부터 오픈 소스 데이터 센터 프로젝트인 Open Compute Project(이하 OCP)의 하위 프로젝트로 포함됐다. OCP는 2011년 페이스북(현재 Meta)이 자사의 데이터 센터 관련 기술을 모두 외부에 공개하며 시작된 오픈 소스 프로젝트로서, 적은 비용으로 가장 효율적인 데이터 센터 구축을 목표로 한다.

ONIE가 OCP의 하위 프로젝트로 포함되면서 데이터 센터 네트워크 장비를 대상으로 ONIE 지원을 확대하고 있으며, 실제 ONIE를 지원하는 NOS 종류는 다음 [표 4-8]과 같다. 표를 살펴보면, 현재 Switch Light, Cumulus Linux, PicOS 등 총 10여 개의 다양한 상용 NOS들이 ONIE를 통한 설치를 지원하고 있다.

NOS 제공 업체 및 기관	ONIE 지원 NOS
Big Switch Networks → 2020년 Arista Networks에 인수	Switch Light
Cumulus Networks → 2020년 NVIDIA에 인수	Cumulus Linux
Dell	Force 10 Operating System(FTOS)
HPE	OpenSwitch
Mellanox → 2020년 NVIDIA에 인수	MLNX_OS
Lenovo	cNOS, eNOS
OCP	Open Network Linux(ONL)
PICA8	PicOS
Pluribus Networks → 2022년 Arista Networks에 인수	Netvisor OS

[표 4-8] ONIE를 통한 설치를 지원하는 NOS

4.4.4 업체별 화이트박스 스위치 비교 분석하기

이번에는 스위치 제조사별 대표적인 화이트박스 스위치 모델들을 비교해 보고, 이를 기반으로 화이트박스 스위치의 시장 현황에 대해 간단히 알아보자. 우선 화이트박스 스위치를 제조 및 생산하는 대표적인 업체로는 에지코어 네트웍스, 퀀타 클라우드 테크놀로지(Quanta Cloud Technology, 이하 QCT), 델 EMC가 있다. 업체 대부분은 OCP, ONF 등 다양한 네트워크 오픈 소스 프로젝트에 기여하면서 상용 네트워크 솔루션 업체 중심의 네트워크 생태계가 아닌 개방형 네트워크 환경을 지향한다.

업체별 대표 상용 화이트박스 스위치 모델들을 기준으로 지원하는 NOS, ASIC 그리고 판매 가격을 비교하면 다음 [표 4-9]와 같다. 참고로 해당 판매가격은 인터넷 상에 공개된 가격정보이며 현재 판매 가격이나 지원 정보는 할인 및 기능 업데이트 등으로 표에 작성한 것과 다를 수 있다.

White-Box 스위치 성산 업체	스위치 모델명	ONIE 지원 여부	스위치 지원 속도	지원 가능한 NOS		탑재 ASIC 모델		스위치 가격 (단위 : $.달러)
				NOS명	공급 업체/기관	ASIC 모델명	공급 업체	
edge-core NETWORKS	AS5812-54X	지원	10Gb	OcNOS	IP Infusion	Trident 2 Plus	Broadcom	$ 5,099
				Switch Light	Arista Networks			
				ONL	OCP			
	AS6812-32X	지원	40Gb	Cumulus Linux	NVIDIA	Trident 2 Plus		$ 7,325
				PicOS	PICA8			
				Switch Light	Arista Networks			
				ONL	OCP			
	AS7512-32X	지원	100Gb	PicOS	PICA8	Xpliant CNX8809	Marvell	$ 8,500
				ONL	OCP			
QCT	T1048-LB9	지원	1Gb /10Gb	Cumulus Linux	NVIDIA	Trident 1	Broadcom	$ 2,140
	T4048-IX2	지원	25Gb	Cumulus Linux	NVIDIA	Tomahawk		$ 9,900
	T7032-IX1	지원	100Gb	Cumulus Linux	NVIDIA	Tomahawk		$ 10,830
DELL EMC	S3048	지원	10Gb	OS9 / OS10	Dell EMS	Trident 2	Broadcom	$ 4,661
				Cumulus Linux	NVIDIA			
				Switch Light	Arista Networks			
				OcNOS	IP Infusion			
	S4048	지원	10Gb	OS9 / OS10	Dell EMS	Trident 2 Plus		$ 5,568
				Cumulus Linux	NVIDIA			
				Switch Light	Arista Networks			
				OcNOS	IP Infusion			
	Z9100	지원	100Gb	OS9 / OS10	Dell EMS	Tomahawk		$ 42,889
				Cumulus Linux	NVIDIA			
				Switch Light	Arista Networks			
				OcNOS	IP Infusion			

[표 4-9] 업체별 White-Box 스위치의 지원 NOS, ASIC, 판매 가격 비교

먼저 에지코어 네트웍스는 클라우드 데이터 센터, 통신사 및 기업 고객을 대상으로 개방형 네트워크 솔루션을 제공하는 업체로서, 2017년 10Gb/40Gb/100Gb급의 화이트박스 스위치 3종을 출시했다. 해당 스위치 모두 기본적으로 ONIE를 통한 다양한 NOS 설치를 지원한다.

다음으로 QCT는 초대형 규모의 데이터 센터를 대상으로 하드웨어 및 클라우드 솔루션을 제공하는 업체로서, 전 세계 서버 장비의 7분의 1이 바로 QCT의 장비이다. QCT의 화이트박스 스위치 또한 ONIE를 통한 NOS 설치를 지원하며, 기본적으로는 Cumulus Linux가 메인 NOS로 탑재되어 있다.

미국의 정보 관리/저장 소프트웨어 및 클라우드 솔루션 제공 업체인 델 EMC 또한 개방형 네트워크 환경 구축을 목표로 ONIE를 지원하는 화이트박스 스위치를 출시했다. 특이한 점이 있다면 델 EMC에서는 자사의 전용 NOS인 OS9과 OS10을 기본으로 제공하지만, ONIE를 통해 Cumulus Linux, Switch Light 등 다른 상용 NOS 설치도 가능하다.

이 외에도 [표 4-9]와 같이 업체별 지원 NOS와 ASIC, 그리고 가격 정보를 비교해 보면 크게 다음의 세 가지 특징을 알 수 있다.

- 에지코어 네트웍스, QCT 그리고 델 EMC 등 대부분의 화이트박스 스위치는 브로드컴의 ASIC을 기반으로 한다.
- 화이트박스 스위치의 가격이 그렇게 싸지만은 않다. NOS 라이선스 비용을 제외하더라도 화이트박스 스위치 자체 판매 가격만 보면 동일 스펙의 일반 L2/L3 스위치 장비와 그렇게 차이가 나지 않는다.
- ONIE 프로젝트가 Cumulus Linux를 개발한 큐뮬러스 네트웍스를 중심으로 시작된 만큼, ONIE를 지원하는 에지코어 네트웍스, QCT, 델 EMC의 화이트박스 스위치들 모두 기본적으로 Cumulus Linux를 NOS로 지원한다.

> 📄 **정리 노트!**
> - 화이트박스 스위치는 NOS가 설치되지 않은 하드웨어만 포함된 스위치 장비를 말하며, 베어메탈 스위치라고도 부른다.
> - 화이트박스 스위치는 NOS 라이선스 비용이 포함되지 않고, 사용자 선택에 따라 NOS를 설치할 수 있는 개방형 네트워크 스위치다.
> - ONIE는 다양한 상용 NOS를 화이트박스 스위치에 쉽게 설치할 수 있게 환경을 제공하는 소프트웨어로서, 'NOS 설치 도우미'라고 생각하면 된다.
> - 많은 화이트박스 스위치 생산 업체가 ONIE를 기본으로 탑재하여 상용 NOS 설치를 지원한다.

CHAPTER

SDN 실습 기초편 : SDN 제어기로 플로우 정책 설정하기

5 ★

지금까지는 SDN을 구성하는 각 구성 요소들을 중심으로 SDN의 기본 개념과 관련 동향 정보를 알아보았다면, 이번 5장에서는 대표적인 오픈소스 SDN 제어기인 OpenDaylight와 ONOS를 가지고 직접 플로우 정책을 정의하여, SDN 스위치 내부로 유입되는 패킷을 제어해 보는 기초 실습을 한번 진행해 보겠다.

> ***참고**
>
> 5장에서 활용되는 실습 코드 및 스크립트 파일은 저자 네이버 블로그의 '공지 사항'을 통해 공유됩니다(블로그 주소 : Tolty의 소프트웨어 & 하드웨어 공작소, http://blog.naver.com/love_tolty).

5.1 : 사전 실습 준비 사항

본격적인 실습이 들어가기에 앞서 실습 환경 구축에 필요한 운영체제 설치 방법과 기본적인 네트워크 설정 방법을 소개하겠다. 특히, 본 실습에 활용되는 모든 SDN 제어기와 관련 소프트웨어들은 우분투(Ubuntu) 운영체제 환경에서 동작하기 때문에, 기본적인 우분투의 설치 방법과 우분투에서 네트워크를 설정하는 방법을 알 필요가 있다. 그리고 본 실습에서는 우분투 운영체제에서 직접 SDN 제어기를 설치하고 실행하는 것 외에도, 시스템 물리 인프라 자원을 가상화하고 이를 분리해 격리하여 보다 경량화되고 빠른 실행 환경을 제공하는 기술인 컨테이너(Container)를 통해 SDN 제어기를 실행하는 방법도 다룬다. 그래서 대표적인 오픈소스 컨테이너 엔진인 도커(Docker)를 활용한 컨테이너 환경 구축 방법도 간단히 사전 준비 사항으로 소개하겠다.

5.1.1 우분투(Ubuntu) 22.04 LTS 서버 설치

본 실습에서 활용되는 모든 SDN 제어기는 2022년 4월 배포된 우분투 22.04 LTS 서버가 운영체제 환경에서 실행된다. 여기서 LTS는 Long Term Support의 약자인데, 이름 그대로 장기간 기술 지원을 보장하는 소프트웨어를 의미하며, 우분투 22.04 LTS 버전의 경우 2027년 4월까지 기술 지원을 보장한다. 그리고 현재 우분투는 GUI(Graphic User Interface)를 지원하는 데스크톱 버전과 CLI(Command Line Interface)를 지원하는 서버 버전 2가지로 배포되며, 본 실습에서는 용량이 가볍고 빠른 설치가 가능한 서버 버전으로 설치를 진행한다. 그럼 실습을 위해 우분투 22.04 LTS 서버 버전을 직접 설치해 보자.

우분투 설치 시스템 요구 사항

먼저 우분투를 설치하기 위해서는 [표 5-1]의 요구 사항을 만족하는 시스템이 필요하다. CPU는 2GHz 듀얼 코어 프로세스 이상, 메모리는 4GB이상, 저장공간은 50GB이상을 기본 지원해야하며 여기서 말하는 시스템에는 PC나 서버, 가상머신(Virtual Machine)이 해당된다. 다만 해당 요구 사항은 우분투 자체를 설치하기 위한 최소 사양일 뿐이며 실제 우분투 운영체제 위에 설치되는 SDN 제어기마다 필요한 시스템 요구 사항이 또 서로 다르기 때문에 실습에서는 SDN 제어기에서 요구하는 시스템 사양에 맞추도록 하자.

구분	시스템 요구 사항
CPU	2GHz 듀얼 코어 프로세서 이상
메모리	4GB 이상
저장 공간	50GB 이상(최소 8.6GB)
그래픽	1024 x 768 화면 해상도를 지원하는 VGA

[표 5-1] 우분투 설치 최소 시스템 요구 사항

우분투 설치 이미지 파일 다운로드

이제 준비된 시스템에 우분투를 설치하려면 설치 이미지 파일이 필요하다. 윈도우 7이상이 설치된 PC를 한 대 준비하고 해당 PC에서 우분투 공식 배포 사이트(http://old-releases.ubuntu.com/releases/22.04)에 접속해 22.04 서버 이미지 파일인 'ubuntu-22.04.1-live-server-amd64.iso'라는 ISO 파일을 다음과 같이 다운로드한다.

UltraISO 설치하기

다운로드한 설치 이미지 파일을 가지고 USB 저장 장치를 설치 디스크로 만들기 위해서는 이를 지원하는 응용 소프트웨어가 별도로 필요하다. 여기서는 가장 많이 이용되는 UltraISO를 설치하여 USB 설치 디스크를 만들어 보겠다.

UltraISO 공식 배포 사이트(https://www.ultraiso.com)에 접속하여 다음과 같이 〈FREE TRIAL〉 버튼을 눌러 무료 평가판 버전의 UltraISO 설치 파일을 다운로드한다. 참고로 무료 평가판 버전은 설치 이미지 파일의 사이즈가 최대 4GB로 제한되어 있지만, 우분투의 이미지 파일 크기가 이를 넘지않기 때문에 그대로 사용 가능하다.

다운로드한 UltraISO 설치 파일을 실행하면 설치 마법사가 시작된다. 그러면 가장 먼저 사용자 계약에 대한 동의를 선택한 후, 〈다음〉 버튼을 눌러 다음 단계로 넘어간다.

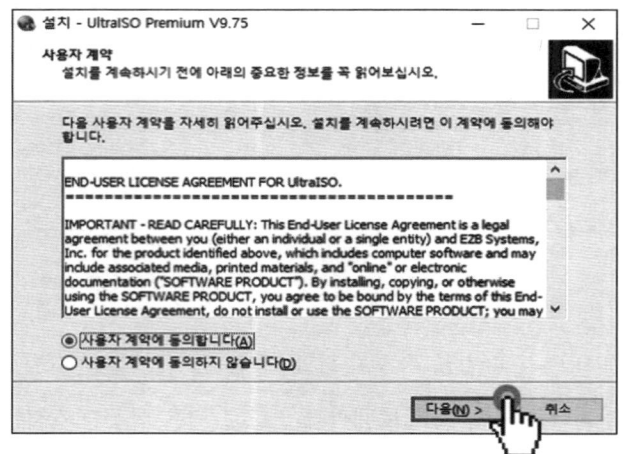

파일 설치 경로를 지정한 후, 마찬가지로 〈다음〉 버튼을 눌러 다음 단계로 넘어간다.

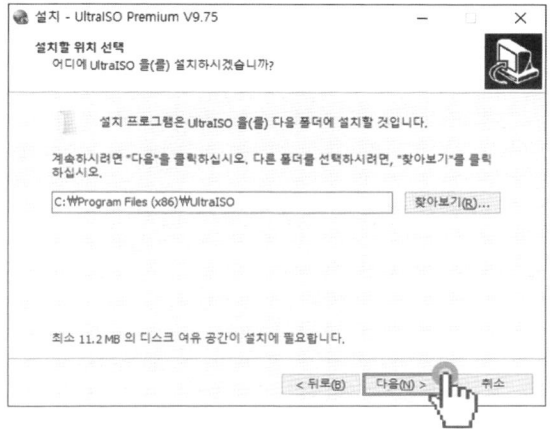

시작 메뉴 폴더를 선택한 후, 계속해서 〈다음〉 버튼을 눌러 다음 단계로 넘어간다.

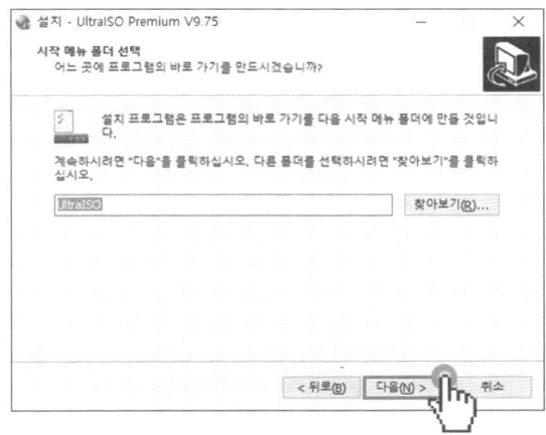

UltraISO에는 [표 5-2]와 같이 3가지 추가 사항을 지원하는데 크게 중요하지 않으므로 이중 원하는 추가 사항을 지정한 후, 〈다음〉 버튼을 눌러 다음 단계로 넘어간다.

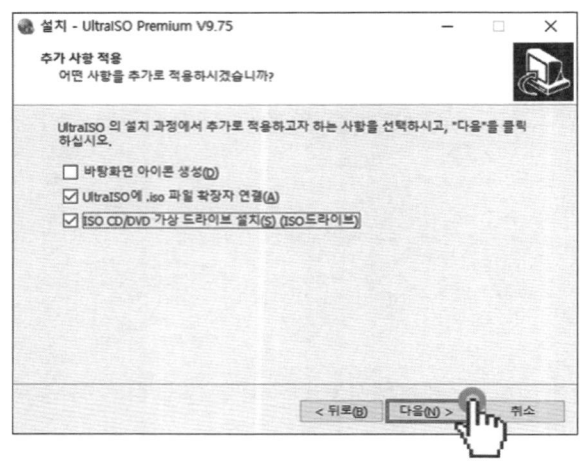

추가 사항	내용
바탕화면 아이콘 생성	PC 바탕화면에 UltraISO 바로가기 실행 파일 생성
UltraISO에 .iso 파일 확장자 연결	확장자가 'ISO'인 설치 이미지 파일의 기본 실행 프로그램을 UltraISO로 지정
ISO CD/DVD 가상 드라이브 설치	가상의 CD/DVD 롬 드라이브를 PC에 설치

[표 5-2] UltraISO 설치 추가 사항 내용

마지막으로 앞에서 설정한 내용들이 제대로 반영되었는지 확인하고, 〈설치〉 버튼을 눌러 설치를 진행한다.

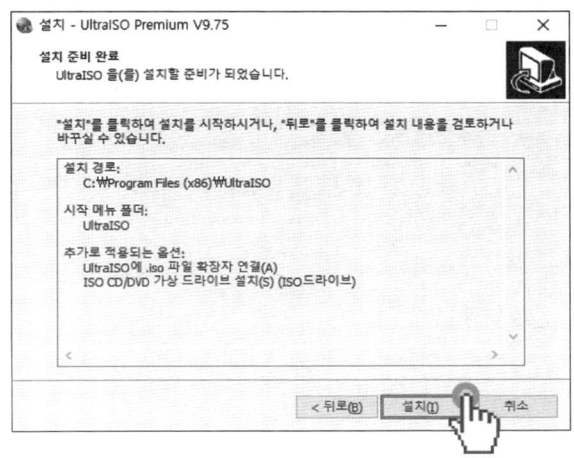

설치가 시작되면 완료까지 약 2~3분 정도 소요된다.

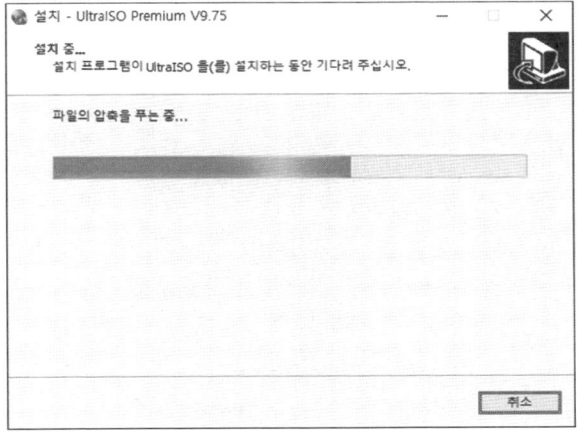

설치가 완료되면 'UltraISO 실행'에 체크한 후, 〈완료〉 버튼을 누른다.

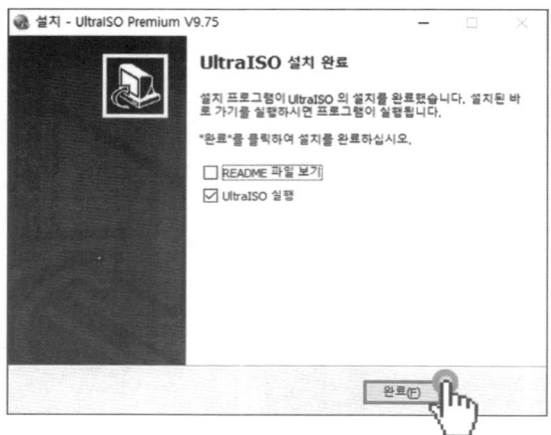

잠시 후 다음과 같이 환영 메시지와 함께 정식 UltraISO 구매를 요구하는 창이 뜨는데, 그냥 〈계속 사용〉을 눌러 준다.

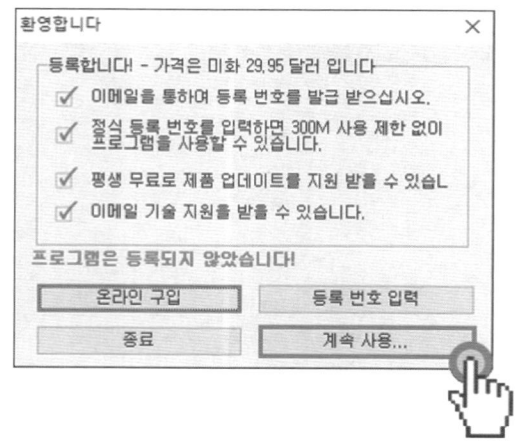

그러면 무료 평가판 버전(Trial Version)의 UltraISO가 아래와 같이 실행된다. 이제 해당 프로그램을 가지고 직접 우분투 USB 설치 디스크를 한번 만들어 보자!

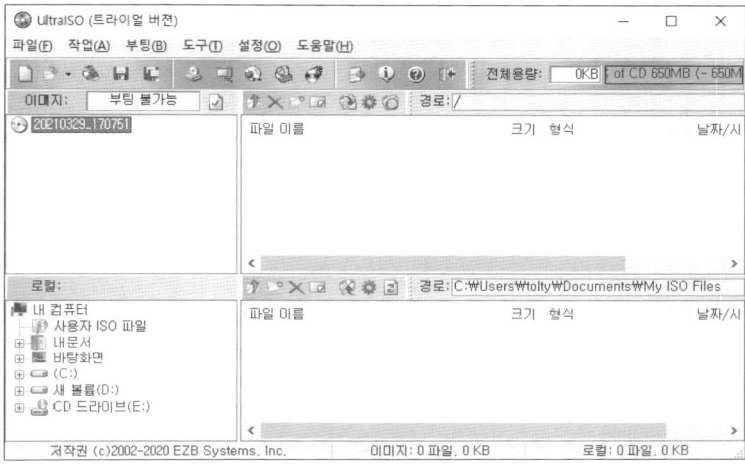

USB 설치 디스크 만들기

되도록 3GB 이상 넉넉한 사이즈의 USB 저장장치를 준비하고, 해당 장치를 PC에 연결한다.

그리고 다음과 같이 UltraISO의 상단에 있는 [파일] → [열기] 메뉴를 클릭한다.

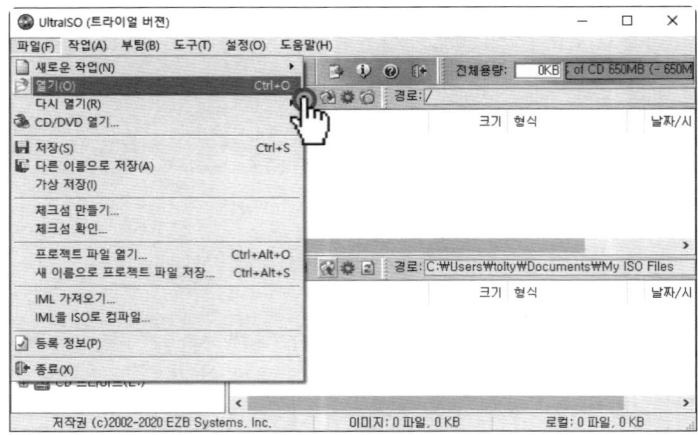

앞에서 다운로드한 우분투 22.04 LTS 설치 이미지(*.ISO) 파일을 선택하여 열어 준다.

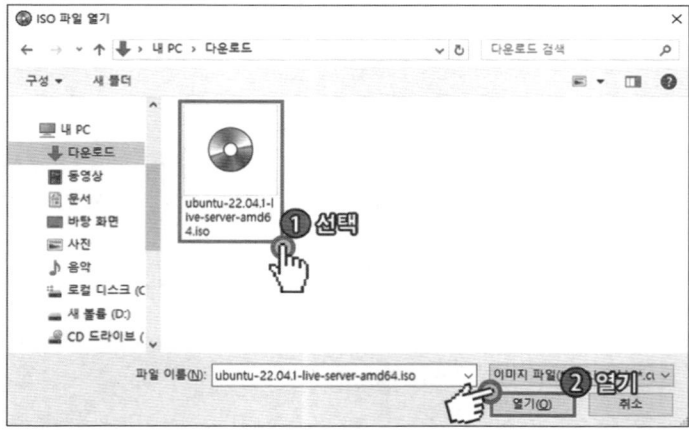

성공적으로 이미지 설치 파일이 열렸다면 다음과 같이 이미지 디스크 내부 파일을
확인할 수 있다.

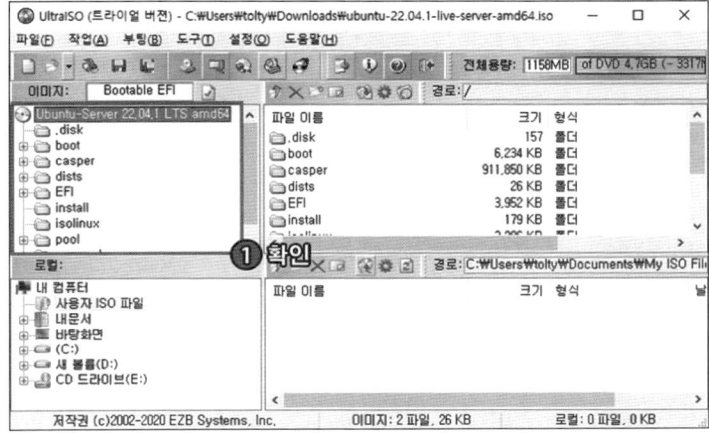

그리고 상단의 [부팅] → [디스크 이미지 기록] 메뉴를 실행한다.

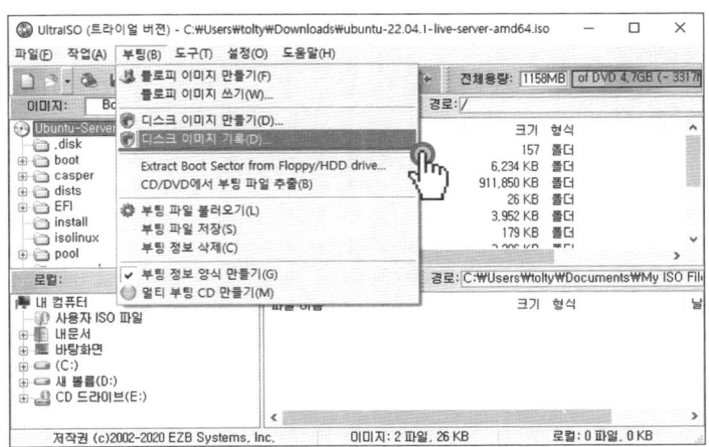

'디스크 이미지 기록' 창이 뜨면 앞에서 PC에 연결한 USB 메모리를 지정해 준 뒤, 하단의 〈쓰기〉 버튼을 클릭한다. 그러면 기존 USB 메모리에 저장된 데이터 손실에 대한 경고 팝업창이 뜨는데, 무시하고 〈예〉를 눌러 준다.

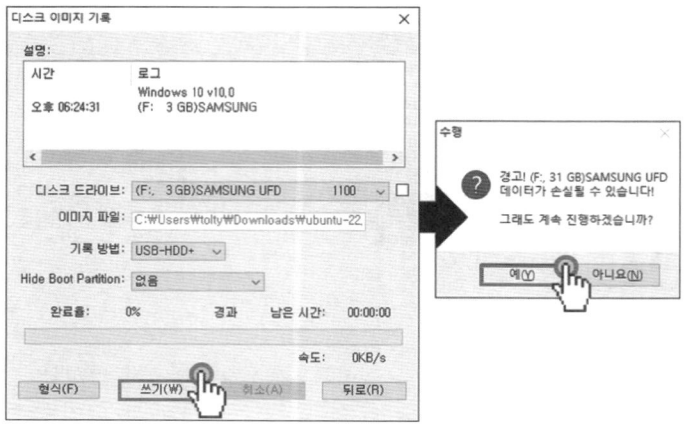

그러고 나면 해당 USB 저장 장치에 우분투 22.04 LTS 설치 이미지 쓰기 작업이 진행된다. 진행률이 100% 완료되면 USB 설치 디스크 생성이 모두 완료된다.

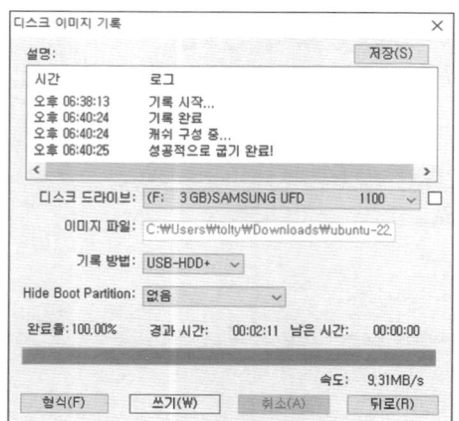

PC에 우분투 22.04 LTS 설치하기

이제 USB 설치 디스크를 가지고 우분투를 PC에 설치해 보겠다. 우선 PC에 USB 설치 디스크를 연결하고, 전원 버튼을 누른 후, 바로 키보드의 〈F2〉키를 눌러 BIOS 모드로 진입한다. 단, 여기서 BIOS 모드 진입 방식과 환경은 대부분의 PC가 동일하지만, 특정 제조사 브랜드마다 조금씩 다를 수 있음을 참고하자.

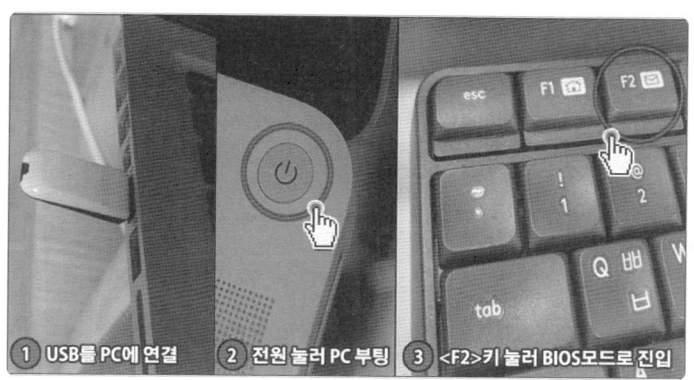

BIOS모드로 진입하면 다음과 같이 상단에 〈Boot〉메뉴로 선택한 뒤, PC에 연결한 USB 설치 디스크(USB HDD)를 부팅순서 1순위로 지정해 준다.

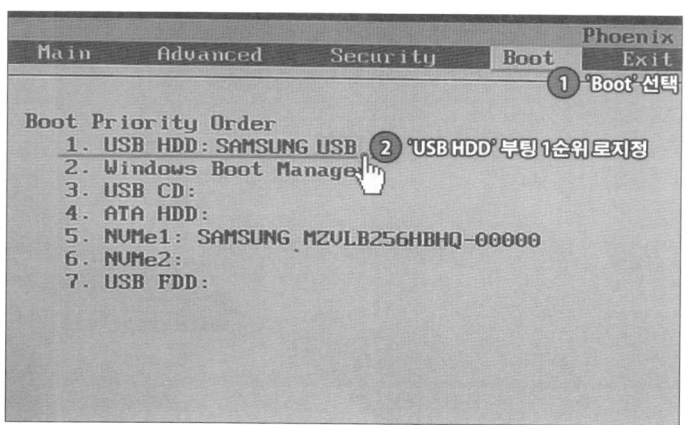

SDN 실습 기초편 : SDN 제어기로 플로우 정책 설정하기 | **127**

그리고 상단 〈Exit〉 메뉴로 이동하여 다음과 같이 설정 정보를 모두 저장하고 PC를 다시 재부팅해 준다.

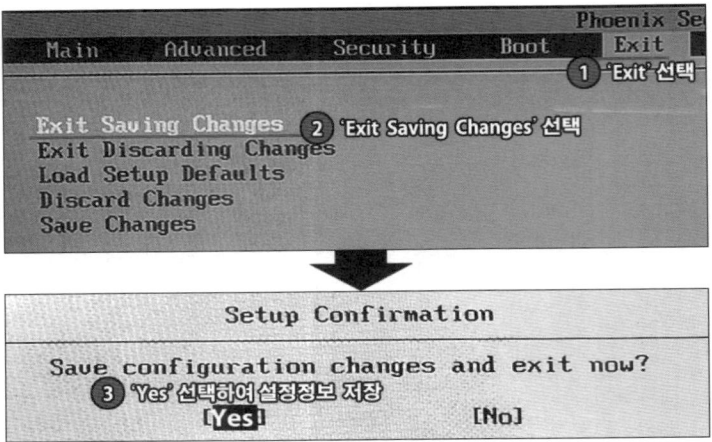

PC가 재부팅된 후에는 다음과 같이 환영 메시지와 함께 우분투 설치를 위한 언어 설정 페이지가 화면에 뜬다. 여기서는 사용자 편의에 맞는 언어를 설정해 주면 된다. 참고로 본 실습에서는 모든 언어를 [English]로 선택하여 진행한다.

이번에는 시스템 업데이트 설치 여부를 묻는다. 설치에 시간이 오래 걸리므로 하단의 [Continue without updating]을 눌러 업데이트 없이 바로 다음 단계로 넘어간다.

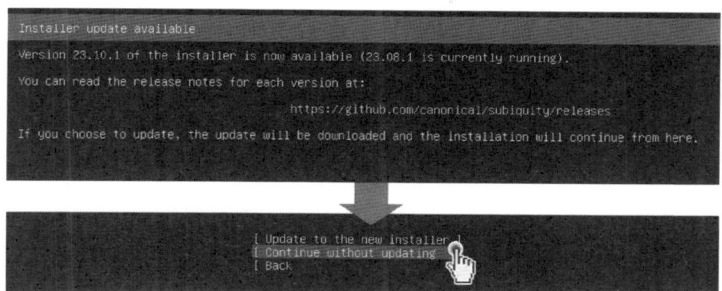

이어서 키보드 언어 설정 페이지가 화면에 나타나는데 마찬가지로 사용자 편의에 맞는 언어를 설정해 주면 된다. 여기서는 [English]로 선택한 뒤, 하단의 [Done]을 눌러 다음 단계로 넘어간다.

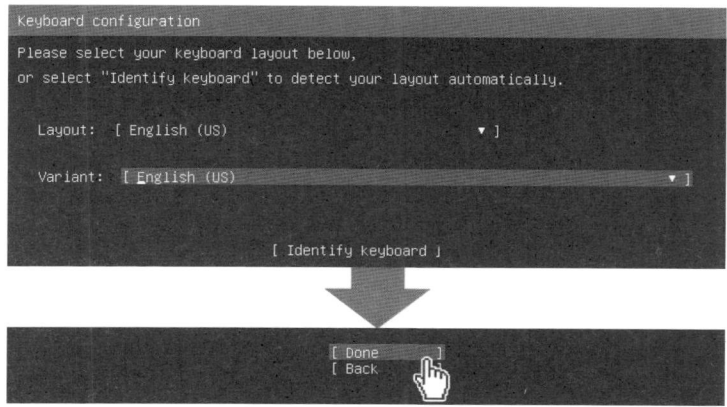

우분투 서버 설치 유형을 묻는다. 여기서는 기본 패키지가 포함된 설치 유형인
'Ubuntu Server' 항목에 '(X)'로 체크하고 하단의 [Done]을 다음단계로 넘어간다.

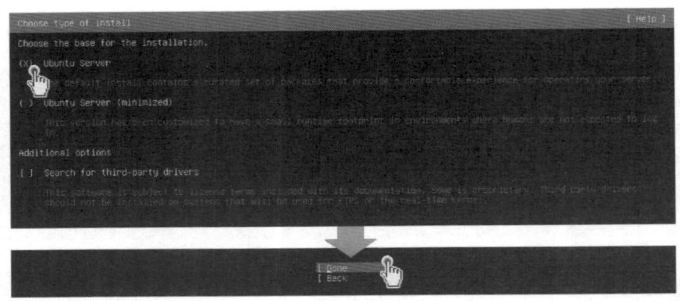

다음과 같이 네트워크 설정 페이지로 넘어오면 보통은 DHCP 서버를 통해 IP
주소가 자동으로 할당된다. 이 IP 주소를 그대로 사용하고자 한다면, 하단의
[Done] 버튼을 눌러 다음 단계로 넘어가면 된다.

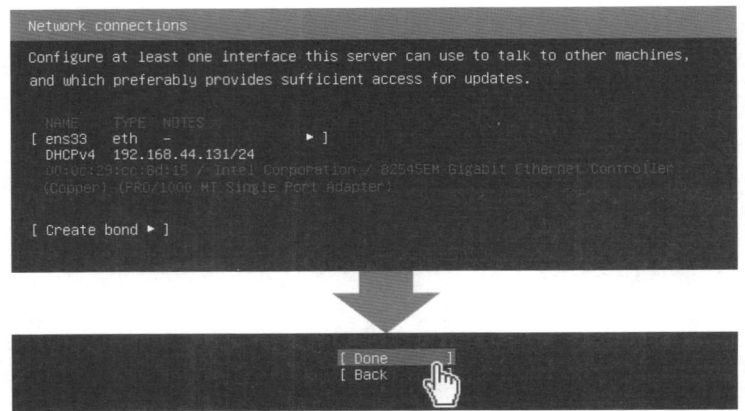

만약 직접 고정 IP 설정을 하려면 다음과 같이 IP 설정을 하려는 이더넷 장치(여기서는 ens33)를 선택한 뒤, [Edit IPv4] 메뉴를 선택한다. 그리고 IPv4 환경 설정 페이지가 출력되면 IPv4 Method를 [Manual]로 설정한다.

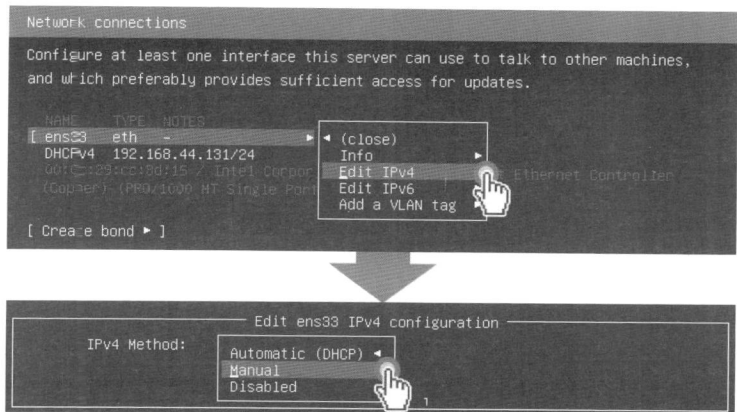

그럼 직접 수정 가능한 고정 IP 주소 설정 페이지가 출력된다. 여기에 설정해 줄 네트워크 정보를 입력한 뒤, 하단의 [Save] 버튼을 눌러 다음 단계로 넘어간다.

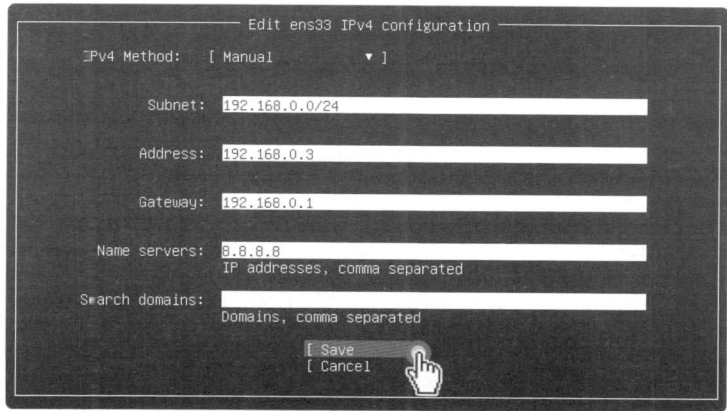

이번에는 프록시(Proxy) 서버 설정 페이지이다. 만약 인터넷 연결 중간에 프록시 서버가 존재한다면 해당 서버의 IP 주소를 입력하면 되고, 없다면 그냥 비워둔 채로 하단의 [Done] 버튼을 눌러 다음 단계로 넘어간다.

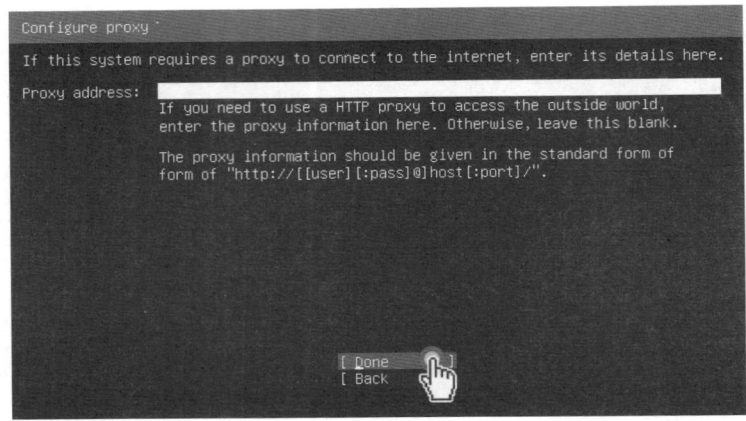

다음으로 우분투 설치 패키지들을 다운로드하기 위한 미러(Mirror) 사이트 설정 페이지가 뜬다. 보통은 다음과 같이 자동으로 가까운 한국 내 미러 사이트가 지정되지만, 변경하고 싶다면 사이트 주소를 입력하고 하단의 [Done] 버튼을 눌러 다음 단계로 넘어간다.

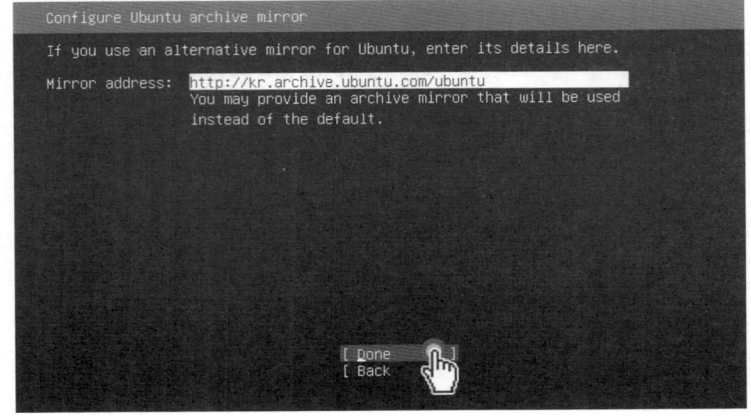

디스크 파티션 설정 페이지이다. 여기서는 전체 디스크 공간을 활용하여 우분투를 설치할 것이므로 'Use an entire disk'를 선택하고 하단의 [Done] 버튼을 누른다.

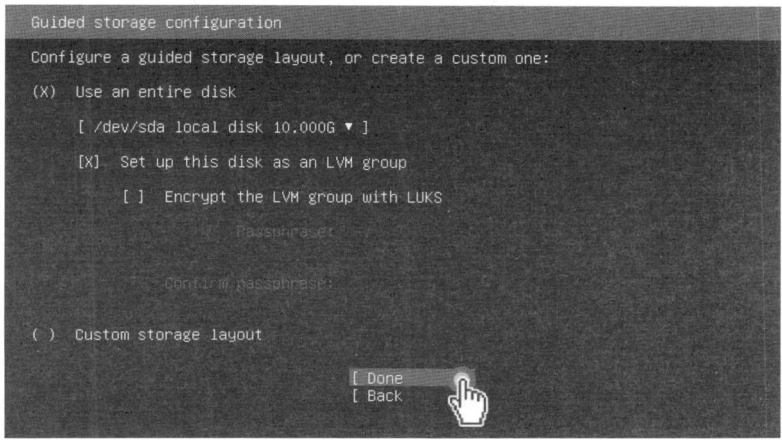

그러면 전체 디스크 공간에 대한 파티션 설정 정보가 출력된다. 변동 사항이 없다면 하단의 [Done] 버튼을 누른다.

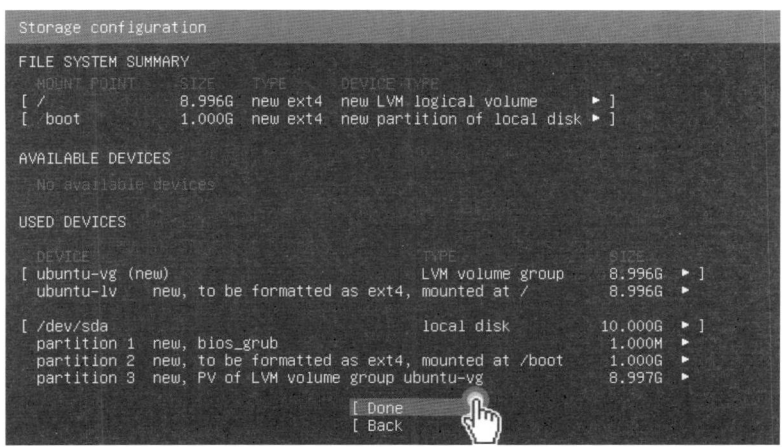

한 번 더 설정한 파티션으로 디스크 공간에 적용할 것인지 팝업 창으로 묻는다. 설정에 최종 이상이 없다면 팝업 창의 [Continue] 버튼을 눌러 다음 단계로 넘어간다.

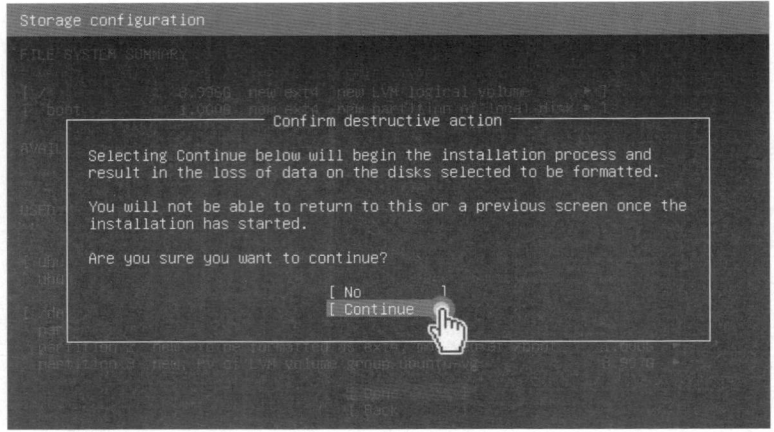

다음으로 사용자 계정 설정 페이지이다. 접속할 사용자의 계정 정보와 우분투 설치 PC의 용도에 맞게 서버 이름을 지정해 주고, 하단의 [Done] 버튼을 누른다.

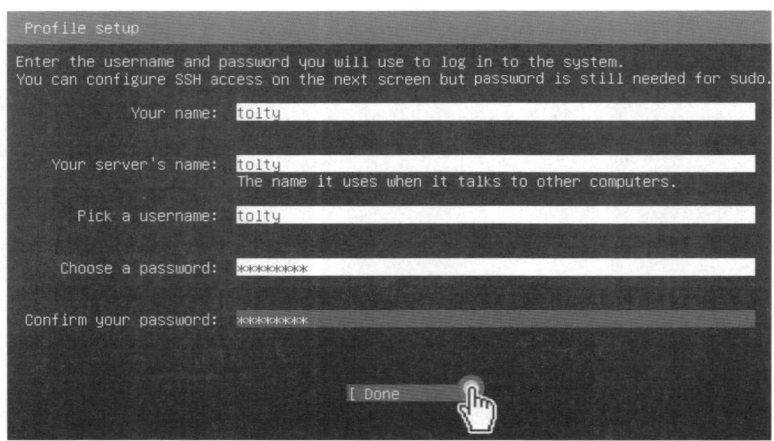

지금 설치하고 있는 우분투 서버를 프로 버전으로 업그레이드할지 묻는다. 어차피 용량만 커지고 지금은 프로 버전까지는 필요가 없으므로 'Skip for now' 항목에 '(X)'로 체크하고 하단의 [Continue] 버튼을 눌러 해당 단계를 그냥 넘어간다.

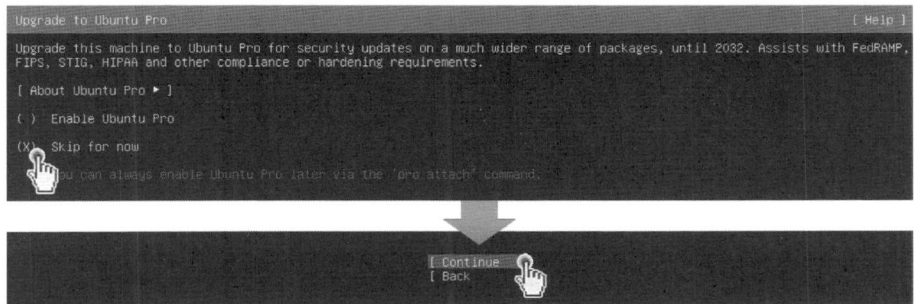

다음은 SSH 터널링 접속을 위한 OpenSSH 설치 여부를 묻는다. OpenSSH는 우분투 설치 완료 후에도 언제든 쉽게 설치할 수 있으나, 여기서는 편의를 위해 'Install OpenSSH server'를 체크하고 하단의 [Done] 버튼을 눌러 다음 단계로 넘어간다.

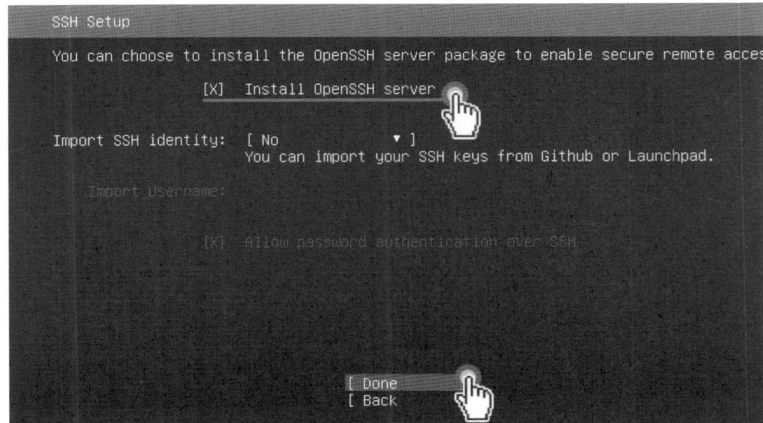

마지막으로 리눅스 응용 소프트웨어 패키지 설치 도구인 스냅(snap)으로 설치 가능한 우분투 응용 소프트웨어를 선택해 준다. Docker, AWS, k8s 등 여러 가지 패키지 목록 중에서 목적에 맞게 선택하면 되는데, 딱히 없다면 그냥 넘어가도 된다. 여기서는 아무것도 선택하지 않고 하단의 [Done] 버튼을 누른다.

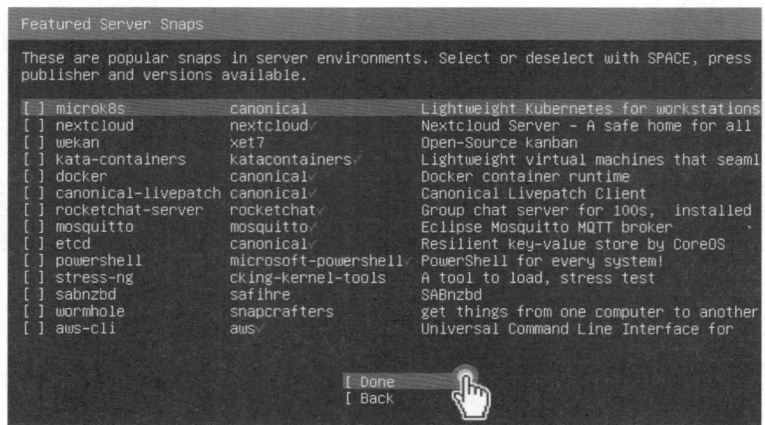

이제 우분투 22.04 LTS 서버 버전의 설치가 시작된다.

설치가 완료된 후, 중간에 보안 업데이트가 진행된다. 업데이트가 다 될 때까지 기다려도 되지만, 꽤 시간이 걸리므로 하단의 [Cancel update and reboot] 버튼을 눌러 보안 업데이트를 취소하고 재부팅한다.

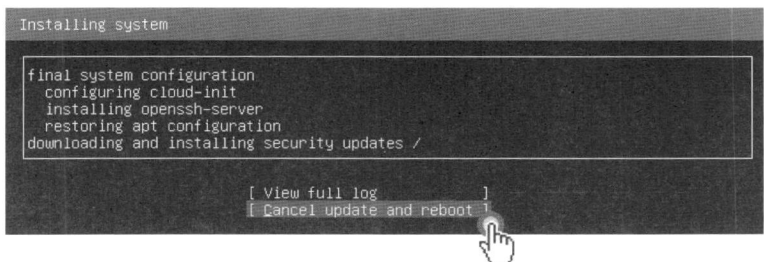

재부팅이 완료되면 다음과 같이 접속 ID와 Password를 묻는다. 앞에서 설정해 준 계정으로 로그인하면 우분투 설치 및 접속 과정까지 모두 완료된다.

```
Ubuntu  22.04.1 LTS
login:
Password:

Welcome to Ubuntu 22.04.1 LTS (GNL/Linux 5.4.0-67-generic x86_64)
Last login: Sat Mar 20 13:59:02 UTC 2021 from 192.168.0.3 on pts/4
$
```

5.1.2 라즈베리 파이3에 우분투 마테(Ubuntu MATE) 20.10 버전 설치

이번 실습에서 SDN 제어기로 연결되는 대부분의 네트워크는 Open vSwitch(이하 OVS) 기반의 가상 네트워크로 구성되지만, 일부 실습에서는 오픈 소스 하드웨어인 라즈베리 파이(Raspberry Pi)를 가지고 직접 SDN 스위치를 만들어 물리 네트워크 환경을 구성한다.

이런 라즈베리파이에는 별도의 운영체제 환경이 필요한데, 여기서는 라즈베리파이를 지원하는 여러 운영체제 중에서 우분투 재단에서 지원하는 오픈 소스 리눅스 배포판인 우분투 마테(Ubuntu MATE) 20.10 버전을 선택하여 라즈베리파이 3B+ 모델에 설치하는 방법을 간단히 소개하겠다.

우분투 마테 설치 이미지 파일 준비

우선 우분투 마테 공식 아카이브 사이트(https://releases.ubuntu-mate.org/archived/20.10/arm64)에 접속하여, 64비트 ARM CPU가 탑재된 라즈베리 파이를 지원하는 우분투 마테 20.10 버전 설치 이미지 압축 파일 'ubuntu-mate-20.10-desktop-arm64+raspi.img.xz'을 다운로드한다.

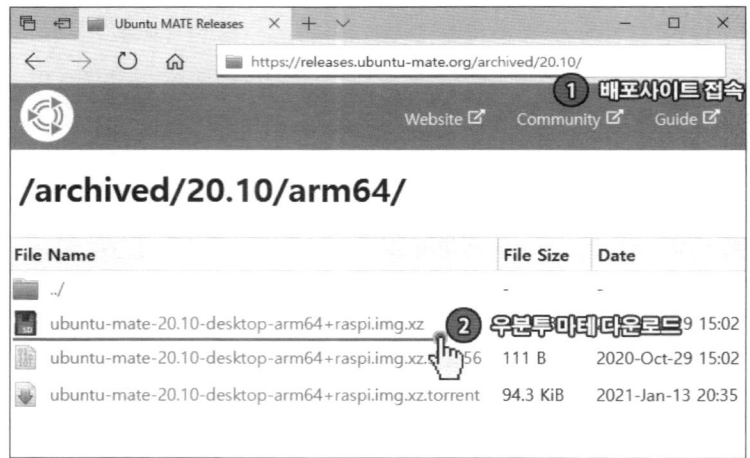

다운로드한 파일은 확장자가 '*.xz'인 무손실 데이터 압축 파일 형식이다. 해당 파일의 압축을 해제하기 위해서는 별도의 응용 소프트웨어가 필요한데 여기서는 '7 ZIP'이라는 오픈 소스 압축 해제 프로그램을 활용하겠다. 이를 위해 7 ZIP 공식 사이트(https://www.7-zip.org)로 접속하여 다음과 같이 사용자 윈도우 운영체제에 맞는 설치 파일을 다운로드한다.

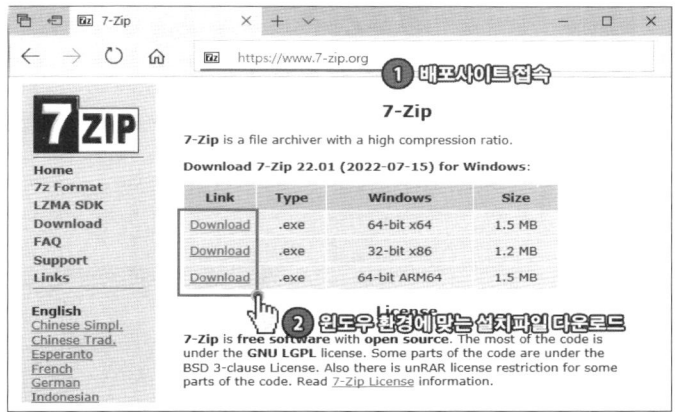

다운로드가 완료되면, 해당 설치 파일을 실행해, 설치 경로를 지정한 후 하단의 〈Install〉 버튼을 눌러 '7 ZIP'을 설치한다. 설치가 완료된 후에는 〈Close〉 버튼을 눌러 설치를 종료한다.

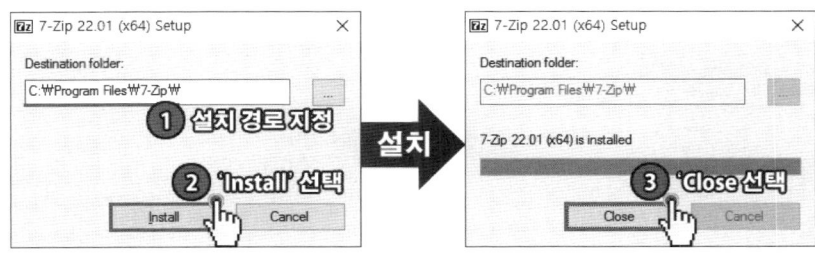

앞서 다운로드한 우분투 마테 이미지 파일에(*.xz) 마우스 오른쪽 버튼을 클릭하여, [7-ZIP]→[여기에 압축 풀기] 순으로 메뉴를 클릭해 '7 ZIP'으로 압축을 해제한다. 그러면 '.img' 확장자를 가지는 우분투 마테 설치 이미지 파일이 다음과 같이 최종 생성된다.

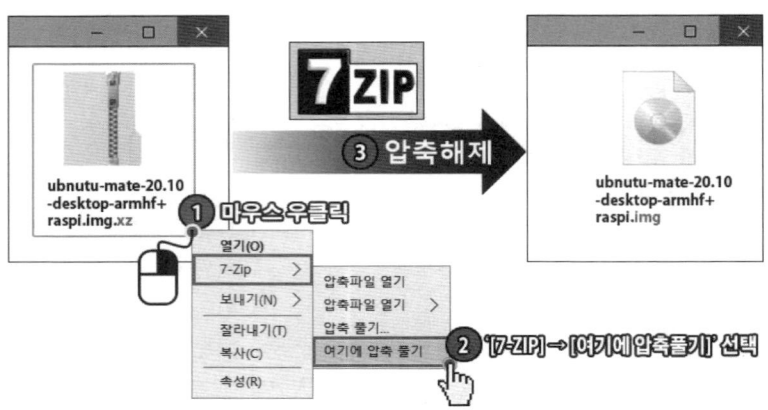

SD 메모리 카드 포맷하기

이렇게 준비된 우분투 마테 설치 이미지 파일을 SD 메모리 카드에 올려 보겠다. 이를 위해 먼저 SD 메모리 카드 포맷부터 해 주어야 하는데, 여기서는 SD 메모리 카드 형식에 대한 표준을 정의하는 미국 비영리 기관인 SD협회(SD Association)의 공식 포맷 프로그램 'SD Memory Card Formatter'를 활용하겠다.

해당 프로그램을 설치하기 위해 SD협회 공식 사이트(https://www.sdcard.org)로 접속하여 [Downloads] → [SD Memory Card Formatter] 메뉴를 클릭한다.

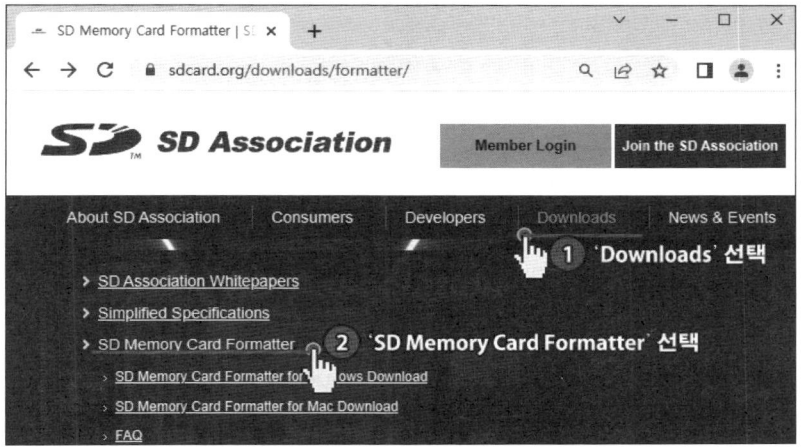

그리고 해당 프로그램을 설치해줄 운영체제 환경을 선택한다. 보통은 Windows 운영체제를 대부분 사용하기 때문에 여기서는 [For Windows] 메뉴를 선택했다.

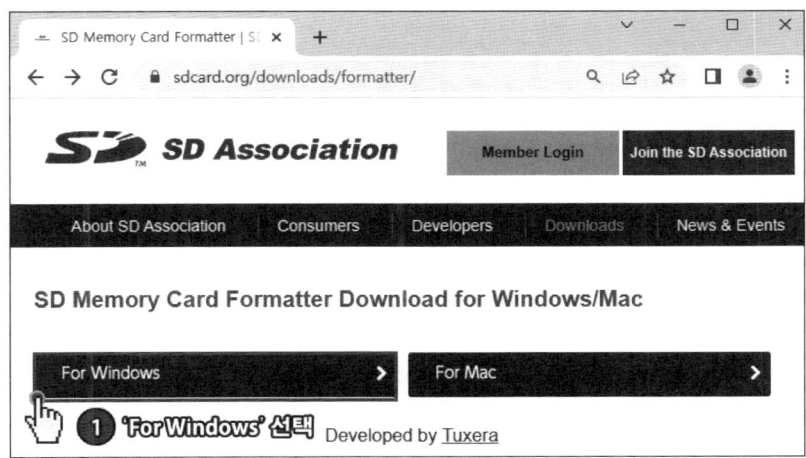

페이지 맨 아래에 있는 〈Accept〉 버튼을 눌러 이용 라이선스에 동의하면 'SD Memory Card Formatter' 프로그램 압축 파일이 다운로드된다.

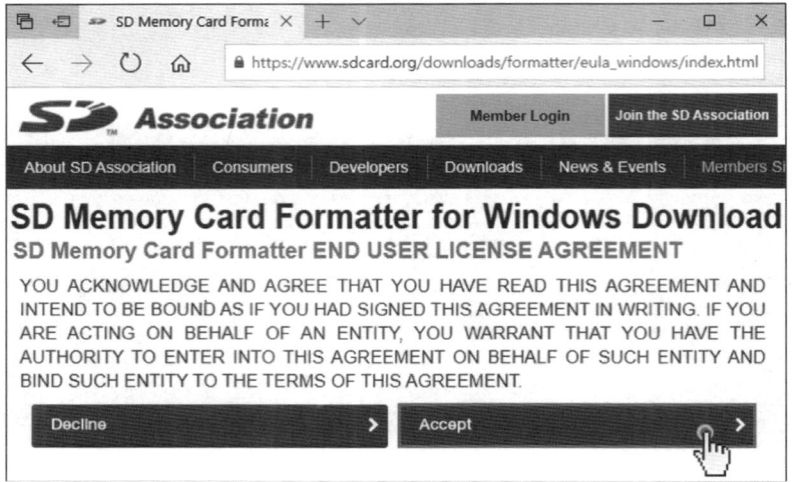

다운로드가 완료되면 압축 파일의 압축을 해제하고, SD Memory Card Formatter 프로그램 설치 마법사를 실행하여 다음과 같이 설치한다.

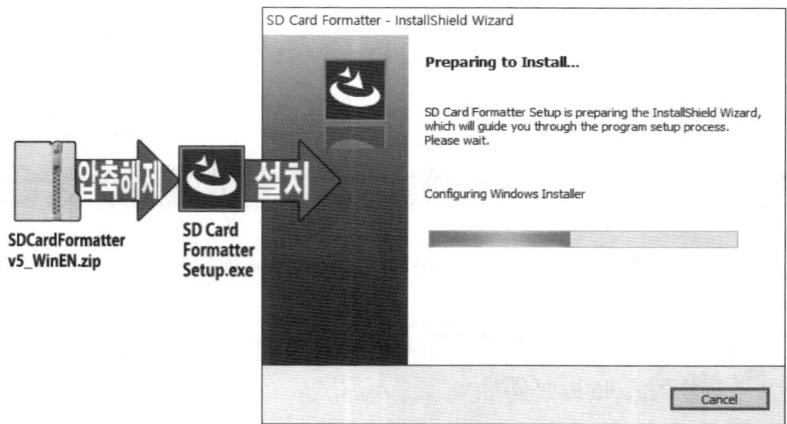

프로그램 설치가 완료되면, SD 메모리 카드(여기서는 Micro SDHC 16GB)를 준비하고 다음과 같이 SD 메모리 카드를 USB 리더기에 꽂은 뒤 PC에 연결해 준다.

그리고 설치한 'SD Memory Card Formatter' 프로그램을 실행시켜 연결된 SD 메모리 카드의 드라이브(여기서는 E:\)를 인식시키고, 하단의 〈Format〉 버튼을 눌러 SD 메모리 영역을 포맷한다.

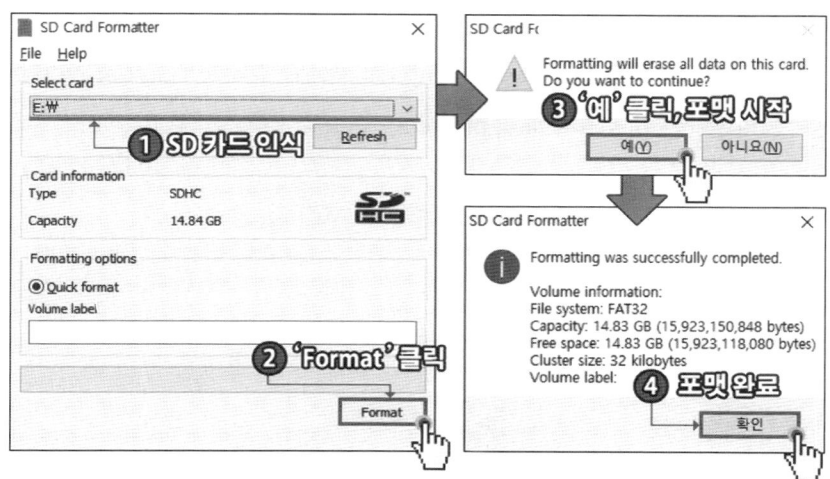

설치 이미지 파일 SD 메모리 카드에 쓰기

이제 포맷이 완료된, SD 메모리 카드에 우분투 마테 설치 이미지 파일을 올려 보자. 우선 CD나 DVD 이미지 파일을 SD 메모리 카드에 쓰기를 도와주는 오픈 소스 프로그램 'Win32 Disk Imager' 설치가 필요하다. 이를 위해 다음과 같이 해당 프로그램의 공식 배포 사이트(https://sourceforge.net/projects/win32diskimager/files/Archive)에 접속한 뒤 최신 버전의 설치파일을 다운로드한다.

이제 다운로드한 설치 파일을 실행해 'Win32 Disk Imager' 프로그램의 설치 마법사를 시작해 준다. 처음에는 다음과 같이 프로그램 이용 라이선스에 동의하는지 묻는데, 동의한다는 내용의 'I accept the agreement'를 선택하고 〈Next〉 버튼을 누른다.

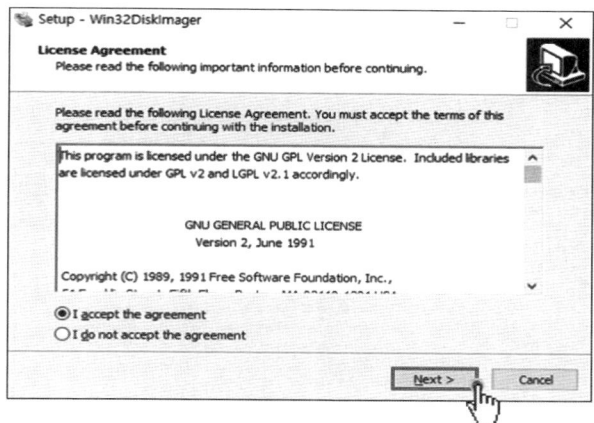

프로그램 설치 위치를 설정한 후 〈Next〉 버튼을 눌러 다음 단계로 진행한다.

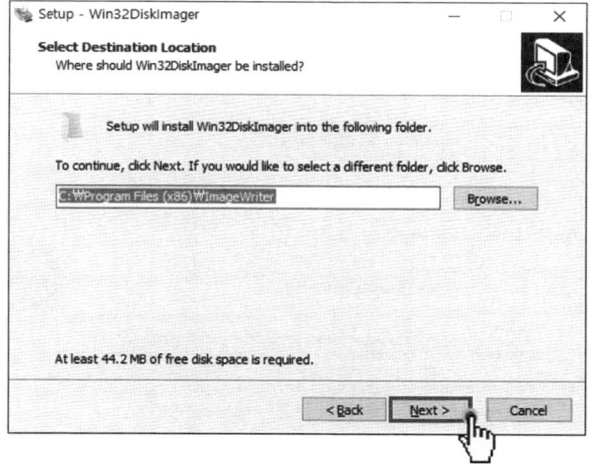

시작 메뉴 폴더에 'Win32 Disk Imager' 프로그램을 설정해 주고, ⟨Next⟩ 버튼을
눌러 다음 단계로 진행한다.

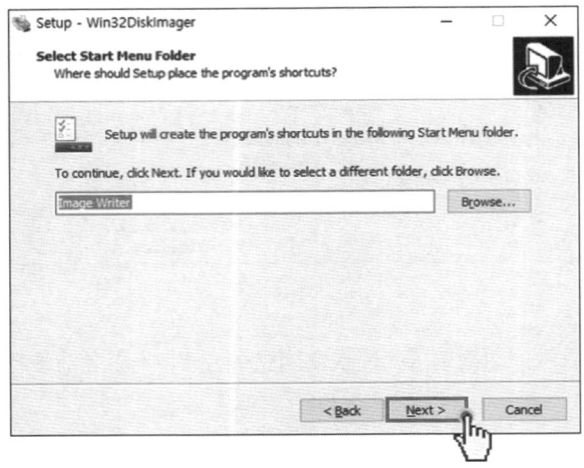

다음으로 바탕 화면에 바로 가기 아이콘을 생성하냐고 묻는데, 일단 무시하고
⟨Next⟩ 버튼을 눌러 다음 단계로 진행한다.

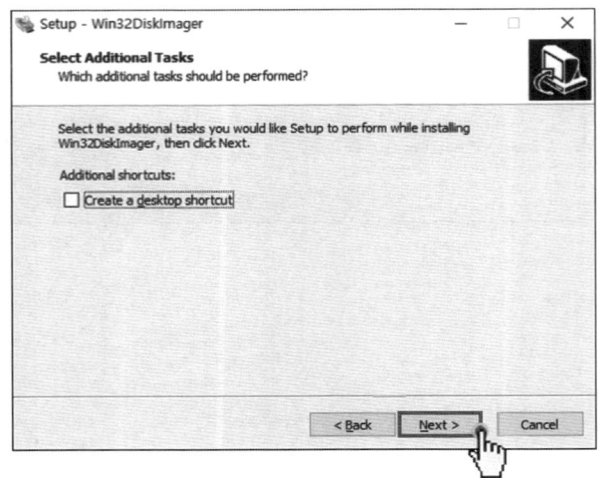

이제 Win32 Disk Imager 프로그램을 설치하기 위한 모든 준비 과정이 끝났다.
〈Install〉 버튼을 눌러 설치를 시작한다.

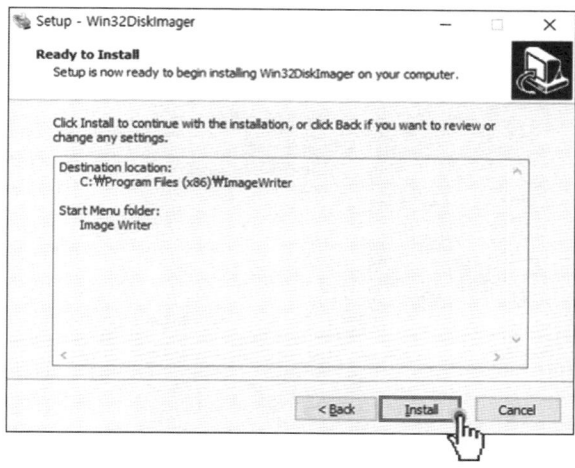

그러면 다음과 같이 설치가 진행되며, 설치 완료까지 약 2~3분 정도 소요된다.

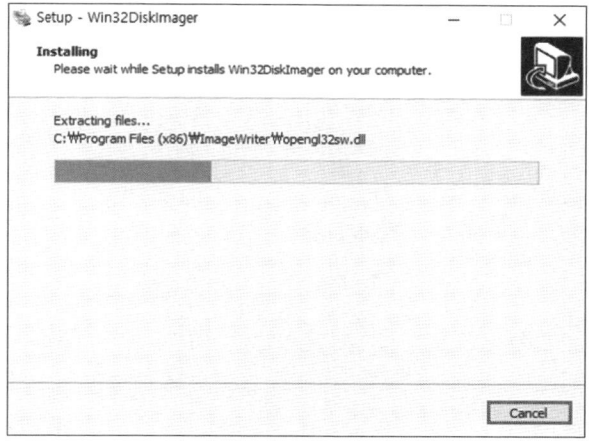

설치가 완료되면 〈Finish〉 버튼을 눌러 설치 마법사를 종료한다.

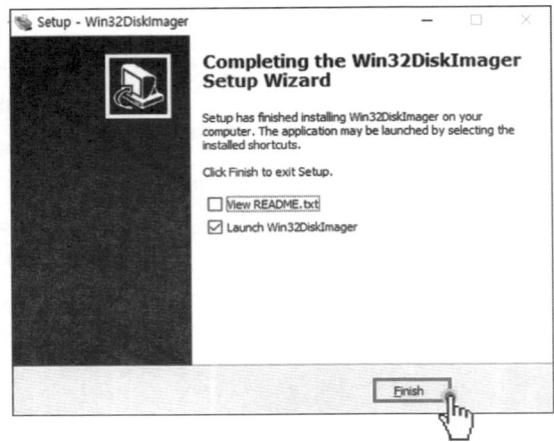

다음으로 이제 앞에서 설치했던 Win32 Disk Imager를 실행하고, SD 메모리 카드가 인식된 드라이버(여기서는 E:\)를 지정한다.

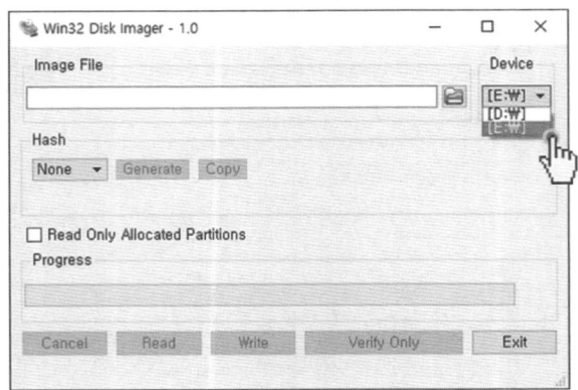

그런 다음, 다운로드한 우분투 마테 설치 이미지 파일의 위치 경로를 지정하고 〈Write〉 버튼을 누른다.

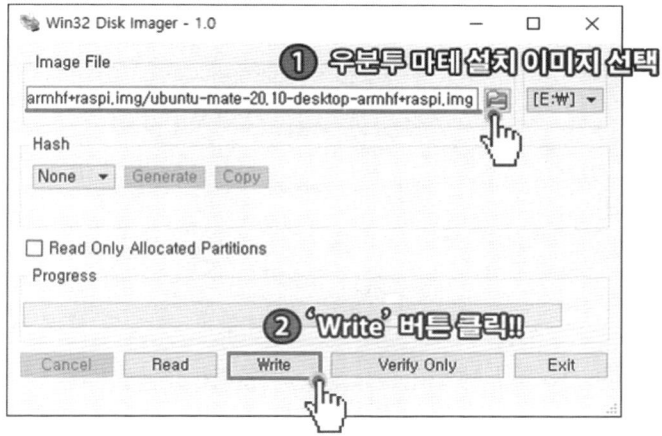

그러면 SD 카드가 손상될 수 있다는 경고 창이 뜨는데, 일단 무시하고 〈Yes〉 버튼을 눌러 SD 카드에 우분투 마테 설치 이미지 쓰기 작업을 시작한다.

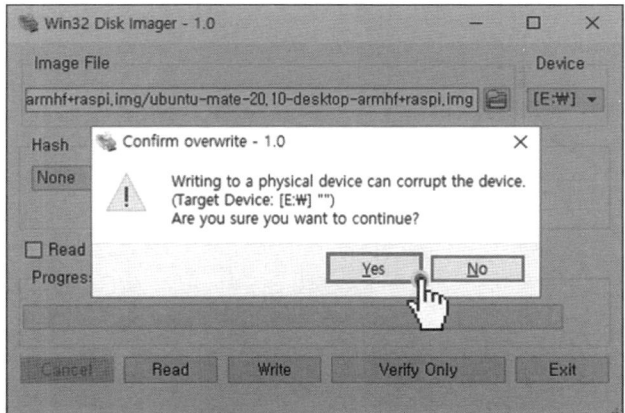

성공적으로 쓰기 작업이 완료되면 'Write Successful'이라는 메시지 창이 화면에 뜬다. 여기서 〈OK〉 버튼을 누르면 이미지 쓰기 작업이 모두 끝난다.

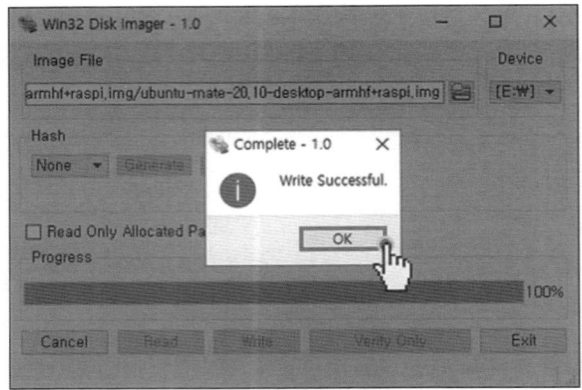

라즈베리 파이 3B+에 우분투 마테(Ubuntu MATE) 설치하기

이제 준비된 SD 메모리 카드를 가지고 라즈베리 파이 3B+ 모델에 우분투 마테를 설치해 보겠다. 이를 위해 다음 그림과 같이 라즈베리 파이 3B+ 모델을 뒤집어서 하단에 준비된 SD 메모리 카드를 삽입한다.

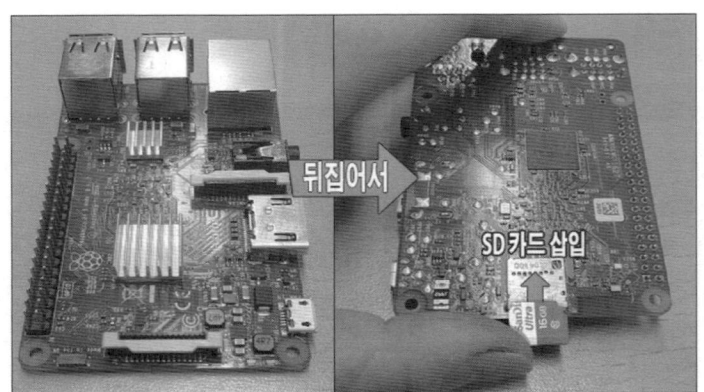

그리고 라즈베리 파이에 HDMI 케이블로 모니터와 연결하고, LAN 포트에는 인터넷 그리고 USB 포트에는 키보드와 마우스를 연결한다.

마지막에 마이크로 5핀 케이블로 라즈베리 파이의 전원을 연결해 주면, 다음과 같이 모니터 화면에 우분투 마테 로고가 출력되면서 설치가 시작된다.

제일 먼저 언어 설정 페이지가 화면에 뜬다. 사용자 편의에 맞는 언어를 설정해 주면 되는데 여기서는 'English'로 선택하고 하단의 〈Continue〉 버튼을 눌러 다음 단계로 넘어간다.

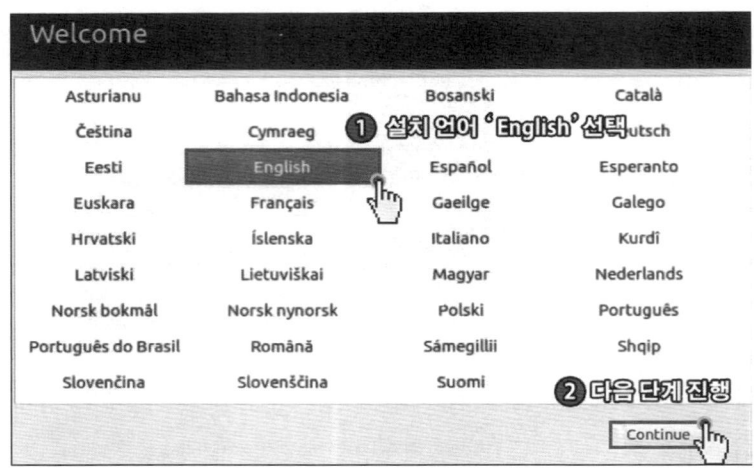

다음으로 키보드 레이아웃을 지정할 수 있는데, 기본값 설정 그대로 'English(US)'를 선택하고 하단의 〈Continue〉 버튼을 눌러 다음 단계로 넘어간다.

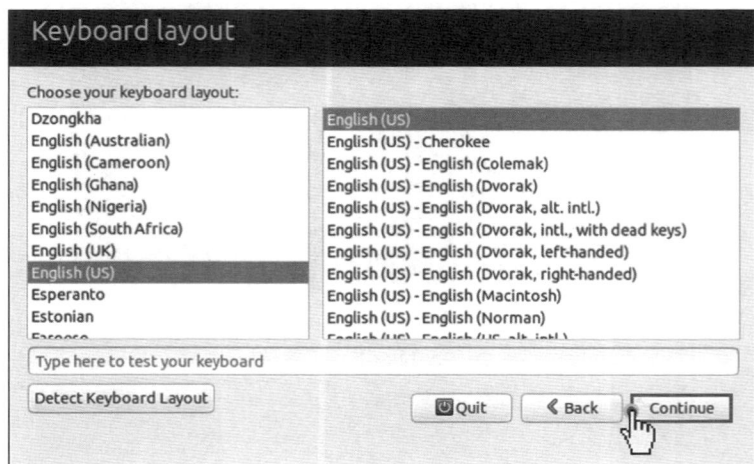

만약 라즈베리 파이가 LAN 포트에 유선으로 인터넷에 연결되어 있지 않을 경우, 다음과 같이 WiFi에 연결하라는 화면이 뜬다. 여기서 연결해 줄 WiFi SSID를 선택한 후, 하단 〈Continue〉 버튼을 눌러 다음 단계로 넘어가자. 물론 당장 WiFi 환경이 구축되어 있지 않다면, '당장 WiFi에 연결하지 않겠다(I don't want to connect to a wi-fi network right now)'는 항목을 선택하여 미연결 상태로 다음 단계로 넘어가도 상관없다.

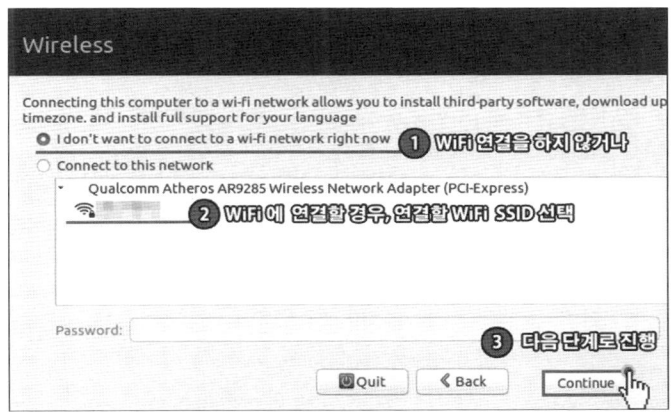

우분투 마테를 설치하는 사용자의 위치(여기서는 Seoul)를 지정해 주고, 〈Continue〉 버튼을 눌러 다음 단계로 넘어간다.

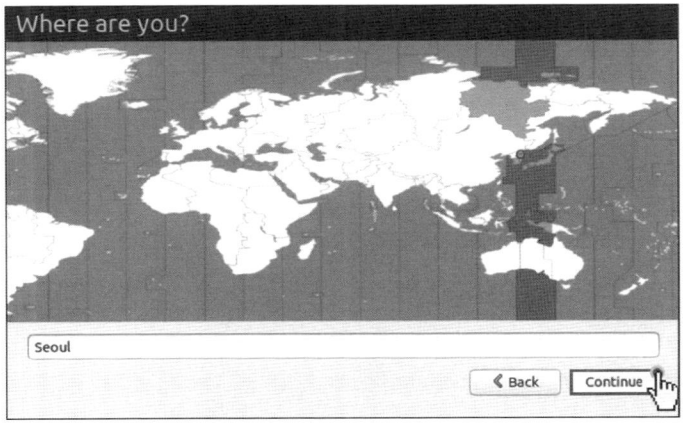

마지막으로 우분투 마테(Ubuntu MATE)를 이용하는 사용자 계정 정보를 입력해 주고, 〈Continue〉 버튼을 눌러 다음 단계로 넘어간다.

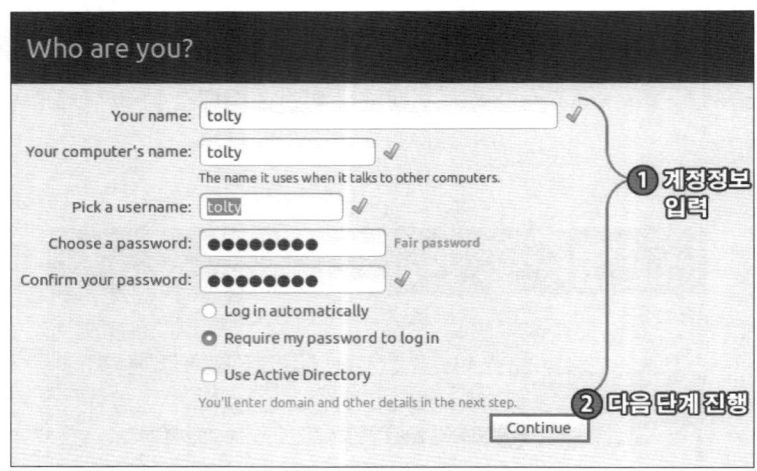

모든 설정이 완료되면 우분투 마테 설치가 진행된다.

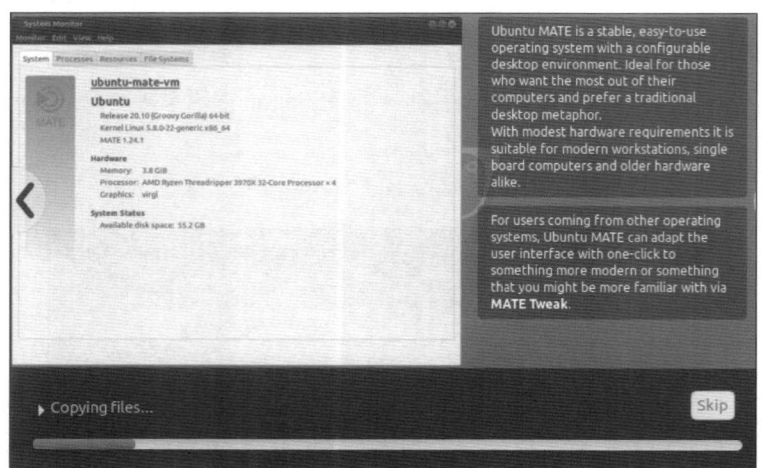

10~20분쯤 지나면 모든 설치가 완료된다.

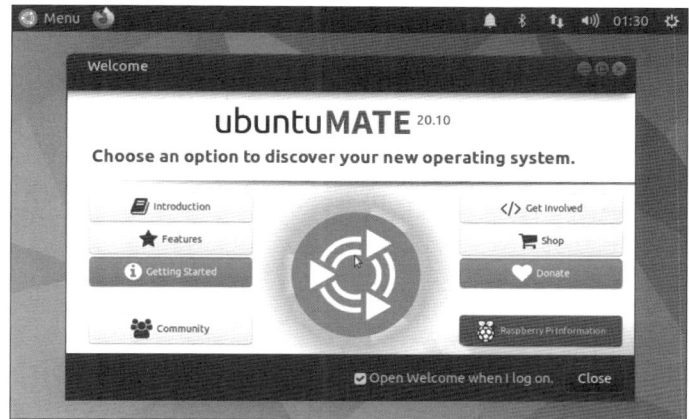

5.1.3 우분투 네트워크 설정하기

우분투 네트워크 설정 도구, Netplan과 YAML

이번에는 우분투 운영체제 환경에서 네트워크 설정 방법을 알아보자. 우분투는 17.10 버전 이상부터 Netplan이라는 새로운 네트워크 설정 도구가 적용되었는데, 기본적으로 YAML 파일을 사용하여 네트워크 인터페이스별 IP, 게이트웨이, DNS 설정 등을 수행할 수 있다. 여기서 YAML은 XML, JSON과 함께 가장 보편적으로 사용되는 데이터 정의 양식이다.

YAML이란 이름은 'YAML Ain't Markup Language'의 약자로, 그대로 해석하면 'YAML은 마크업 언어가 아니다'라는 재귀적인 이름에서 유래하고 있다. 이는 YAML이 단순히 데이터의 구조를 표시하는 마크업 언어가 아니라 데이터를 표현하는 하나의 정의 양식임을 의미한다.

YAML에서 데이터 표현 방식은 여러 가지가 있는데, 네트워크 설정 방식에서는 기본적으로 [그림 5-1]과 같이 '해시(hash)' 방식의 표현 방법만 알면 된다. 해시는

콜론(:)을 이용해 '키(key): 값(value)' 형태로 하나의 요소를 표현하는 방법으로, 표기 형식을 보면 값은 콜론 뒤에 한 칸의 공백을 둔다.

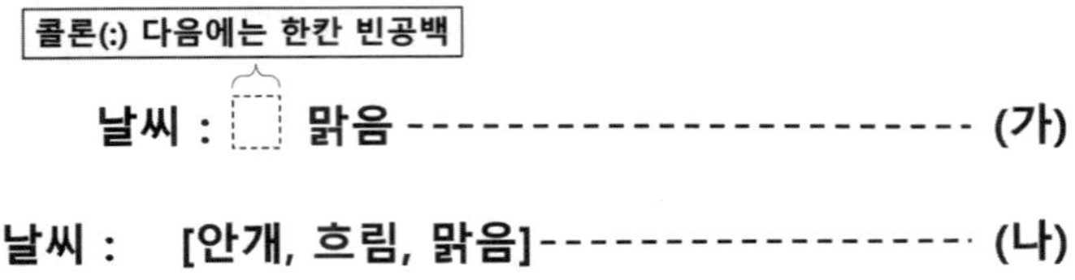

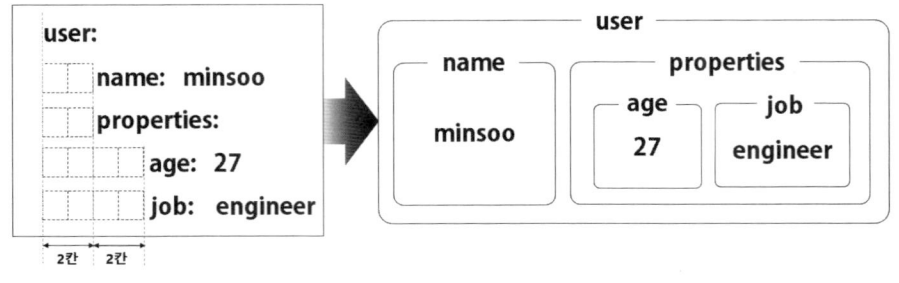

[그림 5-1] YAML의 데이터 표현 방식

여기서 '키'는 설정 내용을 의미하고, '값'은 '키'에 해당하는 설정값이라고 이해하면 된다. 예를 들어 '날씨가 맑다'라는 명제를 '키: 값' 형태로 표현하자면 [그림 5-1]의 (가)와 같이 '날씨'라는 설정 내용에, '맑음'이라는 설정값을 대응시켜 '날씨: 맑음'이라고 표현할 수 있다.

또한 [그림 5-1]의 (나)와 같이 값을 대괄호([ ])를 이용하여 여러 개의 배열 형태로 표현할 수도 있다. 예를 들어 '날씨'라는 설정 내용에 대응되는 값이 '안개', '흐림', '맑음' 이렇게 세 가지가 있다면, 이를 대괄호로 묶어 '날씨: [안개, 흐림, 맑음]'이라는 하나의 요소로 표현할 수 있다.

[그림 5-2] 들여쓰기를 통해 구분하는 데이터의 계층 구조

그리고 이런 기본적인 해시 구조에서는 들여쓰기 방식을 통해 데이터를 계층 구조 형태로 나타낼 수 있다. 예를 들면 [그림 5-2]와 같이 단순 들여쓰기를 통해 'user'라는 키에 해당하는 값들을 'name'과 'properties'라는 동일한 계위의 두 개 하위 그룹으로 구분할 수 있다. 이때의 들여쓰기는 키보드의 〈Space bar〉로 2칸의 공백을 두어 표현한다.

자! 여기까지 기본적인 YAML을 통한 데이터 표현 방식에 대해 알아봤다. 이어서 YAML을 가지고 어떻게 Netplan을 통해 네트워크 설정을 하는지 알아보자.

Netplan으로 네트워크 설정하기

다음 [그림 5-3]과 같이 인터넷과 연결된 유무선 공유기에 우분투 22.04 버전이 설치된 PC 한 대가 유선 이더넷 인터페이스 'eth0'을 통해 연결되어 있다고 하자. 여기서 PC가 유무선 공유기를 통해 인터넷에 연결될 수 있도록, Netplan 도구로 eth0 인터페이스에 IP 주소는 '192.168.4.3/24', 게이트웨이 주소는 공유기와 동일한 주소인 '192.168.4.1'로 설정하여, 해당 PC가 유무선공유기를 통해 인터넷과 통신이 되도록 설정해 보겠다.

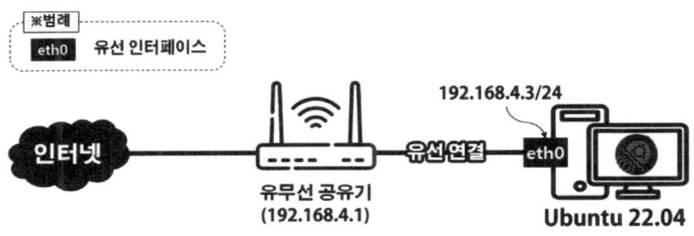

[그림 5-3] Netplan으로 설정할 네트워크 구조

먼저 우분투가 설치된 PC에 터미널로 접속하여, Netplan으로 네트워크 설정을 위한 YAML 파일을 다음과 같이 생성한다. 보통은 '/etc/netplan/' 디렉터리에

확장자가 *.yaml인 YAML 파일이 기본적으로 미리 생성되어 있으나 해당 파일이 없는 경우에는 다음처럼 Netplan 도구로 생성하면 된다.

```
$ sudo netplan generate
```

이제 'eth0' 인터페이스에 준비된 네트워크 설정을 위해서, 다음과 같이 '/etc/netplan/' 디렉터리에 확장자가 *.yaml인 YAML 파일을 편집기로 열어준다. YAML 파일 이름은 우분투 버전에 따라 다를 수 있다. 파일 내용을 보면 기본적으로 eth0 인터페이스는 dhcp로 설정되어 공유기를 통해 자동으로 IP를 할당 받도록 설정된 것을 알 수 있다.

```
$ sudo vi /etc/netplan/00-installer-config.yaml
```

```
01 : network:
02 :   version: 2
03 :   ethernets:
04 :     eth0:
05 :       dhcp4: true
```

여기서는 고정 IP로 설정해 줄 것이기 때문에, 다음과 같이 dhcp4 값을 'no'라고 설정하고, eth0 인터페이스의 IP 주소는 '192.168.4.3/24', 기본 게이트웨이 주소는 유무선 공유기 주소와 동일한 '192.168.4.1', 도메인 네임 서버(DNS, Domain Name Server) 주소는 Google DNS 서버 주소인 '8.8.8.8'로 YAML 파일 내용을 수정해 저장한다.

```
$ sudo vi /etc/netplan/00-installer-config.yaml
```

```
01 : network:
02 :   ethernets:
03 :     ens33:
04 :       dhcp4: no
05 :       addresses: [192.168.4.3/24]
06 :       routes:
07 :         - to: default
08 :           via: 192.168.4.1
09 :       nameservers:
10 :         addresses: [8.8.8.8]
11 :   version: 2
```

YAML 파일의 세부 옵션 내용은 다음의 표를 참조하도록 하자.

옵션명		옵션 내용
dhcp4: no		DHCP 자동 할당 방식이 아닌 고정 IP 설정으로 적용
addresses: [192.168.4.3/24]		eth0 인터페이스에 IP 주소를 192.168.4.3/24로 지정
routes:	-to: default	'192.168.4.1'을 기본 게이트웨이로(Default Gateway) 지정
	via: 192.168.4.1	
nameservers:	addresses: [8.8.8.8]	DNS 서버 주소를 '8.8.8.8'(Google DNS 주소)로 지정

이제 저장한 해당 YAML 파일의 내용을 Netplan 도구로 시스템에 적용한다.

```
$ sudo netplan apply
```

이후 eth0 인터페이스를 조회해 보면 다음과 같이 성공적으로 IP 주소 '192.168.4.3'이 할당된 것을 알 수 있다.

```
$ ifconfig eth0

eth0    Link encap:Ethernet  HWaddr 00:0c:29:1d:82:b0
        inet addr:192.168.4.3  Bcast:192.168.4.255  Mask:255.255.255.0
        inet6 addr: fe80::20c:29ff:fe1d:82b0/64 Scope:Link
        UP BROADCAST RUNNING MULTICAST  MTU:1500  Metric:1
        RX packets:653 errors:0 dropped:0 overruns:0 frame:0
        TX packets:326 errors:0 dropped:0 overruns:0 carrier:0
        collisions:0 txqueuelen:1000
        RX bytes:105023 (105.0 KB)  TX bytes:39453 (39.4 KB)
```

라우팅 테이블을 조회해 보면, 다음처럼 기본적으로 eth0 인터페이스를 통해 데이터를 주고받을 수 있으며 특히 외부망과 통신할 때는 기본 게이트웨이 주소 '192.168.4.1'로 지정된 유무선 공유기로 데이터가 전달됨을 알 수 있다.

```
$ sudo route
Kernel IP routing table
Destination     Gateway         Genmask         Flags Metric Ref    Use Iface
default         192.168.4.3     0.0.0.0         UG    0      0        0 eth0
192.168.4.0     0.0.0.0         255.255.255.0   U     0      0        0 eth0
```

네트워크 통신 확인하기

이번에는 [그림 5-4]와 같이 앞서 설정한 네트워크 환경에서 PC가 eth0 유선 인터페이스를 통해 데이터를 보내 외부 인터넷망을 거쳐 Google DNS 서버(8.8.8.8)까지 통신이 가능한지 확인해 보겠다.

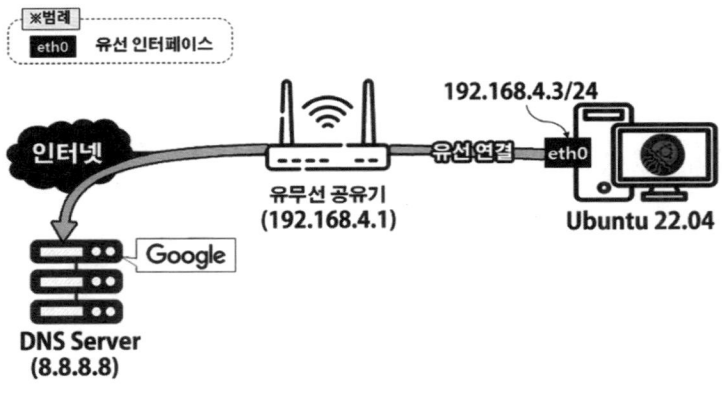

[그림 5-4] Google DNS 서버로 외부망 통신 테스트 과정

우분투 PC에 터미널 접속하여 현재 패키지 저장소의 소스파일 리스트를 최신화 업데이트 해주고, 데이터 패킷 경로 추적도구인 'traceroute' 도구를 설치해준다.

```
$ sudo apt-get update && sudo apt-get install -y traceroute
```

다음과 같이 'traceroute' 도구로 Google 도메인 서버(8.8.8.8)까지의 경로를 추적해보면, eth0 인터페이스를 통해 데이터는 게이트웨이 주소가 '192.168.4.1' 인 유무선공유기를 거쳐 외부 인터넷망의 여러노드를 통해 최종적으로 10번째에 Google DNS 서버(8.8.8.8)까지 전달됨을 알 수 있다.

```
$ traceroute 8.8.8.8
traceroute to 8.8.8.8 (8.8.8.8), 30 hops max, 60 byte packets
 1  192.168.4.1 (192.168.4.1)  2.172 ms  3.035 ms  3.137 ms
 .....
10  dns.google (8.8.8.8)  42.631 ms  46.750 ms  42.605 ms
```

또한 굳이 'traceroute' 도구가 아니더라도 실제 Google DNS 서버(8.8.8.8)로 Ping 메시지 보내는 것으로도 간단하게 인터넷을 통해 통신이 이루어지는 것을 확인할 수 있다.

```
$ ping -c 3  8.8.8.8

PING 8.8.8.8 (8.8.8.8) 56(84) bytes of data.
64 bytes from 8.8.8.8: icmp_seq=1 ttl=128 time=32.8 ms
64 bytes from 8.8.8.8: icmp_seq=2 ttl=128 time=31.7 ms
64 bytes from 8.8.8.8: icmp_seq=3 ttl=128 time=31.5 ms
--- 8.8.8.8 ping statistics ---
3 packets transmitted, 3 received, 0% packet loss, time 2025ms
rtt min/avg/max/mdev = 31.546/32.047/32.883/0.629 ms
```

5.1.4 도커(Docker) 컨테이너 환경 구축

컨테이너 기술이란?

우분투가 호스트 운영체제로 설치된 시스템 환경에서 SDN 제어기를 직접 설치해 실행할 경우, SDN 제어기 기능 동작에 필요한 관련 애플리케이션들은 [그림 5-5]의 (ㄱ)과 같이 호스트 운영체제를 통하여(메모리, CPU, 스토리지 등의) 물리 인프라 자원들을 직접 이용해 실행되기 때문에 자원 활용의 효율성이 높다. 하지만 반대로 생각하면 특정 애플리케이션이 자원을 과도하게 사용할 경우 다른 애플리케이션의 성능에도 영향을 미칠 수 있으므로 자원을 목적에 맞게 격리하여 활용할 필요가 있다. 그래서 등장한 기술이 바로 가상머신(Virtual Machine)이다.

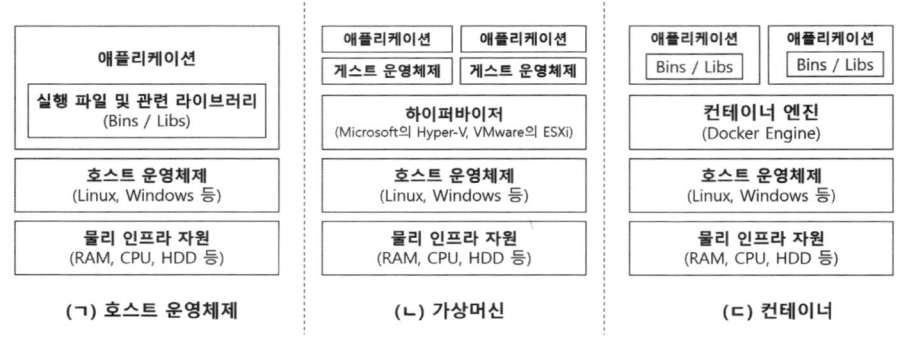

[그림 5-5] 호스트 운영체제, 가상머신, 컨테이너별 애플리케이션 실행 구조

가상머신은 [그림5-5]의 (ㄴ)과 같으며, 호스트 운영체제 위에서 실행되는 하이퍼바이저(Hypervisor)란 소프트웨어를 통해 물리 인프라 자원을 가상화하고 해당 자원을 할당받아 구성된 가상의 시스템 환경을 말한다. 여기서 애플리케이션은 가상머신 내 게스트 운영체제(Guest Operating System) 환경에서 하이퍼바이저를 통해 할당받은 가상 자원을 활용하여 실행되기 때문에, 하나의 물리 시스템 안에 여러 개의 가상머신을 생성하여 각기 다른 운영체제 환경의 여러 가지 애플리케이션들을 실행할 수 있다. 하지만 물리 인프라 자원을 하이퍼바이저를 통해 가상화하고 해당 자원을 할당받아 기존 호스트 운영체제 위에 또 다른 운영체제 환경을 다시 한번 더 구축하는 방식이기 때문에, 호스트 운영체제에서 애플리케이션을 직접 실행할 때보다 실행 시간이 더 오래 걸리고 더 많은 자원을 소모한다. 그래서 이를 좀 더 개선하여 등장한 가상화 기술이 바로 컨테이너(Container)다. 기존 가상머신이 하이퍼바이저를 통해 여러 개의 게스트

운영체제를 띄워야 했다면, 컨테이너는 호스트 운영체제와 커널을 공유하기 때문에 [그림 5-5]의 (ㄷ)과 같이 별도 게스트 운영체제 설치없이도 컨테이너 기반 가상 실행 환경을 제공하는 컨테이너 엔진을 통해 바로 애플리케이션 실행이 가능하다. 그만큼 가상머신에 비해 더 적은 자원을 소모하며 애플리케이션 실행 속도가 빠르다.

특히 본격적인 실습에서는 우분투 호스트 운영체제에서 SDN 제어기를 직접 설치해 실행하는 방법 외에도 이런 컨테이너 가상화 기술을 이용하여 별도의 설치 과정 없이 패키징된 이미지 형태로 바로 SDN 제어기를 실행하는 방법을 함께 다룬다. 그래서 실습을 위한 사전 준비 과정으로 먼저 우분투 22.04 LTS 버전의 리눅스 운영체제 환경에서 대표적인 오픈소스 컨테이너 엔진인 도커(Docker)를 활용하여 컨테이너 환경을 구축하는 방법부터 간단히 소개해 보겠다.

우분투(Ubuntu) 22.04에 도커(Docker) 설치하기

우선 우분투 22.04 기본 패키지 저장소에서는 도커(Docker)를 지원하지 않는다. 그래서 우분투를 지원하는 각종 실행 파일 및 라이브러리가 패키지 단위로 관리되는 APT(Advanced Packagfe Tool) 패키지 저장소 목록에 도커를 추가하기 위한 몇 가지 절차가 필요한데, 일단 다음과 같이 우분투가 설치된 시스템에 터미널로 접속하여 기본 패키지 저장소의 목록을 최신으로 업데이트해 주고, 도커 설치 및 동작에 필요한 기본 패키지들을 설치한다.

```
$ sudo apt-get update && \
> sudo apt-get install apt-transport-https ca-certificates curl gnupg lsb-release
```

> **[보충수업] 실행 명령어 마지막에 '\'(backslash, 역슬래시)를 붙이는 이유?**
>
> 터미널 입력창에서 명령어를 입력 후 〈Enter〉를 누르면, 행이 바뀌면서 새로운 명령을 입력할 수 있다. 그런데 명령어에 적용되는 옵션이 많은 경우 실행 명령어의 길이가 너무 길어져 가독성이 떨어지는 문제가 있다. 그래서 명령어 중간에 '\'(backslash, 역슬래시)를 끝에 삽입하면 〈Enter〉를 입력해도 명령어를 이어서 실행할 수 있다.

이때 설치되는 기본 패키지와 각 패키지의 역할은 다음과 같다.

설치 패키지명	패키지 역할
apt-transport-https	HTTPS를 통해 저장소의 데이터 및 패키지에 접근할 수 있도록 지원
ca-certificates	CA(Certificate Authority, 인증기관)에서 발행되는 디지털 서명, SSL 인증서 기반의 인증 지원 패키지
curl	(주로 웹 API 등)다양한 통신 프로토콜을 통해 서버와 데이터 송수신을 지원하는 명령어 도구
gnupg	데이터를 암호화하고 전자 서명을 만들 수 있는 오픈 소스 암/복호화 도구(=GNU Privacy Guard의 약자로, GPG라고도 함)
lsb-release	리눅스 배포판 식별 및 버전을 확인하기 위한 도구

기본 패키지 설치가 완료되면, 이 중 설치된 cURL 도구로 도커에서 공식 배포하는 GPG 공개키를 다운로드하고 이를 'docker-archive-keyring.gpg' 파일로 변환해 저장한다.

```
$ curl -fsSL https://download.docker.com/linux/ubuntu/gpg | \
> sudo gpg --dearmor -o /usr/share/keyrings/docker-archive-keyring.gpg
```

이제 APT 패키지 저장소 목록에 도커 저장소를 추가하기 위해 다음과 같이 앞에서 저장한 GPG 공개키 위치(/usr/share/keyrings/docker-archive-keyring.gpg), Docker 공식 배포 경로(https://download.docker.com/linux/ubuntu) 그리고 도커 버전 정보를 'stable'로 지정하고 이를 APT 패키지 저장소 정보가 저장되는 '/etc/apt/sources.list.d/' 경로에 docker.list 파일로 등록한다.

```
$ echo \
> "deb [arch=amd64 signed-by=/usr/share/k u $(lsb_release -cs) stable" | \
> sudo tee /etc/apt/sources.list.d/docker.eyrings/docker-archive-keyring.gpg] \
> https://download.docker.com/linux/ubuntlist > /dev/null
```

이제 패키지 목록을 최신상태로 업데이트해주고, **필수 도커** 패키지를 설치해 준다.

```
$ sudo apt-get update && \
> sudo apt-get install -y docker-ce docker-ce-cli containerd.io
```

이때 설치되는 필수 패키지와 각 패키지의 역할은 다음과 같다.

설치 패키지명	패키지 역할
docker-ce	컨테이너 런타임 환경을 제공하는 CE(Communication Edition) 버전의 도커 엔진
docker-ce-cli	도커 엔진을 지원하는 명령어 입력 도구
containerd.io	로컬 시스템의 컨테이너 입출력을 위한 데몬

설치가 끝난 후 도커 버전을 조회해 보면 ('23년 12월 기준) 24.0.7 버전이 설치된 것을 알 수 있다.

```
$ docker version

Client: Docker Engine - Community
 Version:           24.0.7
 API version:       1.43
 Go version:        go1.20.10
 Git commit:        afdd53b
 Built:             Thu Oct 26 09:07:41 2023
 OS/Arch:           linux/amd64
 Context:           default
```

설치된 도커 기본 네트워크 분석하기

이번에는 설치가 완료된 도커의 기본 네트워크를 한번 분석해 보겠다. 일단 설치된 도커의 네트워크 정보를 조회해 보면 다음과 같이 'bridge', 'host', 'none' 3가지 이름의 네트워크가 기본적으로 생성된 것을 알 수 있다.

```
$ sudo docker network ls
NETWORK ID      NAME       DRIVER    SCOPE
761689945adf    bridge     bridge    local
d0d345cb433a    host       host      local
8b64b61978a9    none       null      local
```

이 중 'bridge' 네트워크의 상세 정보를 다음처럼 조회해 보면, '172.17.0.0/16'으로 서브넷이 설정되어 있으며 해당 대역의 IP 주소인 '172.17.0.1'은 'docker0'라는 브릿지의 게이트웨이 주소로 할당된 것을 알 수 있다.

```
$ sudo docker network inspect bridge
[
    {
        "Name": "bridge",
        "Id": "147270cd9275db9bd25a539bc1d8c76f7c155050f124ae5e810a833c5eaea683",
        "Created": "2023-12-12T03:00:34.882323564Z",
        "Scope": "local",
        "Driver": "bridge",
        "EnableIPv6": false,
        "IPAM": {
            "Driver": "default",
            "Options": null,
            "Config": [
                {
                    "Subnet": "172.17.0.0/16",
                    "Gateway": "172.17.0.1"
                }
            ]
        },
        "Internal": false,
        "Attachable": false,
        "Ingress": false,
        "ConfigFrom": {
            "Network": ""
        },
        "ConfigOnly": false,
        "Containers": {},
        "Options": {
            "com.docker.network.bridge.default_bridge": "true",
            "com.docker.network.bridge.enable_icc": "true",
            "com.docker.network.bridge.enable_ip_masquerade": "true",
```

```
                "com.docker.network.bridge.host_binding_ipv4": "0.0.0.0",
                "com.docker.network.bridge.name": "docker0",
                "com.docker.network.driver.mtu": "1500"
        },
        "Labels": {}
    }
]
```

그리고 실제 도커가 설치된 시스템의 네트워크 인터페이스 정보를 다음과 같이 조회해 보면 'docker0' 브릿지에는 게이트웨이 주소 '172.17.0.1', 서브넷 마스크 '255.255.0.0'이 할당된 것을 알 수 있다.

```
$ ifconfig docker0

docker0: flags=4099<UP,BROADCAST,MULTICAST>  mtu 1500
        inet 172.17.0.1  netmask 255.255.0.0  broadcast 172.17.255.255
        ether 02:42:5c:c0:fb:bb  txqueuelen 0  (Ethernet)
        RX packets 0  bytes 0 (0.0 B)
        RX errors 0  dropped 0  overruns 0  frame 0
        TX packets 0  bytes 0 (0.0 B)
        TX errors 0  dropped 0 overruns 0  carrier 0  collisions 0
```

기본적으로 별도의 네트워크 설정 없이 컨테이너를 생성할 경우, 해당 컨테이너는 브릿지 'docker0'에 연결되어 '172.17.0.0/16' 대역의 IP 주소가 할당되며 [그림 5-6]의 (ㄱ)과 같이 해당 브릿지를 통해 외부망과 통신을 하거나 혹은 [그림 5-6]의 (ㄴ)과 같이 동일 브리지에 연결된 다른 컨테이너들과 통신을 하게 된다.

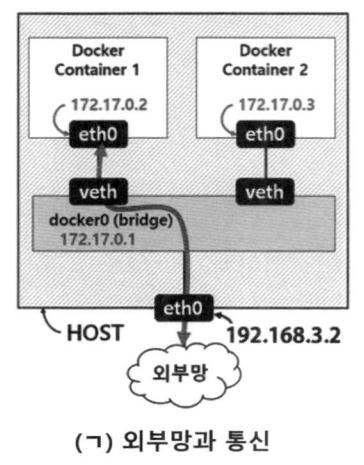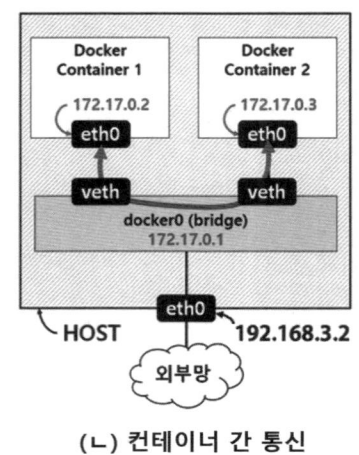

(ㄱ) 외부망과 통신 | (ㄴ) 컨테이너 간 통신

[그림 5-6] 브릿지에 연결된 컨테이너의 통신 방식

자, 여기까지 실습에 필요한 기본적인 운영체제 설치 방법과 해당 운영체제 환경에서 네트워크를 설정하는 그리고 간단히 컨테이너 환경 구성을 위한 도커 설치 방법까지 정리해 보았다. 그럼 이제부터 본격적으로 SDN 제어기를 통해 직접 네트워크를 제어하는 실습을 진행해 보자!

5.2 : OpenDaylight로 일반 TCP 패킷 제어하기

제일 먼저 실습해 볼 SDN 제어기는 리눅스 재단에서 주관하는 오픈 소스 프로젝트 중 하나이자, 현재 전 세계에서 가장 많이 활용되고 있는 OpenDaylight이다. 이번 실습은 [그림 5-7]과 같이 PC 한 대에 OpenDaylight 0.8.4 버전인 Oxygen 배포판과 네트워크 시뮬레이션 도구인 Mininet을 설치한다. 그리고 Mininet으로는 OpenDaylight와 2개의 단말장치가 1개의 Open vSwitch에 서로 연결된 가상 네트워크를 생성하고, 해당 구조에서 OpenDaylight가 Open vSwitch로 플로우 정책(Flow Rule)을 설정해 프로액티브(proactive) 방식으로 패킷을 제어하는 것까지 실습을 진행해 보겠다.

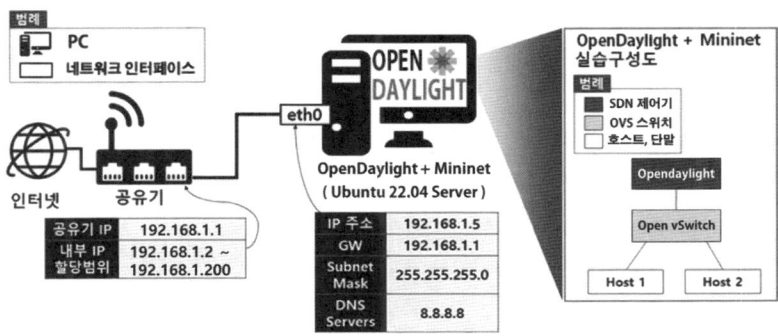

[그림 5-7] OpenDaylight 실습 구조

5.2.1 OpenDaylight 설치 환경 구축

OpenDaylight를 설치하기 위한 하드웨어의 최소 요구 사항은 [그림 5-8]과 같이 CPU 코어 수가 최소 2개 이상, 메모리 사이즈는 최소 2GB 이상, 하드디스크 용량은 최소 16GB 이상, 그리고 이더넷 인터페이스는 속도에 상관없이 필히 1개는 지원해야 한다.

이러한 요구 사항을 만족하는 PC를 1대 준비하고, 준비된 PC에는 5.1.1절을 참고하여 우분투 22.04 LTS 버전을 설치하자. 모든 실습은 해당 PC에서 이루어진다.

항목	사양
CPU	2 Core 이상
RAM	2 GB 이상
HDD	16 GB 이상
NIC	1개 (Any Speed)
OS	Ubuntu 22.04 64 bits LTS

[그림 5-8] OpenDaylight 설치를 위한 최소 하드웨어 사양

그리고 네트워크 연결의 경우 [그림 5-9]와 같이 PC를 유무선 공유기에 연결하여 외부 인터넷과 통신을 할 수 있도록 네트워크를 연결한다. 여기서 PC의 물리 이더넷 장치에는 5.1.3절을 참고하여, Netplan 도구로 IP 주소는 '192.168.1.5', 게이트웨이 주소는 '192.168.1.1'로 설정하여 유무선 공유기를 통해 인터넷과 연결되도록 구성한다.

[그림 5-9] PC 네트워크 연결 구조

5.2.2 자바(JAVA) 1.8 설치

PC에 우분투 설치 및 네트워크 연결 구성까지 완료했으니 이번에는 OpenDaylight 동작에 필요한 자바를 설치하자. 자바(JAVA)는 현재 세계 2위 소프트웨어 회사인 오라클에서 배포하고 있는 객체지향 프로그래밍 언어로, OpenDaylight가 자바 언어를 기반으로 개발되었기 때문에 OpenDaylight를 설치하거나 동작하기 위해서는 자바가 먼저 설치되어야 한다. 특히 본 실습에서 설치되는 Opendaylight 8번째 배포판 Oxygen을 실행하기 위해서는 자바 1.8 버전이 필요하며, 여기서는 우분투 패키지 관리 도구로 손쉽게 설치하는 방법과 자바 소스 파일을 직접 다운받아 설치하는 방법 2가지를 소개하겠다.

우선 우분투가 설치된 PC에 터미널로 접속하여 우분투에서 기본으로 제공하는 자바 개발 도구(openjdk)를 제거한다.

```
$ sudo apt-get purge openjdk*
```

그리고 OpenDaylight Oxygen을 설치에 필요한 자바 1.8 버전을 다운로드하기 위해, 자바 공식 배포처인 오라클 사이트(https://www.oracle.com)에 접속하여 다음과 같이 무료 회원가입 후 로그인한다.

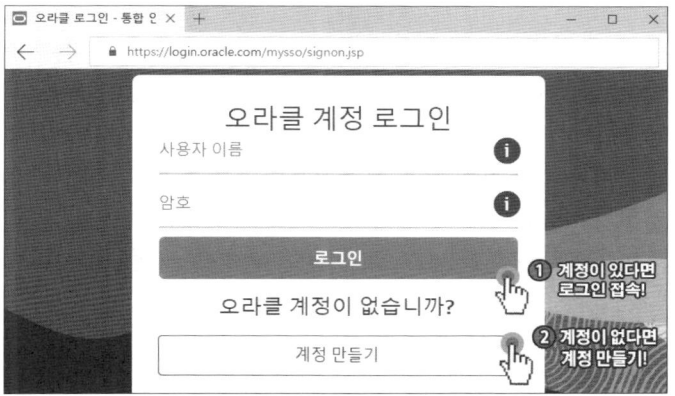

로그인 후 JAVA 1.8 공식 아카이브 사이트(https://www.oracle.com/kr/java/technologies/javase/javase8u211-later-archive-downloads.html)에 접속해서 64bit 리눅스(Linux x64) 지원용 JAVA 1.8 버전의 소스 압축 파일 'jdk-8u212-linux-x64.tar.gz'의 다운로드 경로를 복사한다.

그리고 우분투 설치 PC에 터미널로 접속하여, wget 도구로 복사한 다운로드 경로의 자바 1.8 소스 파일 'jdk-8u212-linux-x64.tar.gz'을 PC에 다운로드한다.

```
$ wget [복사한 다운로드 경로]
jdk-8u212-linux- 100%[==============>] 185.98M 2.85MB/s    in 96s
```

> **[보충 수업] 오라클 회원가입 없이 JAVA 1.8 버전을 다운받고 싶다면?**
>
> 공식적으로 자바는 오라클을 통해 배포되지만, JAVA 1.8 버전과 같이 예전 배포판은 소프트웨어 분산 관리 저장소인 깃허브 스토리지를 통해서도 배포되고 있다. 깃허브 스토리지(https://github.com/frekele/oracle-java/releases/tag/8u212-b10)로 접속하면 회원 가입을 할 필요 없이 자바 1.8 버전 소스파일 'jdk-8u212-linux-x64.tar.gz'의 다운로드 경로를 복사할 수 있다.

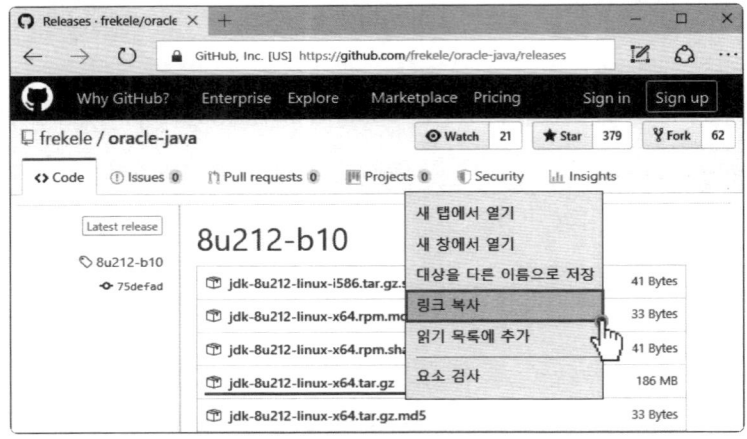

이어서 다운로드한 'jdk-8u212-linux-x64.tar.gz' 파일의 압축을 해제한다.

```
$ tar -xvzf jdk-8u212-linux-x64.tar.gz
```

압축을 해제하면 jdk1.8.0_212라는 디렉터리가 생성된다.

```
$ ls
jdk1.8.0_212
```

해당 디렉터리의 위치를 /usr/local 경로로 이동한다.

```
$ sudo mv jdk1.8.0_212 /usr/local
```

이제 /etc/profile 파일을 열어서 제일 상단에 자바 환경 변수의 경로를 다음과 같이 설정해 준다. 이때 환경 변수 JAVA_HOME에는 앞에서 압축을 해제한 자바 소스 파일 디렉터리인 /usr/local/jdk1.8.0_212로 설정하면 된다.

참고로 /etc/profile 파일은 시스템 부팅 후 사용자가 로그인할 때 처음 읽어 오는 파일로, 여기에 추가된 환경 변수 내용은 부팅 후에도 계속 적용된다.

```
$ sudo vi /etc/profile
```

```
JAVA_HOME=/usr/local/jdk1.8.0_212
CLASSPATH=$JAVA_HOME/lib/tools.jar
PATH=$PATH:$JAVA_HOME/bin
export JAVA_HOME CLASSPATH PATH
.....
```

이어서 /etc/profile 파일에 설정한 자바 환경 설정 내용을 셸에 적용해 준다.

```
$ source /etc/profile
```

환경 변수가 제대로 설정되었다면, 다음과 같이 환경 변수 JAVA_HOME, CLASSPATH, PATH의 내용을 출력했을 때 설정된 내용으로 출력된다.

```
$ echo $JAVA_HOME
/usr/local/jdk1.8.0_212

$ echo $CLASSPATH
/usr/local/jdk1.8.0_212/lib/tools.jar

$ echo $PATH
/home/sdn/bin:/home/sdn/.local/bin:/usr/local/sbin:/usr/local/bin:/usr/sbin:/usr/bin:/sbin:/bin:/usr/games:/usr/local/games:/usr/local/jdk1.8.0_212/bin
```

마지막으로 우분투에 설치된 자바 버전을 확인한다. 제대로 설치되었다면 다음과 같이 1.8.0_212라는 버전 정보를 확인할 수 있다.

```
$ java -version
java version "1.8.0_212"
Java(TM) SE Runtime Environment (build 1.8.0_212-b10)
Java HotSpot(TM) 64-Bit Server VM (build 25.212-b10, mixed mode)
```

5.2.3 OpenDaylight 설치하기

이제 본 실습의 핵심인 SDN 제어기 OpenDaylight를 설치해 보겠다. 참고로 원래는 23년 기준 19번째 최신 배포판인 'Potassium'을 설치하고자 했지만, OpenDaylight 프로젝트의 일부인 웹 GUI 기반 사용자 인터페이스를 제공하는 DLUX(Data Layer for User eXperience)가 9번째 배포판 'Fluorine'부터 지원되지 않아 여기서는 8번째 배포판인 Oxygen을 설치해 보겠다. 웹 브라우저를 실행해 OpenDaylight 공식 아카이브 사이트(https://nexus.opendaylight.org/content/repositories/opendaylight.release/org/opendaylight/integration/karaf)로 접속해서 Oxygen 배포판 중 최종 업데이트 버전인 0.8.4 디렉터리로 이동한다.

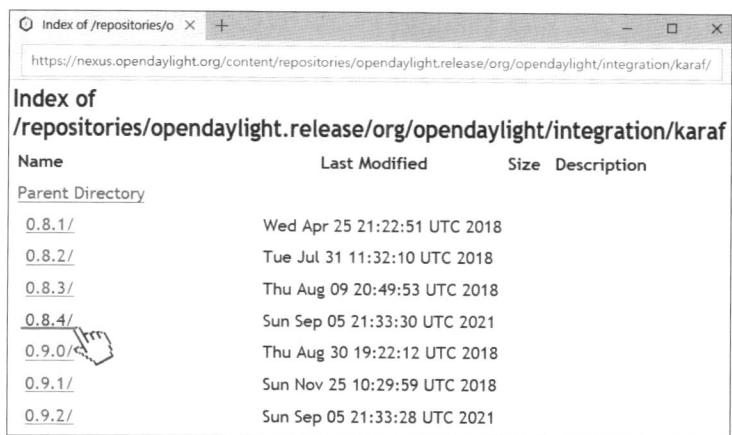

그리고 아래 그림과 같이 마우스 오른쪽 버튼을 눌러 OpenDaylight 배포 버전 압축 파일 'karaf-0.8.4.tar.gz'의 다운로드 링크를 복사한다.

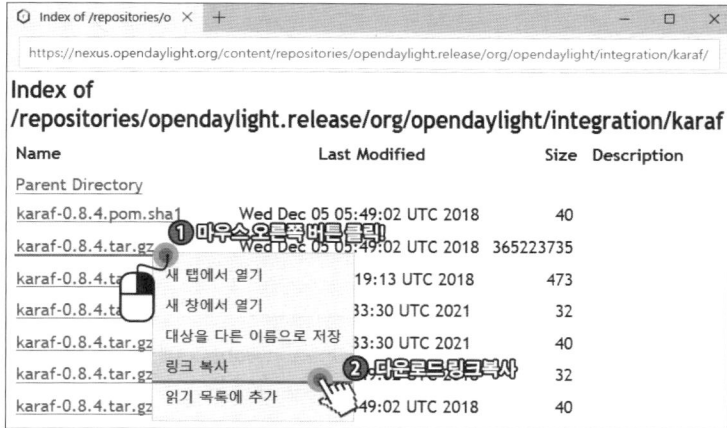

그리고 우분투가 설치된 PC에 터미널로 접속하여, 복사한 경로상의 압축 파일 'karaf-0.8.4.tar.gz'을 wget 도구로 PC에 다운로드한다.

```
$ wget [복사한 다운로드 경로]
```

다운로드한 파일의 압축을 해제하고, 해당 디렉터리로 이동한다.

```
$ tar -xvzf karaf-0.8.4.tar.gz && cd karaf-0.8.4/
```

이동한 디렉터리에서 bin/karaf 파일을 실행해 주면 OpenDaylight를 위한 실시간 실행 환경을 제공하는 Karaf가 CLI 모드로 실행되며 화면에는 아래 그림과 같이 OpenDaylight 로고가 출력된다. 만약 실행을 종료하고 싶다면 OpenDaylight CLI 화면에서 'logout' 명령어를 입력하면 된다.

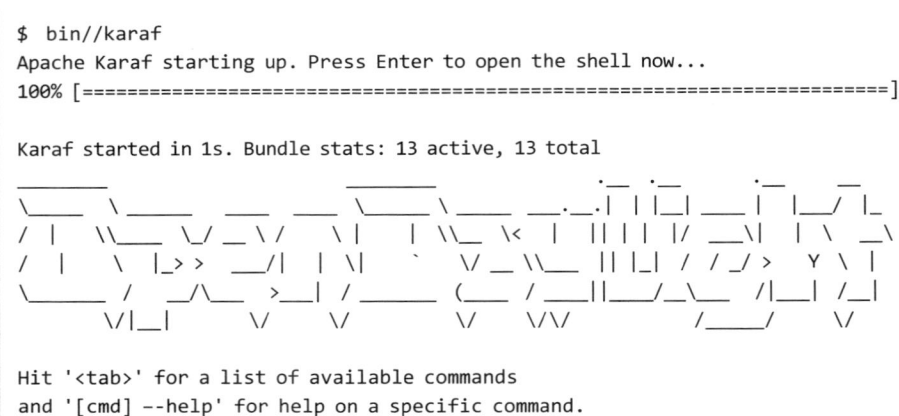

> **[보충 수업] 만약 백그라운드에서 실행 중인 OpenDaylight CLI에 접속하고 싶다면?**
>
> OpenDaylight는 기본적으로 8101번 TCP 포트를 통해 서비스가 실행된다. 만약 OpenDaylight를 처음부터 실행시키는 것이 아니라 이미 백그라운드 프로세스로 실행 중인 상태라면, 8101번 포트의 OpenDaylight CLI로 SSH를 통한 접속이 가능하다.
>
> 다음과 같이 SSH 명령어의 -p 옵션으로 8101번 포트를 지정해 주고, OpenDaylight가 실행 중인 PC의 IP 주소(본 실습에서 PC의 IP 주소는 '192.168.1.5')로 접속을 시도하면 된다. 참고로 처음 접속할 때 기본 접속 ID와 Password는 'karaf'로 동일하다.
>
> ```
> $ sudo ssh -p 8101 karaf@192.168.1.5
> ```

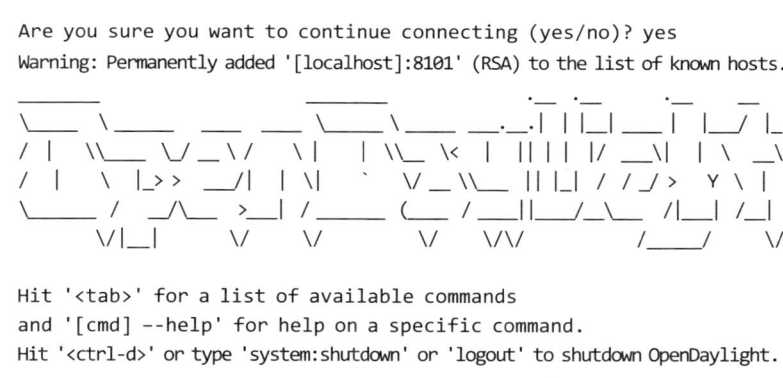

5.2.4 OpenDaylight GUI 설치

OpenDaylight는 'feature'라는 기능 단위로 정의된 자체 애플리케이션을 통해 웹 GUI 환경을 지원한다. OpenDaylight CLI 모드에서 웹 GUI 기반 사용자 인터페이스를 지원하는 feature인 'odl-dlux-core'를 다음과 같이 설치하자.

```
opendaylight-user@root> feature:install odl-dlux-core
```

설치 후, 웹 브라우저를 실행하여 http://192.168.1.5:8181/index.html로 접속하면 OpenDaylight GUI 화면이 뜬다. 다만 처음에는 아무 출력 정보가 없어 검은 화면만 보인다.

토폴로지(topology) 정보가 출력되도록 OpenDaylight CLI 모드에서 'odl-dluxapps-topology' feature를 추가로 설치해 보자.

```
opendaylight-user@root> feature:install odl-dluxapps-topology
```

설치 완료 후, 웹 브라우저를 새로 고침하면 이번에는 검은색 화면이 아니라 로그인 화면이 출력된다. 이때 로그인 ID와 Password는 모두 'admin'이다.

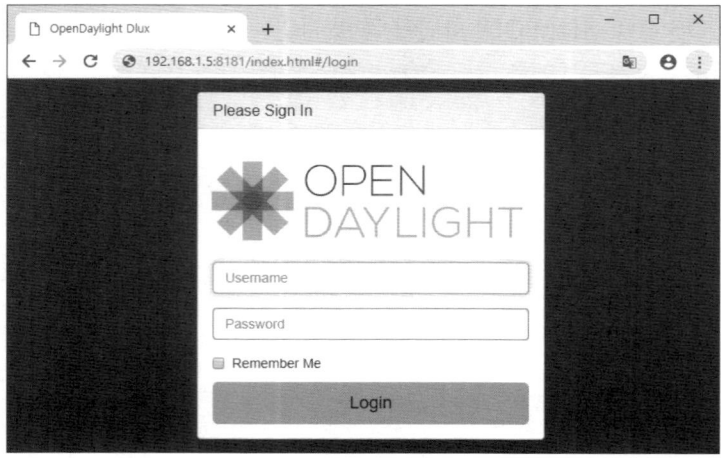

로그인하면 다음과 같이 토폴로지 웹 페이지가 출력된다. 다만 현재는 OpenDaylight에 어떤 스위치도 연결되어 있지 않으므로 빈 화면만 출력된다.

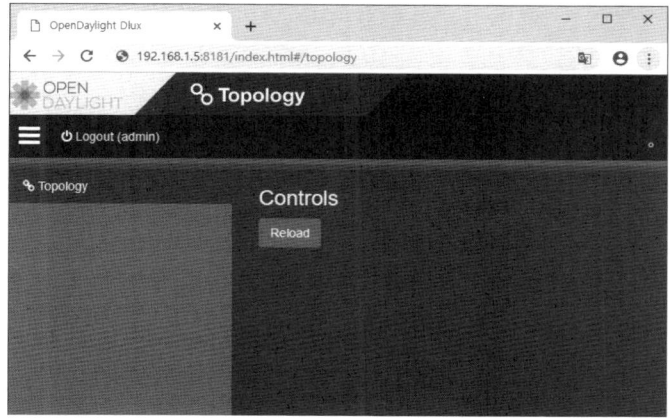

5.2.5 OpenFlow 관련 Feature 설치

SDN 제어기인 OpenDaylight가 하위 SDN 스위치들과 연결되기 위해서는 그 사이에 별도 인터페이스 정의가 필요한데, 여기서는 OpenFlow 프로토콜을 활용해 보겠다. OpenFlow 프로토콜 기반 네트워크 연결을 위해 OpenDaylight CLI 모드에서 OpenFlow 관련 feature를 모두 설치해 준다.

```
opendaylight-user@root> feature:install odl-openflowjava-protocol \
> odl-openflowplugin-nsf-model odl-openflowplugin-southbound \
> odl-openflowplugin-app-config-pusher odl-openflowplugin-app-forwardingrules-manager \
> odl-openflowplugin-app-forwardingrules-sync odl-openflowplugin-app-table-miss-enforcer \
> odl-openflowplugin-app-topology odl-openflowplugin-nxm-extensions \
> odl-openflowplugin-onf-extensions odl-openflowplugin-flow-services-rest
```

설치한 각 feature에 대한 설명은 다음 [표 5-3]과 같다.

ODL-OpenFlow 플러그인 feature	기능
odl-openflowjava-protocol	OpenFlow 프로토콜 라이브러리 구현
odl-openflowplugin-nsf-model	장치 환경 설정이나 기능 상태를 YANG 모델로 출력
odl-openflowplugin-southbound	OpenFlow 사우스바운드 플러그인 적용
odl-openflowplugin-app-config-pusher	노드 구성 정보를 OpenFlow 장치에 전달
odl-openflowplugin-app-forwardingrules-manager	config 데이터 저장소의 변경 내용을 OpenFlow 장치에 점진적으로 전달하는 기능을 지원하며 'odl-openflowplugin-app-forwardingrules-sync' 플러그인으로 대체 가능
odl-openflowplugin-app-forwardingrules-sync	config 데이터 저장소의 변경 내용을 OpenFlow 장치에 전달하여 이전 상태와 비교하는 기능을 지원하며 'odl-openflowplugin-app-forwardingrules-manager' 플러그인으로 대체 가능
odl-openflowplugin-app-table-miss-enforcer	플로우 테이블에서 누락된 플로우 정책을 OpenFlow 장치로 전달
odl-openflowplugin-app-topology	OpenFlow 장치의 연결 토폴로지 정보 검색
odl-openflowplugin-nxm-extensions	OpenDaylight에서 Open vSwitch(OVS)의 OpenFlow 기능 지원을 위한 확장 기능
odl-openflowplugin-onf-extensions	ONF 재단의 OpenFlow 관련 확장 기능 지원
odl-openflowplugin-flow-services-rest	odl-openflowplugin-flow-services 기능을 위한 REST 인터페이스 제공, REST API 기능을 지원하기 위한 OpenFlow 플러그인

[표 5-3] OpenFlow 관련 feature 기능

> **[보충 수업] OpenFlow의 feature를 설치하는 도중 오류가 발생한다면?**
>
> OpenFlow의 feature를 설치하는 도중 오류가 발생했다면, feature가 설치된 후 제대로 실행되지 못했거나 의존성이 있는 다른 feature로 인해 생긴 문제일 수 있다. 이 경우에는 일단, OpenDaylight CLI 화면에서 'logout'을 입력해 OpenDaylight를 종료한다.
>
> ```
> opendaylight-user@root> logout
> ```
>
> 그리고 OpenDaylight를 다시 실행하면 설치된 feature들이 순차적으로 실행되면서 정상적으로 동작하게 된다.

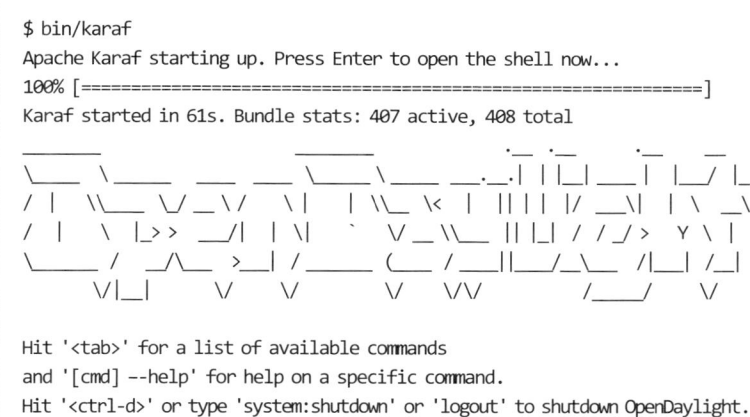

feature가 모두 설치됐으면 netstat 명령어로 TCP 포트 상태 정보를 확인해 보자. 그러면 현재 OpenDaylight 서비스를 위한 많은 TCP 포트들이 LISTEN 상태로 대기 중임을 확인할 수 있는데, 이 중에서 OpenDaylight는 6653번 포트를 통해 데이터 평면에 해당하는 SDN 스위치와 OpenFlow 프로토콜 기반으로 연결된다.

```
$ netstat -tnlp
Active Internet connections (only servers)
Protocol    Recv-Q    Send-Q          Local Address    Foreign Address    State     PID
tcp6          0 0     :::6633         :::*             LISTEN -
tcp6          0 0     :::8181         :::*             LISTEN -
tcp6          0 0     127.0.0.1:2550  :::*             LISTEN -
tcp6          0 0     :::44444        :::*             LISTEN -
tcp6          0 0     :::6653         :::*             LISTEN -
tcp6          0 0     :::8101         :::*             LISTEN -
. . . . . . . . .
```

그 외 OpenDaylight 관련 세부 TCP 포트별 서비스 정보는 다음 [표 5-4]와 같다.

포트 번호	서비스 내용	TCP/UDP	관련 ODL Project
6633	OpenFlow	TCP/UDP	OpenFlow Plugin
8181	WebUI(DLUX), RESTCONF	TCP	NetConf/RestConf
2550	OpenDaylight Clustering	–	–
44444	Karaf RMI Server Port	TCP/UDP	Integration/Distribution
6653	OpenFlow	TCP/UDP	
8101	Karaf SSH Shell Port	TCP	Integration/Distribution

[표 5-4] OpenDaylight 관련 TCP 포트별 서비스 정보

5.2.6 가상 네트워크 구성

이제 OpenDaylight에 연결할 실제 가상 네트워크를 구성해보겠다. 먼저 패키지 관리 도구인 apt-get으로 가상 네트워크 구성을 지원하는 오픈 소스 소프트웨어인 Mininet을 PC에 설치해 준다.

```
$ sudo apt-get install mininet
```

마찬가지로 오픈 소스 소프트웨어인 OpenFlow 기반의 가상 스위치를 제공해 주는 Open vSwitch(이하 OVS)도 설치하고, OVS 서비스를 시작한다.

```
$ sudo apt-get install openvswitch-switch
$ service openvswitch-switch start
```

설치된 Mininet으로 [그림 5-10]과 같이 한 개의 OVS 스위치(s1)에 두 개의 가상 호스트(h1, h2)와 OpenDaylight인 SDN 제어기(c0)가 연결되도록 가상 네트워크를 구성해 보자.

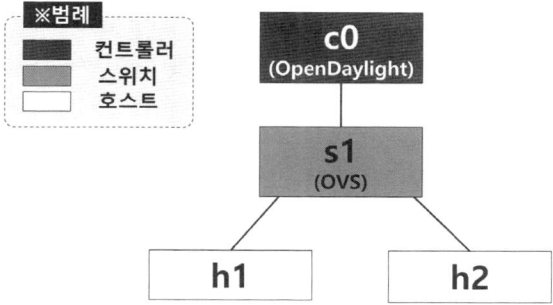

[그림 5-10] OVS 스위치(s1)에 2개의 호스트(h1, h2)와 OpenDaylight가 연결된 Mininet 가상 네트워크 구조

이를 위해 다음과 같이 실행 옵션을 적용하여 OpenFlow 1.3 프로토콜 기반의 OVS로 구성된 가상 네트워크 환경을 Mininet으로 생성한다.

```
$ sudo mn --controller=remote, ip=192.168.1.5, port=6653 --topo=single, 2
--switch=ovs, protocols=OpenFlow13
```

Mininet 실행 옵션에 대한 설명은 다음과 같다.

- --controller=remote, ip=192.168.1.5, port=6653
  스위치에 연결되는 OpenDaylight의 IP 주소와 TCP 포트 번호 지정
- --topo=single, 2
  한 개의 스위치에 두 개의 가상 호스트가 연결되는 토폴로지 지정
- --switch=ovs, protocols=OpenFlow13
  OpenFlow 1.3을 지원하는 Open vSwitch로 스위치 타입 지정

OVS 구성 및 관리 도구인 ovs-vsctl로 OVS 구성 정보를 조회했을 때 'is_connected: true'라는 메시지가 뜨면 성공적으로 OpenDaylight와 OVS 연결이 이루어진 것이다.

```
$ sudo ovs-vsctl show
8eaa8c50-ddd2-4ae7-9c6e-0fb761b4fbee
    Bridge "s1"
        Controller "tcp:192.168.1.5:6653"
            is_connected: true
        Controller "ptcp:6654"
        fail_mode: secure
        Port "s1"
            Interface "s1"
                type: internal
        Port "s1-eth2"
            Interface "s1-eth2"
        Port "s1-eth1"
            Interface "s1-eth1"
    ovs_version: "2.2.2"
```

다음으로 OpenDaylight 웹 GUI에 접속해 토폴로지 정보를 확인하면, 실제 OpenDaylight와 연결된 OVS 스위치 'openflow:1'을 화면에서 볼 수 있다. 여기서 'openflow:1'은 OpenDaylight가 OpenFlow 프로토콜로 연결된 OVS 스위치를 가리키는 값이라고 생각하면 된다.

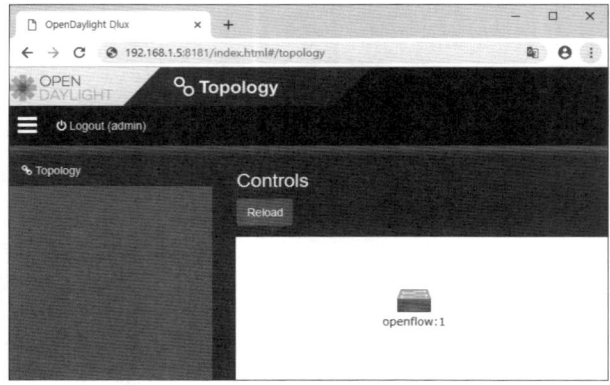

5.2.7 가상 네트워크 구조 파악

그렇다면 가상 네트워크의 실제 인터페이스 구조가 어떤지 하나하나 살펴보자. Mininet CLI 모드에서 'nodes'란 명령어를 OVS 스위치와 연결된 노드(스위치, 호스트) 정보를 조회해 보면, 현재 SDN 제어기인 c0, OVS 스위치 s1, OVS 스위치와 연결된 가상 호스트 h1, h2를 확인할 수 있다.

```
mininet > nodes
 c0   h1   h2   s1
```

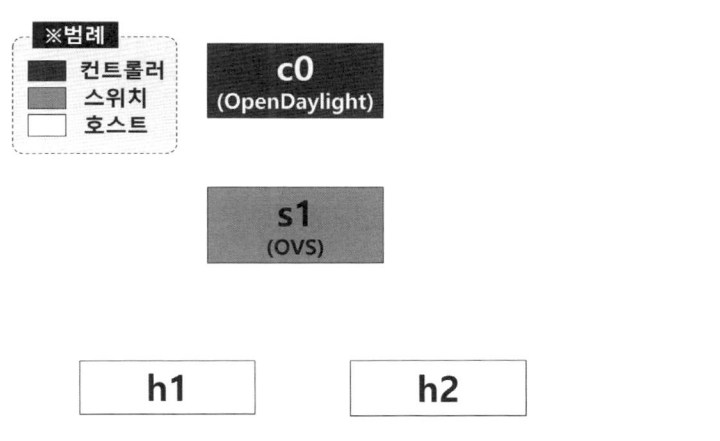

[그림 5-11] Mininet으로 조회된 가상 네트워크 노드(스위치, 제어기, 호스트) 정보

이번에는 'dump' 명령어를 통해 각 노드(c0, s1, h1, h2)의 네트워크 인터페이스별 설정 정보를 조회해 보자. 그러면 다음과 같이 호스트 h1은 h1-eth0 인터페이스에 IP 주소는 10.0.0.1이 할당되었고, 호스트 h2에는 h2-eth0 인터페이스에 IP 주소 10.0.0.2가 할당되었으며 OVS 스위치 s1에는 s1-eth1, s1-eth2 인터페이스가 생성된 것까지 파악할 수 있다. 마지막으로 OpenDaylight c0는 IP 주소와 포트가 각각 192.168.1.5, 6653인 것을 알 수 있다.

```
mininet> dump
<Host h1: h1-eth0:10.0.0.1 pid=18533>
<Host h2: h2-eth0:10.0.0.2 pid=18536>
<OVSSwitch s1: lo:127.0.0.1,s1-eth1:None,
s1-eth2:None pid=18544>
<RemoteController{'ip': '192.168.1.5:6653'}
c0: 192.168.1.5:6653 pid=18526>
```

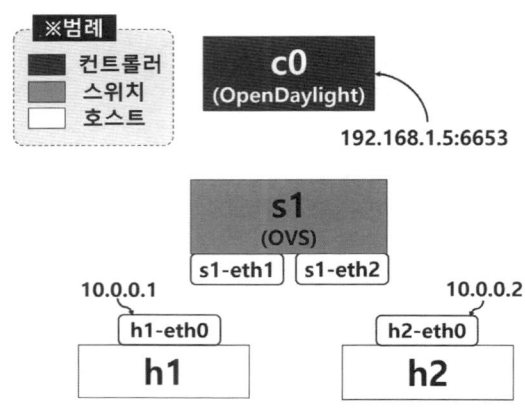

[그림 5-12] Mininet으로 조회된 가상 네트워크 노드(스위치, 제어기, 호스트) 별 인터페이스 정보

이어서 'net' 명령어를 통해 각 노드의 네트워크 인터페이스별 연결 정보를 조회해 보면 호스트 h1의 h1-eth0 인터페이스는 OVS 스위치 s1의 s1-eth1 인터페이스와 연결되고, 호스트 h2의 h2-eth0 인터페이스는 OVS 스위치 s1의 s1-eth2 인터페이스와 연결되어 있다. 그리고 여기서는 조회되지 않지만, 앞의 5.2.6절에서 확인한대로 SDN 제어기 c0는 OVS 스위치 s1과 OpenFlow 프로토콜을 통해 서로 연결된 상태이다.

```
mininet> net
h1 h1-eth0:s1-eth1
h2 h2-eth0:s1-eth2
s1 lo:  s1-eth1:h1-eth0 s1-eth2:h2-eth0
c0
```

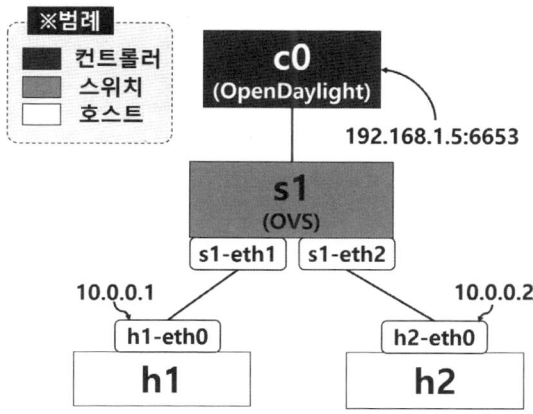

[그림 5-13] Mininet으로 조회된 가상 네트워크 노드(스위치, 제어기, 호스트) 별 인터페이스 연결 정보

이번엔 OVS의 OpenFlow 관리 도구인 'ovs-ofctl'을 통해 현재 생성된 OVS 스위치 s1의 연결 상태를 조회해 보면, DPID라고 부르는 OVS 스위치 s1의 고유 ID값은 '0000000000000001'로 지정되어 있고 OVS에 생성된 인터페이스 s1-eth1은 1번 포트로, s1-eth2는 2번 포트로 매칭된 것을 확인할 수 있다.

여기서 스위치의 DPID는 SDN 제어기인 OpenDaylight가 하위에 연결된 SDN 스위치를 구분하기 위한 ID값이라고 생각하면 된다. 1, 2번 같은 포트 번호는 OpenDaylight가 OVS 스위치 s1에 연결된 인터페이스를 구분하는 번호이며, 플로우 정책을 설정할 때 해당 포트 번호가 사용된다.

```
$ sudo ovs-ofctl show s1 -O OpenFlow13

OFPT_FEATURES_REPLY (OF1.3) (xid=0x2):
dpid:0000000000000001
n_tables:254, n_buffers:0
OFPST_PORT_DESC reply (OF1.3) (xid=0x3):
 1(s1-eth1): addr:22:9e:4a:63:30:d3
     config:     0
     state:      LIVE
     current:    10GB-FD COPPER
```

```
         speed: 10000 Mbps now, 0 Mbps max
 2(s1-eth2): addr:46:d3:ed:30:41:a5
     config:     0
     state:      LIVE
     current:    10GB-FD COPPER
     speed: 10000 Mbps now, 0 Mbps max
 LOCAL(s1): addr:1e:12:32:32:da:46
     config:     PORT_DOWN
     state:      LINK_DOWN
     speed: 0 Mbps now, 0 Mbps max
 OFPT_GET_CONFIG_REPLY (OF1.3)
```

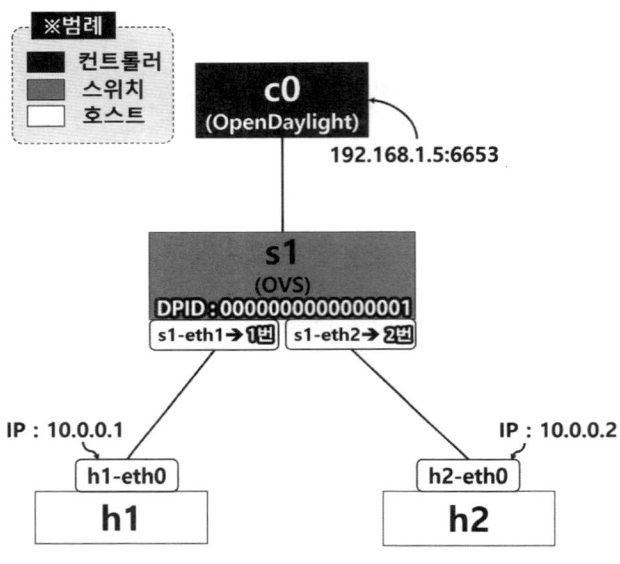

[그림 5-14] OpenDaylight가 인식하는 OVS 스위치(s1)의 인터페이스 정보

마지막으로 Mininet CLI 모드에서 가상 호스트 h1과 h2의 네트워크 인터페이스 상태를 조회해 보면 가상 호스트 h1은 h1-eth0 인터페이스에 IP 주소는 10.0.0.1, MAC 주소는 d2:88:05:42:53:7d로 할당되어 있다. 그리고 가상 호스트 h2는 h2-eth0 인터페이스에 IP 주소는 10.0.0.2, MAC 주소는 2a:9d:dd:43:60:5b로 할당되어 있음을 확인할 수 있다.

```
mninet> h1 ifconfig
h1-eth0    Link encap:Ethernet  Hwaddr d2:88:05:42:53:7d
          inet addr:10.0.0.1  Bcast:10.255.255.255  Mask:255.0.0.0
          inet6 addr: fe80::d088:5ff:fe42:537d/64 Scope:Link
          UP BROADCAST RUNNING MULTICAST  MTU:1500  Metric:1
          RX packets:201 errors:0 dropped:193 overruns:0 frame:0
          TX packets:8 errors:0 dropped:0 overruns:0 carrier:0
          collisions:0 txqueuelen:1000
          RX bytes:17053 (17.0 KB)  TX bytes:648 (648.0 B)

mninet> h2 ifconfig
h2-eth0    Link encap:Ethernet  Hwaddr 2a:9d:dd:43:60:5b
          inet addr:10.0.0.2  Bcast:10.255.255.255  Mask:255.0.0.0
          inet6 addr: fe80::289d:ddff:fe43:605b/64 Scope:Link
          UP BROADCAST RUNNING MULTICAST  MTU:1500  Metric:1
          RX packets:209 errors:0 dropped:201 overruns:0 frame:0
          TX packets:8 errors:0 dropped:0 overruns:0 carrier:0
          collisions:0 txqueuelen:1000
          RX bytes:17733 (17.7 KB)  TX bytes:648 (648.0 B)
```

지금까지 확인한 OpenDaylight와 Mininet 가상 네트워크의 최종 연결 구조를 살펴보면 [그림 5-15]와 같다.

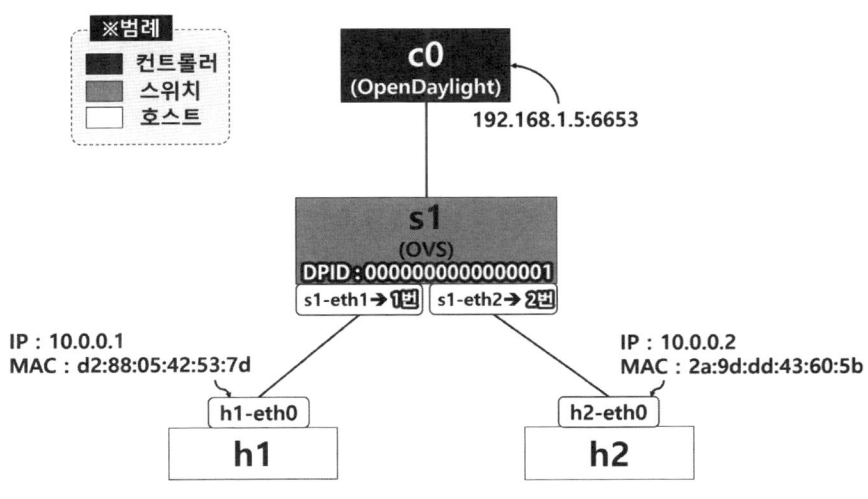

[그림 5-15] OpenDaylight와 Mininet 가상 네트워크의 최종 연결 구조

하지만 이렇게 구성된 네트워크 환경에서 Mininet CLI 모드로 접속해 두 호스트 간 통신이 되는지 ping 테스트해 보면 [그림 5-16]과 같이 전혀 서로 패킷을 주고받지 못한다. 대체 왜 그럴까?

```
mininet> pingall
*** Ping: testing ping reachability
h1 -> X
h2 -> X
*** Results: 100% dropped (0/2 received)
mininet>
```

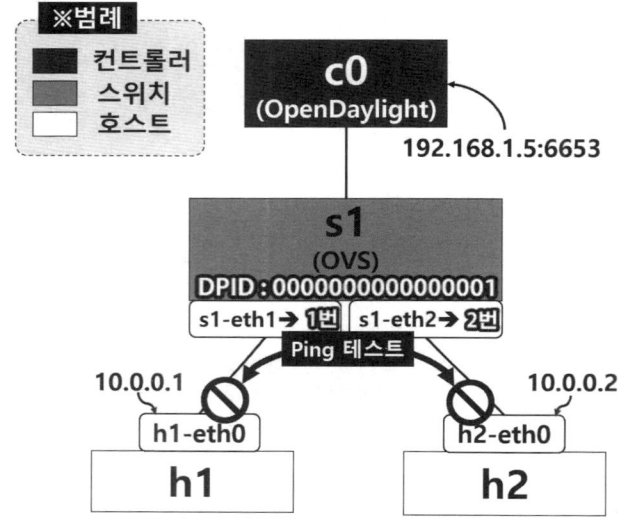

[그림 5-16] Mininet 가상 네트워크에서 호스트간 Ping 테스트(플로우 정책 설정이 없는 경우 호스트간 통신 불가)

이유는 간단하다. 다음과 같이 현재 OVS 스위치 s1의 플로우 테이블 정보를 조회해 보면, 등록된 플로우 정책 정보가 전혀 없기 때문에, 스위치 s1이 연결된 각 호스트 h1, h2로 패킷을 중계할 수 없는 것이다.

```
$ sudo ovs-ofctl dump-flows s1 -O OpenFlow13
```

그럼 두 호스트가 서로 통신할 수 있도록 OpenDaylight로 플로우 정책을 한번 설정해 보자.

5.2.8 OpenDaylight로 플로우 정책 설정

우선 OpenDaylight에서는 RESTCONF 프로토콜을 통한 플로우 정책 설정을 지원한다. RESTCONF는 자원 정보에 대하여 HTTP 메서드를 통해 GET, PUT, POST, DELETE를 수행하는 REST와 유사한 프로토콜로, 사용법은 REST와 거의 동일하다.

여기서는 두 호스트(h1, h2)가 통신할 수 있도록 플로우 정책을 XML 파일로 정의하고, RESTCONF 프로토콜을 통해 OVS 스위치 (s1)로 정의된 플로우 정책들을 등록해 보겠다. 우선 RESTCONF의 URL로 서버와 통신할 수 있는 오픈 소스 커맨드 명령어 도구인 cURL을 설치한다.

```
$ sudo apt-get install curl
```

이제 OpenDaylight에서 제공하는 RESTCONF의 URL을 통해 플로우 정책을 등록하고 제거하기 위한 스크립트 파일(*.sh)을 만들어보겠다. 먼저 플로우 정책을 등록하기 위한 스크립트 파일 'flow_rule_post.sh'을 다음과 같이 생성한다. 이 스크립트 파일은 cURL을 이용하여 RESTCONF로 정의된 URL을 통해 플로우 정책 정보를 OVS 스위치에 전달(POST)하는 역할을 수행한다.

참고로 스크립트 파일에 정의한 변수 SWITCH_NAME은 OpenDaylight가 인식하는 OpenFlow 스위치의 이름으로, 웹 GUI의 토폴로지에서도 확인했듯이 OVS 스위치(s1)를 OpenDaylight는 openflow:1로 인식한다. 즉, 스위치가 연결되는 순서대로 openflow:1, openflow:2, openflow:3, …순으로 인식한다고 보면 된다.

```
$ vi flow_rule_post.sh
```

```
01 : ODL_IP=192.168.1.5
02 : ODL_PORT=8181
03 : SWITCH_NAME=openflow:1
04 :
05 : echo ":::::::Push Flow Rule:::::::"
06 : echo "Insert Table Id :"
07 : read TABLE_ID
08 : echo "Insert Flow ID :"
09 : read FLOW_ID
10 :
11 : curl -X PUT -H 'Content-Type:application/xml' -H 'Accept:application/xml' -d @$1 \
12 : http://$ODL_IP:$ODL_PORT/restconf/config/opendaylight-inventory:nodes/
     node/$SWITCH_NAME/table/$TABLE_ID/flow/$FLOW_ID \
13 : -u admin:admin –v
```

> 🚦 **[보충 수업] 소스 코드 마지막에 '\'를 붙이는 이유**
>
> 소스코드 라인이 너무 길어지면 가독성이 떨어진다. 이때 '\'를 끝에 삽입하면 다음 행에서 이전 소스코드를 이어서 인식하여 실행할 수 있다.

다음으로 플로우 테이블에 등록된 플로우 정책을 삭제하기 위한 스크립트 파일 'flow_rule_del.sh'을 생성한다. 플로우 정책을 삭제하기 위해서는 플로우 정책마다 가지는 FLOW_ID가 필요하며, FLOW_ID는 중복되지만 않으면 사용자가 임의로 지정할 수 있다.

```
$ vi flow_rule_del.sh
```

```
01 : ODL_IP=192.168.1.5
02 : ODL_PORT=8181
03 : SWITCH_NAME=openflow:1
```

```
04 :
05 : echo ":::::::Delete Flow Rule::::::"
06 : echo "Insert Table Id :"
07 : read TABLE_ID
08 : echo "Insert Flow ID :"
09 : read FLOW_ID
10 :
11 : curl -X PUT -H 'Content-Type:application/xml' \
12 : -H 'Accept:application/xml' \
13 : http://$ODL_IP:$ODL_PORT/restconf/config/opendaylight-inventory:nodes/
      node/$SWITCH_NAME/table/$TABLE_ID/flow/$FLOW_ID \
14 : -u admin:admin -v
```

이제는 위에서 작성한 스크립트 파일 'flow_rule_post.sh'을 가지고 등록할 플로우 정책을 XML 파일 형식으로 생성해 보겠다. 먼저 'OVS 스위치의 1번 포트로 패킷이 들어오면 2번 포트로 내보내라'는 플로우 정책을 'flow_1'으로 FLOW_ID를 정의하고, 우선순위(priority)를 1000으로 적용해 'flow_1.xml' 파일로 생성한다.

참고로 해당 플로우 정책의 TABLE_ID는 0번으로 지정했는데, 이는 해당 플로우 정책을 TABLE_ID가 0번인 플로우 테이블에 저장하란 의미이다.

```
$ vi flow_1.xml
```

```
01 : <?xml version="1.0" encoding="UTF-8" standalone="no"?>
02 : <flow xmlns="urn:opendaylight:flow:inventory">
03 :     <priority>1000</priority>
04 :     <flow-name>0</flow-name>
05 :     <id>flow_1</id>
05 :     <table_id>0</table_id>
07 :     <match>
08 :         <in-port>1</in-port>
09 :     </match>
10 :     <instructions>
11 :         <instruction>
12 :             <order>0</order>
13 :             <apply-actions>
14 :                 <action>
```

```
15 :             <order>0</order>
16 :             <output-action>
17 :                 <output-node-connector>2</output-node-connector>
18 :             </output-action>
19 :         </action>
20 :       </apply-actions>
21 :     </instruction>
22 :   </instructions>
23 : </flow>
```

이번에는 'OVS 스위치의 2번 포트로 패킷이 들어오면 1번 포트로 내보내라'는 플로우 정책을 'flow_2'로 FLOW_ID를 정의하고, 우선순위를 1000으로 적용하여 'flow_2.xml' 파일로 생성한다.

```
$ vi flow_2.xml
```

```
01 : <?xml version="1.0" encoding="UTF-8" standalone="no"?>
02 : <flow xmlns="urn:opendaylight:flow:inventory">
03 :   <priority>1000</priority>
04 :   <flow-name>2</flow-name>
05 :   <id>flow_2</id>
06 :   <table_id>0</table_id>
07 :   <match>
08 :     <in-port>2</in-port>
09 :   </match>
10 :   <instructions>
11 :     <instruction>
12 :     <order>0</order>
13 :     <apply-actions>
14 :         <action>
15 :             <order>0</order>
16 :             <output-action>
17 :                 <output-node-connector>1</output-node-connector>
18 :             </output-action>
19 :         </action>
20 :       </apply-actions>
21 :     </instruction>
22 :   </instructions>
23 : </flow>
```

여기까지 잘 따라왔다면, 현재 디렉터리를 조회했을 때 'flow_rule_post.sh', 'flow_rule_del.sh', 'flow_1.xml', 'flow_2.xml' 이렇게 총 네 개의 파일이 최종 생성된 것을 알 수 있다.

```
$ ls .
flow_rule_del.sh  flow_1.xml  flow_2.xml  flow_rule_post.sh
```

이제 플로우 정책이 정의된 두 개의 XML 파일(flow_1.xml, flow_2.xml)을 가지고 셸 스크립트 파일인 flow_rule_post.sh를 통해 OpenDaylight에서 OVS 스위치 s1으로 플로우 정책을 등록해 보자.

우선 다음과 같이 'flow_1.xml'을 참조하여 'flow_rule_post.sh' 스크립트 파일을 실행시킨다. 그러면 TABLE_ID와 FLOW_ID를 묻는데, 여기서는 임의로 TABLE_ID를 0으로 입력하고 FLOW_ID는 'flow_1.xml' 파일에서 정의한 대로 'flow_1'을 입력한다. 플로우 정책이 정상적으로 적용되면, 성공적인 업로드 상태를 의미하는 'HTTP/1.1 201 Created' 메시지를 확인할 수 있다.

```
$ ./flow_rule_post.sh flow_1.xml

::::::Push Flow Rule::::::
Insert Table Id :
0
Insert Flow ID :
flow_1
...
* upload completely sent off: 615 out of 615 bytes
< HTTP/1.1 201 Created
```

이번에는 'flow_2.xml'을 참조하여 'flow_rule_post.sh' 스크립트 파일을 실행시키자. 여기서 TABLE_ID를 0으로 입력하고, FLOW_ID는 'flow_2.xml' 파일에서 정의한 대로 'flow_2'를 입력한다. 마찬가지로 플로우 정책이 정상적으로 적용되면 성공적인 업로드 상태를 의미하는 'HTTP/1.1 201 Created' 메시지를 확인할 수 있다.

```
$ ./flow_rule_post.sh flow_2.xml

::::::Push Flow Rule::::::
Insert Table Id :
0
Insert Flow ID :
flow_2
...
* upload completely sent off: 615 out of 615 bytes
< HTTP/1.1 201 Created
```

ovs-ofctl 도구를 통해 실제로 플로우 정책들이 OVS 스위치 s1에 잘 적용되었는지 다음과 같이 조회해 보자. 0번의 플로우 테이블(table=0)에 1번 포트(in_port=1)로 들어온 패킷을 2번 포트(output:2)로 내보내는 'flow_1.xml'의 플로우 정책과, 2번 포트(in_port=2)로 들어온 패킷을 1번 포트(output:1)로 내보내는 'flow_2.xml'의 플로우 정책이 정상적으로 등록된 것을 확인할 수 있다.

```
$ sudo ovs-ofctl dump-flows s1 -O OpenFlow13
NXST_FLOW reply (xid=0x4):
 cookie= 0x2b00000000000000, table=0, ... , idle_age=37,
 priority=1000,in_port=1 actions=output:2
 cookie= 0x2b00000000000001, table=0, ... , idle_age=7,
 priority=1000,in_port=2 actions=output:1
```

> **[보충 수업] OpenDaylight로 플로우 정책을 삭제하고 싶다면?**
>
> 만약 플로우 정책을 삭제하고 싶다면 앞서 작성했던 'flow_rule_del.sh' 파일을 실행하여 해당 플로우 정책을 등록한 TABLE_ID와 삭제하고자 하는 플로우 정책의 FLOW_ID를 입력해 주면 된다.
>
> 예를 들어, 위에서 'flow_1.xml' 파일로 등록한 플로우 정책을 삭제하고자 한다면, 'flow_rule_del.sh' 파일을 실행한 뒤 TABLE_ID는 '0', FLOW_ID는 'flow_1'으로

입력한다. 'flow_rule_del.sh' 파일이 정상적으로 실행되면 요청을 성공적으로 완료했다는 HTTP 응답 코드로 'HTTP/1.1 200 OK'라는 메시지가 뜬다.

```
$ ./del_flow.sh
::::::Delete Flow Rule::::::
Insert Table Id :
0
Insert Flow ID :
flow_1
. . . . .
< HTTP/1.1 200 OK
```

그리고 ovs-ofctl 도구를 통해 플로우 정책을 조회해 보면 'flow_1.xml'에서 정의했던 플로우 정책이 삭제된 것을 확인할 수 있다.

```
$ sudo ovs-ofctl dump-flows s1 -O OpenFlow13

NXST_FLOW reply (xid=0x4):
 cookie= 0x2b00000000000001, table=0, ... , idle_age=7, priority=1000,in_port=2 actions=output:1
```

5.2.9 호스트 간 통신 과정 분석

지금까지 구성한 가상 네트워크 연결 구조와 OpenDaylight로 OVS 스위치에 등록한 플로우 정책은 다음 [그림 5-17]과 같다. 여기서 OVS 스위치 s1에 연결된 두 호스트(h1, h2) 간 ping 테스트를 통해, 플로우 정책이 어떻게 적용되는지 살펴보겠다.

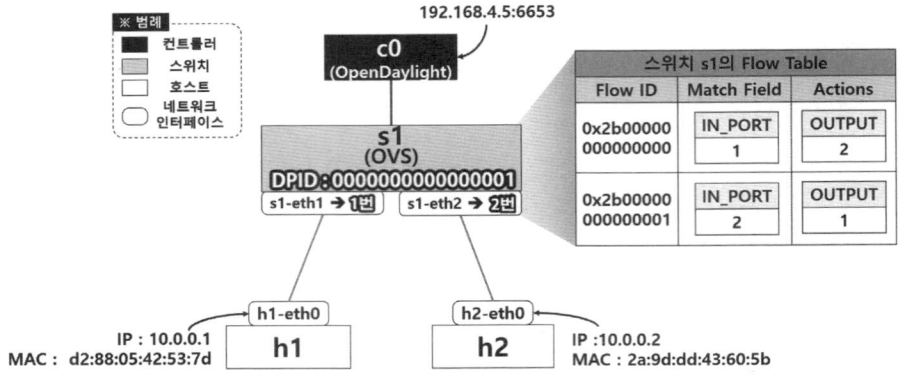

[그림 5-17] OVS 스위치(s1)에 설정된 플로우 정책 정보

OVS 스위치(s1)에 플로우 정책이 등록된 상태에서 Mininet CLI 모드로 접속해 호스트 h1에서 호스트 h2로 ping 메시지를 보내면, 정상적으로 ping 메시지를 주고받는다.

```
mininet> h1 ping h2

PING 10.0.0.2 (10.0.0.2) 56(84) bytes of data.
64 bytes from 10.0.0.2: icmp_seq=1 ttl=64 time=1.41 ms
64 bytes from 10.0.0.2: icmp_seq=2 ttl=64 time=0.195 ms
64 bytes from 10.0.0.2: icmp_seq=3 ttl=64 time=0.183 ms
64 bytes from 10.0.0.2: icmp_seq=4 ttl=64 time=0.207 ms
64 bytes from 10.0.0.2: icmp_seq=5 ttl=64 time=0.203 ms
64 bytes from 10.0.0.2: icmp_seq=6 ttl=64 time=0.273 ms
--- 10.0.0.2 ping statistics ---
6 packets transmitted, 6 received, 0% packet loss, time 5004ms
rtt min/avg/max/mdev = 0.183/0.413/1.418/0.450 ms
```

해당 ping테스트 과정을 좀 더 세부적으로 파악하기 위해, 패킷 모니터링 도구인 tcpdump로 OVS 스위치 s1의 s1-eth1 인터페이스를 스캔해 보자.

```
$ sudo tcpdump -i s1-eth1

02:13:55.462008 ARP, Request who-has 10.0.0.2 tell 10.0.0.1, length 28
02:13:55.462929 ARP, Reply 10.0.0.2 is-at 2a:9d:dd:43:60:5b (oui Unknown), length 28
```

```
02:13:55.462949 IP 10.0.0.1 > 10.0.0.2: ICMP echo request, id 7440, seq 1, length 64
02:13:55.463363 IP 10.0.0.2 > 10.0.0.1: ICMP echo reply, id 7440, seq 1, length 64
02:13:56.466216 IP 10.0.0.1 > 10.0.0.2: ICMP echo request, id 7440, seq 2, length 64
02:13:56.466328 IP 10.0.0.2 > 10.0.0.1: ICMP echo reply, id 7440, seq 2, length 64
```

스캔 내용을 살펴보면, 우선 호스트 h1이 h2로 ping 메시지를 보내면 h1은 h2의 MAC 주소를 알아내기 위해 ARP 요청 메시지(ARP Request)를 보내고 h2로부터 ARP 응답 메시지(ARP Reply)를 받는다.

h1은 해당 응답 메시지에서 h2의 MAC 주소를 알아내고 ICMP 요청 메시지를 h2에 전달한다. 마찬가지로 해당 ICMP 요청 메시지를 받은 h2도 h1으로 ARP 메시지를 보내 h1의 MAC 주소를 알아내고, ICMP 응답 메시지를 보낸다.

위 과정을 플로우 테이블에서 플로우 정책이 매칭되는 과정 순으로 확인해 보자. 먼저 [그림 5-18]과 같이 h1에서 h2로 ping 메시지를 보내면 h1은 h2의 MAC 주소를 알아내기 위해 ARP 요청 메시지를 보내고, 해당 메시지는 OVS 스위치 s1의 1번 포트로 전달된다.

이때 OVS 스위치 s1은 메시지의 처리를 위해 자신의 플로우 테이블에 등록된 플로우 정책을 찾아본다. 플로우 테이블의 매치 필드(match field)에서 입력 포트(IN_PORT)가 1번으로 일치하면 ARP 요청 메시지는 출력 포트(OUTPUT)인 OVS 스위치 s1의 2번 포트를 통해서 h2로 전달된다.

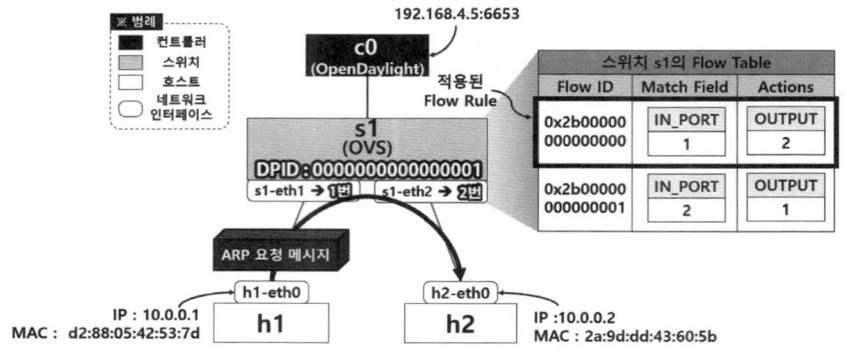

[그림 5-18] 호스트 h1→h2로 ARP 요청메시지를 보내는 과정

[그림 5-19]와 같이, h1으로부터 ARP 요청 메시지를 받은 h2는 자신의 MAC 주소를 포함한 ARP 응답 메시지를 보내고, 해당 메시지는 OVS 스위치 s1의 2번 포트로 전달된다. 이때 OVS 스위치 s1은 메시지의 처리를 위해 자신의 플로우 테이블에서 플로우 정책을 찾아본다.

플로우 테이블의 매치 필드에서 입력 포트(IN_PORT)가 2번으로 일치하면 ARP 응답 메시지는 출력 포트(OUTPUT)인 OVS 스위치 s1의 1번 포트를 통해서 h1으로 전달된다.

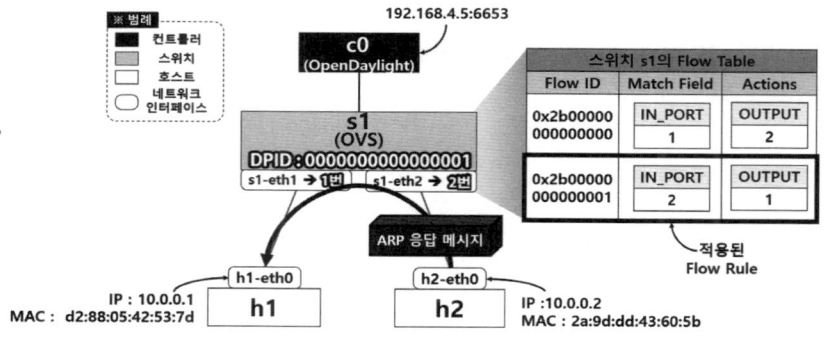

[그림 5-19] 호스트 h2→h1로 ARP 응답메시지를 보내는 과정

[그림 5-20]과 같이, h2로부터 ARP 응답 메시지를 전달받은 h1은 메시지에 포함된 h2의 MAC 주소를 파악하고, 해당 MAC 주소를 이용하여 ICMP 요청 메시지를 h2에 전달한다. ICMP 요청 메시지는 OVS 스위치 s1의 1번 포트로 제일 먼저 전달되며, OVS 스위치 s1은 메시지의 처리를 위해 자신의 플로우 테이블에 등록된 플로우 정책을 찾아본다.

플로우 테이블의 매치 필드에서 입력 포트(IN_PORT)가 1번으로 일치하면, ICMP 요청 메시지는 출력 포트(OUTPUT)인 OVS 스위치 s1의 2번 포트를 통해서 h2로 전달된다.

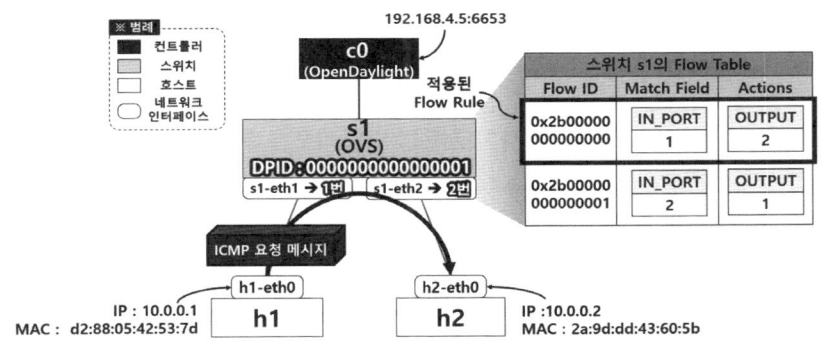

[그림 5-20] 호스트 h1→h2로 ICMP 요청메시지를 보내는 과정

[그림 5-21]과 같이, h1으로부터 ICMP 요청 메시지를 받은 h2는 이에 대한 응답으로 ICMP 응답 메시지를 생성해 h1로 전달한다. 이때 ICMP 응답 메시지는 OVS 브리지 s1의 2번 포트로 먼저 전달되고 OVS 스위치 s1은 메시지의 처리를 위해 자신의 플로우 테이블에서 플로우 정책을 찾아본다.

플로우 테이블의 매치 필드에서 입력 포트(IN_PORT)가 2번으로 일치하면, 해당 ARP 응답 메시지는 출력 포트(OUTPUT)인 OVS 스위치 s1의 1번 포트를 통해서 h1으로 전달된다.

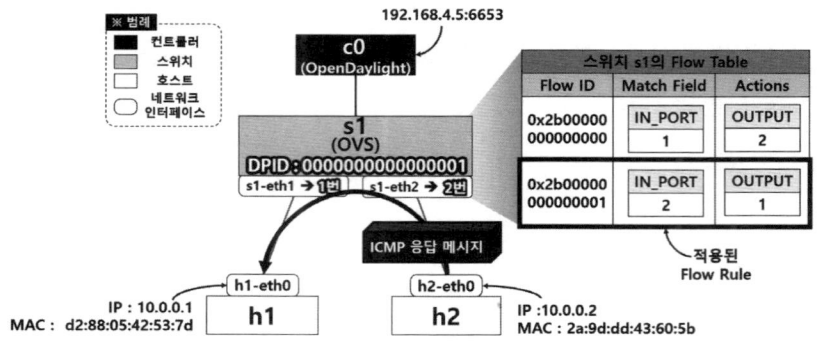

[그림 5-21] 호스트 h2→h1로 ICMP 응답메시지를 보내는 과정

여기까지 h1에서 h2로 ping 메시지를 보내는 동안 OVS 스위치 s1에 등록된 플로우 정책이 어떻게 적용되어 데이터를 전달하는지 살펴봤다. h2에서 h1로 ping 메시지를 보내는 경우에도 마찬가지로 동일한 방식으로 통신이 이루어진다.

5.2.10 네트워크 토폴로지 정보 확인

OpenDaylight에서는 이렇게 구성된 네트워크 정보를 웹 GUI 토폴로지를 통해서도 확인할 수 있다. 우선 OpenDaylight CLI로 접속하여 두 호스트 h1, h2가 OVS 스위치 s1의 몇 번 포트에 연결되었는지 확인하기 위해, 스위치와 연결된 단말 장치의 위치를 추적하는 feature인 'odl-l2switch-hosttracker'를 설치한다.

```
opendaylight-user@root> feature:install odl-l2switch-hosttracker
```

설치가 완료되면, OpenDaylight로 패킷에 포함된 헤더 정보를 통해 OVS 스위치에 포트별로 연결된 단말 장치의 MAC 주소 정보와 IP 주소를 파악할 수 있다. 실제 웹 브라우저에서 OpenDaylight 웹 GUI(http://192.168.1.5:8181/index.html#/

topology/)로 접속해 보면 토폴로지에 스위치와 연결된 단말 장치의 MAC 주소 정보를 확인할 수 있다.

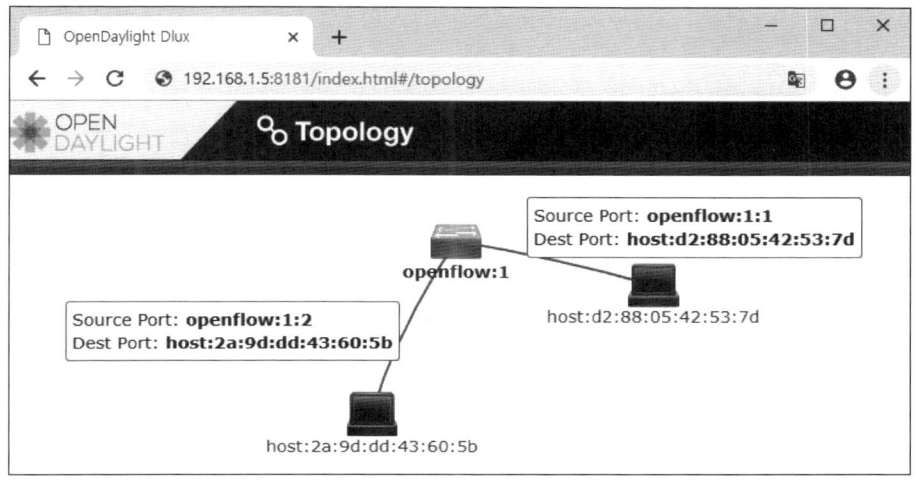

> **[보충 수업] OpenDaylight에서 리엑티브(Reactive) 방법으로 플로우 정책을 설정하려면?**
>
> 앞서 우리는 사용자가 직접 플로우 정책을 정의하고, SDN 제어기를 통해 미리 정의된 플로우 정책들을 SDN 스위치에 설정하는 프로액티브(proactive) 방식으로 OpenDaylight 실습을 진행했다. 만약 프로액티브 방식이 아니라 SDN 제어기 스스로 스위치 내부로 유입되는 데이터 패킷의 최적 경로를 결정하고, 이를 위한 플로우 정책을 스스로 직접 설정하는 리액티브 방식으로 동작하게 하려면 어떻게 해야 할까?
>
> 방법은 간단하다. 일단 플로우 정책을 설정해 주기 전 초기 상태에서 OpenDaylight CLI 모드로 접속하여 아래와 같이 'odl-l2switch-all' feature를 설치해 주면 된다.
>
> ```
> opendaylight-user@root> feature:install odl-l2switch-all
> ```
>
> 'odl-l2switch-all'을 설치하면 OpenDaylight가 L2 스위치를 대상으로 설정 및 관리하는 모든 feature들이 한 번에 설치되는데, feature 설치 후 다음과 같이 Mininet CLI로 접속하여 두 개의 호스트 h1, h2 사이에 ping 메시지를 보내면, 플로우 정책을 정의하지 않았음에도 두 호스트가 서로 정상적으로 패킷을 주고받음을 확인할 수 있다.

```
mininet> pingall
*** Ping: testing ping reachability
h1 -> h2
h2 -> h1
*** Results: 0% dropped (2/2 received)
```

실제로 플로우 테이블을 조회해 보면, 다음과 같이 OpenDaylight가 직접 정의한 플로우 정책이 자동으로 등록된 것을 알 수 있다.

```
$ sudo ovs-ofctl dump-flows s1 -O OpenFlow13
....
cookie=0x2a00000000000002, ...,dl_src=2a:9d:dd:43:60:5b,dl_
dst=d2:88:05:42:53:7d actions=output:"s1-eth1"
cookie=0x2a00000000000003, ...,dl_src=d2:88:05:42:53:7d,dl_
dst=2a:9d:dd:43:60:5b actions=output:"s1-eth2"
cookie=0x2b00000000000000, ..., in_port="s1-eth1" actions=out-
put:"s1-eth2",CONTROLLER:65535
cookie=0x2b00000000000001, ..., in_port="s1-eth2" actions=out-
put:"s1-eth1",CONTROLLER:65535
```

이처럼 리액티브 모드로 동작하는 경우에는 딱히 패킷에 대한 플로우 정책을 정의하지 않아도 OVS 스위치 s1에 미지의 패킷이 유입되면 OpenDaylight가 직접 해당 패킷이 목적지까지 갈 수 있도록 최적 경로를 결정하고 플로우 정책을 정의해 스위치에 설정한다. 참고로 해당 플로우 정책들이 적용되어 이루어지는 두 호스트(h1, h2) 간 통신 과정은 앞의 프로액티브 방식과 동일하다.

5.3 : ONOS로 VLAN 패킷 제어하기

다음으로 실습해 볼 SDN 제어기는 현재 OpenDaylight 다음으로 가장 많이 사용되고 있는 SDN 제어기 중 하나이며, 비영리 기관인 ON.LAB이 주도해 개발한 오픈 소스 SDN 제어기인 ONOS이다. 해당 ONOS를 가지고 이번에는 가상 네트워크가 아닌 라즈베리 파이로 직접 만든 물리 SDN 스위치에 플로우 정책을 정의하여 프로액티브 방식으로 일반 TCP 패킷이 아닌 VLAN 패킷을 제어해 보는 실습을 진행해 보겠다.

[보충 수업] VLAN(Virtual LAN)이란??

VLAN은 Virtual LAN의 약자로, 물리적인 네트워크 구성과 상관없이 구성된 논리적인 가상의 LAN을 말한다. 즉, 논리적인 네트워크 구성으로 물리적인 네트워크와 같은 특성을 구현한 거라고 이해하면 된다.

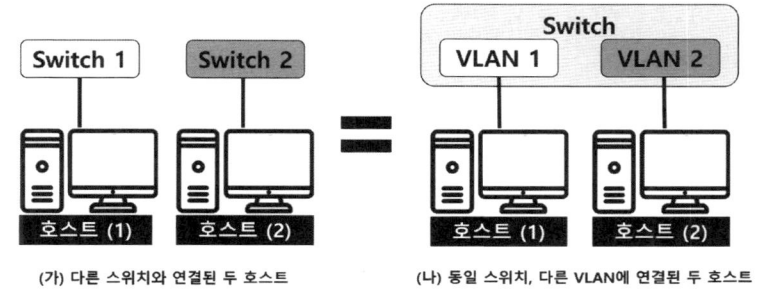

(가) 다른 스위치와 연결된 두 호스트   (나) 동일 스위치, 다른 VLAN에 연결된 두 호스트

[그림 5-22] VLAN의 연결구조 비교

[그림 5-22]의 (가)와 같이 물리적으로 다른 스위치에 연결된 두 호스트는 서로 통신을 할 수 없다. 그런데 (나)를 보면 호스트가 동일한 스위치에 연결되어 있기 때문에 언뜻보면 서로 통신이 가능할 것처럼 보이지만, 논리적으로 서로 다른 VLAN 그룹에 속하기 때문에, 두 호스트 역시 서로 통신을 할 수 없다. 그런 점에서 (가)와 (나)는 같은 구조라고 볼 수 있다.

이런 VLAN의 장점으로는 다음과 같이 크게 네 가지가 있다.

1. **네트워크 리소스 보안 강화**

    같은 네트워크망이라도 다른 VLAN 그룹이면 통신이 어렵다.

2. **비용 절감**

    스위치나 라우터 등의 추가 네트워크 장비 없이도 독립된 네트워크 구성이 가능하다.

3. **손쉬운 네트워크 그룹 이동**

    네트워크 관리자가 물리적인 네트워크 그룹을 옮기려면 장비 이동 등의 물리적인 노력과 시간 필요하지만, VLAN 구성에서는 간단한 설정만으로 그룹 이동이 가능하다.

4. **불필요한 트래픽 감소**

    VLAN은 서로 다른 네트워크 구성이므로 브로드캐스트 패킷이 다른 VLAN으로 전송되지 않아 세분화된 브로드캐스트 도메인을 나눌 수 있기 때문에 불필요한 트래픽을 줄일 수 있다.

5.3.1 실습 구조 소개

이번 실습에서는 Mininet 가상 네트워크 환경이 아니라, 우분투 마테 20.10 버전의 리눅스 운영체제가 설치된 라즈베리 파이 3B+ 모델을 가지고 실제 물리 SDN 스위치를 만들어 네트워크 환경을 구성한다. 실습을 위한 세부 네트워크 연결 구조는 다음 [그림 5-23]과 같다. 간단하게 네트워크 연결 구성을 살펴보면, 먼저 OVS 기반 물리 SDN 스위치로 활용되는 라즈베리 파이는 유선 이더넷 포트(eth0)를 통해 ONOS와 동일한 '192.168.3.0/24' 대역 네트워크로 묶인다. 그리고 그 사이는 OpenFlow 프로토콜 기반으로 연결이 성립된다.

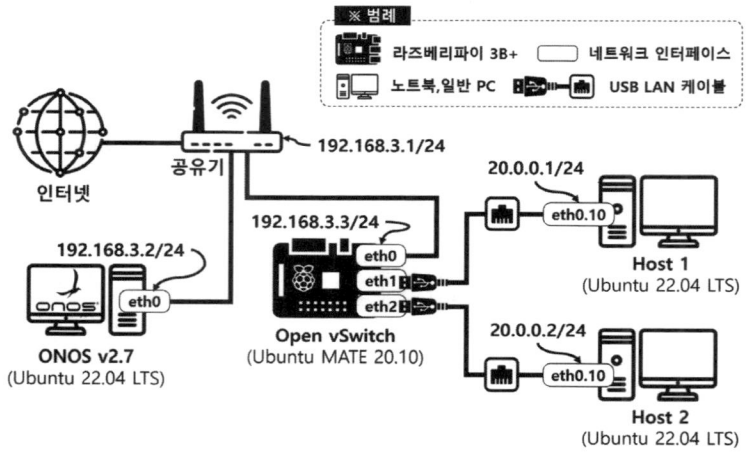

[그림 5-23] ONOS 실습의 물리 네트워크 연결 구조

라즈베리 파이는 이더넷 포트를 한 개만 지원하기 때문에, 별도 USB 이더넷 어댑터를 통해서 이더넷 포트를 확장하고, 확장된 이더넷 포트(eth1, eth2)에는 외부에 있는 두 개의 단말 장치(Host 1, Host 2)가 VLAN 10 인터페이스(eth0.10)를 통해 연결된다. 여기서 두 단말 장치(Host 1, Host 2)의 VLAN 10 인터페이스(eth0.10)에는 각각 20.0.0.0/24 대역의 IP 주소가 할당되며, ONOS로 정의된 플로우 정책을 통해

VLAN ID값이 10으로 태깅된 데이터 패킷을 SDN 스위치를 통해 서로 주고받도록 해 보겠다.

실습을 통해 구성할 라즈베리파이 내부 논리 네트워크 구조를 좀 더 자세히 살펴보면 다음 [그림 5-24]와 같다.

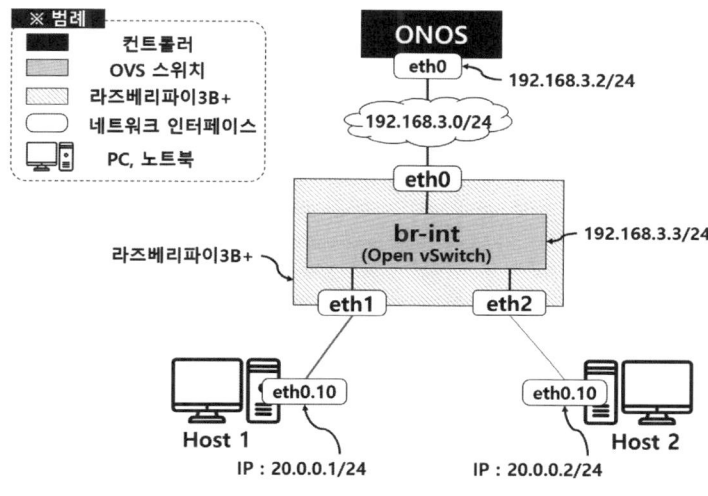

[그림 5-24] 라즈베리 파이 내부 Open vSwitch로 구성한 논리적인 네트워크

해당 그림에서 라즈베리 파이 내부에는 OVS 스위치 'br-int'가 하나 생성되고, 해당 스위치에는 세 개의 물리 이더넷 장치(eth0, eth1, eth2)가 연결된다. eth0 이더넷 장치에는 ONOS와 192.168.3.0/24 대역의 동일 네트워크로 묶여 서로 통신할 수 있고, 다른 두 개의 이더넷 장치에는 각각 단말 장치(Host 1, Host 2)가 연결된다. 이대 단말 장치는 VLAN 10 인터페이스(eth0.10)를 통해 OVS 스위치와 연결된다.

그럼 이제부터 실습 환경을 구축하고, ONOS로 직접 OVS 스위치에 플로우 정책을 설정하여 VLAN 10인 패킷을 두 단말 장치가 서로 주고받도록 ping 테스트까지 진행해 보겠다.

5.3.2 ONOS 설치 환경 구축

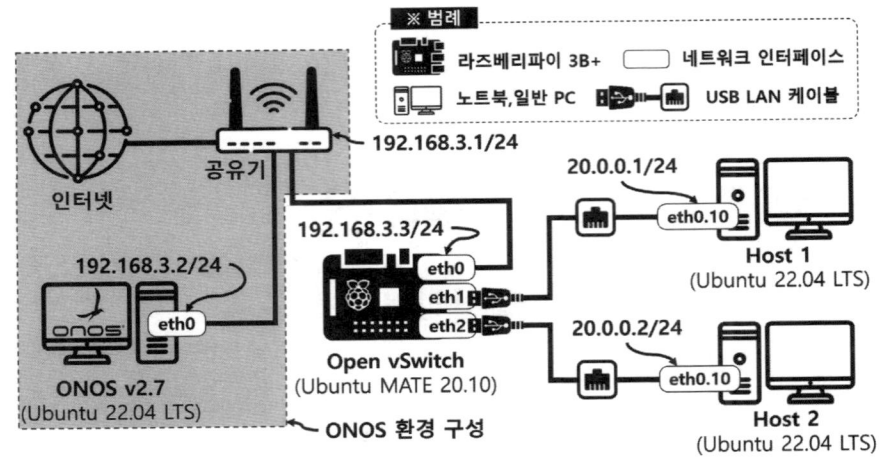

[그림 5-25] ONOS 환경 구성도

[그림 5-25]와 같이 PC를 하나 준비해 공유기에 연결하여 ONOS 설치 환경부터 먼저 구축해 보겠다. ONOS 공식 위키(Wiki)에 따르면 ONOS를 설치하기 위한 하드웨어의 최소 요구 사항으로는 CPU 코어 수가 최소 2개, 메모리 사이즈는 최소 2GB, 하드디스크 용량은 최소 10GB, 그리고 이더넷 인터페이스는 속도에 상관없이 반드시 1개를 지원해야 한다. 이를 만족하는 PC에 5.1.1절을 참고하여 우분투 22.04 LTS 버전을 설치한다.

항목	사양
CPU	2 Core 이상
RAM	2 GB 이상
HDD	16 GB 이상
NIC	1개 (Any Speed)
OS	Ubuntu 22.04 64 bits LTS

[그림 5-26] ONOS 설치를 위한 최소 하드웨어 사양

그리고 우분투 설치가 완료되면 [그림 5-27]과 같이, PC를 유무선 공유기에 연결하여 외부 인터넷과 통신할 수 있도록 네트워크를 구성한다. 여기서 5.1.3절을 참고하여, Netplan 도구로 PC의 물리 이더넷 장치 'eth0'에는 IP 주소를 '192.168.3.2'로 설정하고, 게이트웨이 주소는 유무선 공유기 주소인 '192.168.3.1'로 설정해 인터넷과 연결되도록 구성한다.

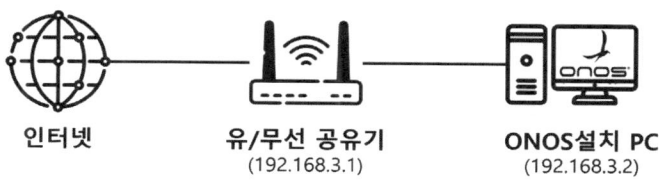

[그림 5-27] PC의 네트워크 연결 구조

준비된 PC에 네트워크 구성 및 우분투 22.04 LTS 버전까지 설치가 완료되었다면, 해당 PC에 ONOS 24번째 배포판 'X-Wing' (2.7.0버전)을 설치해보겠다. 참고로 원래 실습에서는 ONOS 공식 배포버전을 그대로 다운받아 실행하고자 했지만, 현재 ONOS 배포판이 우분투 운영체제 환경에서 제대로 실행되지 않는 문제가 발견되어, 여기서는 ONOS 소스파일을 직접 빌드하여 설치하는 방법과 도커 컨테이너 환경에서 패키지 이미지 그대로 ONOS를 실행하는 방법 2가지를 소개한다. 실습에서는 이중 편한 방식으로 선택해서 ONOS 설치를 진행하면 된다.

5.3.3 ONOS 설치 및 실행(1) – 소스 파일 직접 빌드하여 설치/실행하기

빌드 배포판은 이미 빌드가 완료된 ONOS 실행 파일을 포함하기 때문에 ONOS 실행 중 발생에러에 대한 직접적인 수정이 어렵다. 그래서 번거롭지만 안정적으로 ONOS를 동작시키기 위해 Google에서 만든 오픈 소스 빌드 도구인 Bazel로 ONOS 2.7.0 버전 소스 파일을 직접 빌드해 설치해 보겠다.

ONOS 빌드에 필요한 기본 패키지 설치 및 설정

일단 우분투가 설치된 PC에 터미널로 접속하여, 패키지 목록을 최신 상태로 업데이트해 주고 ONOS 빌드 설치에 필요한 기본 패키지들을 다음과 같이 설치한다.

```
$ sudo apt-get update && sudo apt-get install -y npm python2 openjdk-21-jdk zip
```

이때 설치되는 기본 패키지와 각 패키지의 역할은 다음과 같다.

설치 패키지명	패키지 역할
npm	JavaScript 실행 환경을 제공하는 Node.js 패키지 관리 도구
python2	객체지향 프로그래밍 언어인 파이썬(Python)의 2.0 버전
openjdk-21-jdk	객체지향 프로그래밍 언어인 자바(JAVA)의 버전 21을 지원하는 오픈 소스 자바 개발 도구(Open Java Development Kit, OpenJDK)
zip	파일 및 디렉터리 압축 프로그램

기본 패키지 설치가 모두 완료되면, 자바의 경우 설치 버전을 조회했을 때 아래와 같이 23년 12월 기준 21.0.1이 조회된다.

```
$ java -version
openjdk version "21.0.1" 2023-10-17
OpenJDK Runtime Environment (build 21.0.1+12-Ubuntu-222.04)
OpenJDK 64-Bit Server VM (build 21.0.1+12-Ubuntu-222.04, mixed mode, sharing)
```

설치된 파이썬(Python)의 경우 버전을 조회해 보면, 아래와 같이 23년 12월 기준 2.7.18 버전이 조회된다.

```
$ python2 -V
Python 2.7.18
```

여기서 ONOS가 빌드될 때 파이썬 실행 명령어는 'python2'가 아니라 'python'으로 실행된다. 그래서 기존 실행 명령어가 'python'으로 실행되도록 심볼릭 링크(Symbolic Link)를 생성해 주어야 한다. 이를 위해 일단 기존 파이썬 실행 파서의 경로를 다음과 같이 조회한다.

```
$ which python2
/usr/bin/python2
```

그리고 조회된 경로상에 'python'이라는 심볼릭 링크(Symbolic Link)를 생성한다.

```
$ sudo ln -s /usr/bin/python2 /usr/bin/python
```

심볼릭 링크가 제대로 생성되었다면, 'python'으로 파이썬 버전을 조회하더라도 이전과 동일하게 2.7.18 버전이 조회됨을 다음처럼 확인할 수 있다.

```
$ python -V
Python 2.7.18
```

ONOS 빌드도구 Bazel 설치하기

이어서 ONOS를 빌드하기 위해 Google에서 만든 오픈 소스 빌드 도구인 Bazel을 설치해 보겠다. 우선 Ubuntu 22.04 기본 패키지 저장소에서는 Bazel을 지원하지 않는다. 그래서 APT 패키지 저장소 목록에 Bazel을 추가하기 위한 몇 가지 절차가 필요한데, 일단 다음과 같이 Bazel설치에 필요한 패키지들을 PC에 먼저 설치해 준다.

```
$ sudo apt-get update && sudo apt-get install apt-transport-https curl gnupg
```

이때 설치되는 패키지와 각 패키지의 역할은 다음과 같다.

설치 패키지명	패키지 역할
apt-transport-https	https를 통해 Repository의 데이터 및 패키지에 접근할 수 있도록 지원
Curl	API를 호출할 때 사용하는 CLI 도구
Gnupg	데이터를 암호화하고 전자 서명을 만들 수 있는 오픈 소스 암/복호화 도구(=GNU Privacy Guard, 이하 GPG)

패키지 설치가 완료되면, 이 중 설치된 cURL 도구로 bazel에서 공식으로 배포하는 GPG 공개키를 다운로드하고 이를 'bazel-archive-keyring.gpg' 파일로 변환해 저장한다.

```
$ curl -fsSL https://bazel.build/bazel-release.pub.gpg | \
> gpg --dearmor >bazel-archive-keyring.gpg
```

변환한 bazel-archive-keyring.gpg 파일을 '/usr/shzre/keyrings' 디렉터리로 옮긴다.

```
$ sudo mv bazel-archive-keyring.gpg /usr/share/keyrings
```

이제 APT 패키지 저장소 목록에 Bazel 저장소를 추가하기 위해 다음과 같이 앞서 다운로드한 Bazel의 GPG 공개키 위치(/usr/share/keyrings/bazel-archive-keyring.gpg), Bazel 공식 배포 경로(https://storage.googleapis.com/bazel-apt), 버전(stable), 그리고 사용할 JDK 버전(jdk1.8) 정보를 생성하고 이를 APT 패키지 저장소 정보가 저장되는 '/etc/apt/sources.list.d/' 경로에 bazel.list 파일로 등록한다.

```
$ echo \
> "deb [arch=amd64 signed-by=/usr/share/keyrings/bazel-archive-keyring.gpg] \
> https://storage.googleapis.com/bazel-apt stable jdk1.8" | \
> sudo tee /etc/apt/sources.list.d/bazel.list
```

패키지 목록을 최신 상태로 업데이트해 주고, Bazel 3.7.2 버전을 설치해 준다.

```
$ sudo apt-get update && sudo apt-get install -y bazel-3.7.2
```

설치 후 다음과 같이 Bazel 설치 버전이 3.7.2로 조회된다면, 성공적으로 Bazel 설치가 완료된다.

```
$ bazel-3.7.2 version

Extracting Bazel installation...
Starting local Bazel server and connecting to it...
Build label: 3.7.2
```

ONOS 2.7.0 소스 파일 빌드 설치하기

이제 ONOS 소스 파일을 직접 다운받아 빌드 설치해 보겠다. ONOS의 소스 파일을 가져오기 위해 소프트웨어 형상 관리 도구인 Git을 아래와 같이 설치한다.

```
$ sudo apt-get install git
```

ONOS Git 스토리지에서 배포 중인 ONOS 소스 파일을 복사한다.

```
$ git clone https://gerrit.onosproject.org/onos
```

소스 파일 다운로드가 완료되면, 'onos'라는 디렉터리가 하나 생성된다. 일단 해당 디렉터리로 이동한다.

```
$ cd onos
```

그리고 다운로드한 Git 소스 파일의 커밋(Commit) 버전을 2.7.0으로 변경한다.

```
$ git checkout 2.7.0

Note: switching to '2.7.0'.
.....
HEAD is now at a821487ebb Tagging 2.7.0
```

마지막으로 Bazel 도구를 가지고 ONOS 소스 파일을 빌드한다. 빌드까지는 대략 수십여 분이 걸리며, 성공적으로 빌드가 완료되면 'Build Complete successfully' 라는 메시지를 확인할 수 있다.

```
$ bazel-3.7.2 build onos
.....
INFO: Elapsed time: 280.041s, Critical Path: 112.03s
INFO: 1076 processes: 1 internal, 1044 linux-sandbox, 1 local, 30 worker.
INFO: Build completed successfully, 1076 total actions
```

ONOS 실행하기

성공적으로 ONOS 빌드가 완료되었다면, 이번에는 빌드 도구인 Bazel 도구로 다음과 같이 ONOS를 실행해 준다. 이때 'double dash(--)' 옆에 붙는 실행 옵션 내용을 살펴보면, 'clean' 옵션은 이전에 실행되었던 ONOS 상태 정보를 초기화하는 것을 의미하고, 'debug' 옵션은 ONOS가 실행될 때 디버깅 정보를 포함해 로그 정보를 출력하는 것을 의미한다.

```
$ bazel-3.7.2 run onos-local -- clean debug
```

ONOS가 성공적으로 실행되었다면, 아래와 같이 현재 서비스 포트 상태를 조회했을 때, ONOS CLI 인터페이스를 지원하는 8101번 TCP 포트와 웹 GUI 및 REST API와 같은 웹 기반 인터페이스를 지원하는 8181번 TCP 포트가 활성화된 것을 알 수 있다.

```
$ netstat -tnlp

(Not all processes could be identified, non-owned process info
 will not be shown, you would have to be root to see it all.)
Active Internet connections (only servers)
Proto Recv-Q Send-Q Local Address     Foreign Address    State      PID/Program name
tcp6       0      0 :::8101           :::*               LISTEN     2086/java
tcp6       0      0 :::8181           :::*               LISTEN     2086/java
.....
```

5.3.4 ONOS 설치 및 실행(2) – 도커(Docker) 컨테이너로 ONOS 실행하기

ONOS 소스 파일을 직접 빌드해 설치하는 방법은 ONOS가 실행되는 호스트 PC에 가장 최적화된 형태로 실행 가능하다는 장점이 있지만 초기 빌드 과정에서 시간이 많이 소요되고, 빌드 환경 구축 또한 꽤 까다롭다는 단점이 있다. 또한 ONOS가 호스트 PC의 리소스를 그대로 사용하기 때문에 호스트 PC에 장애가 발생할 경우 실행 중인 ONOS에도 영향을 준다는 문제점이 있다. 그래서 이번에는 컨테이너 실행환경을 제공하는 도커(Docker)를 가지고 호스트 PC와 리소스를 공유하지 않고 격리된 리소스 환경에서 ONOS 최신 배포판을 설치 실행하는 방법을 소개하겠다.

도커 컨테이너 환경 구축하기

일단 우분투가 설치된 PC에 터미널로 접속하여, 앞의 5.1.4 절을 참고해 도커 컨테이너를 설치한다. 성공적으로 도커 설치가 완료되었다면 현재 PC 내부는 [그림 5-28]과 같이 IP 주소 '172.17.0.1/16'이 할당된 'docker0' 브릿지 하나만 기본으로 생성되어 있다. 이제 여기에 ONOS 컨테이너를 생성하고 해당 브릿지를 통해 외부 인터넷망과 통신까지 되도록 구성해 보겠다.

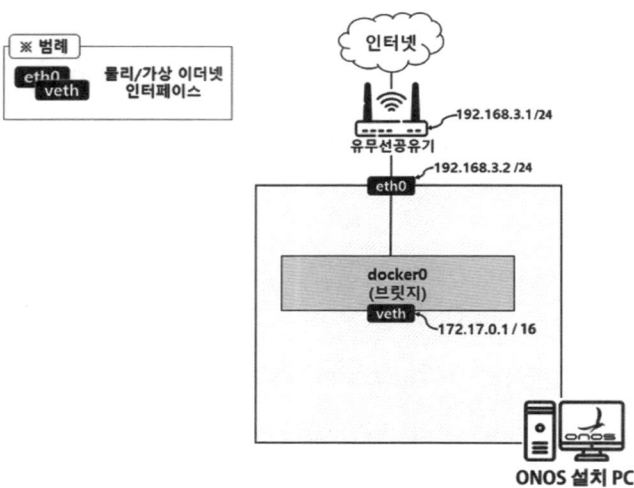

[그림 5-28] 도커 컨테이너 환경이 구축된 PC 내부 네트워크 구조

ONOS 2.7.0 컨테이너 배포 이미지 실행하기

우선 웹 브라우저를 실행해 도커 허브 사이트(https://hub.docker.com)로 접속하여, 페이지 상단 검색 창에 'onos' 컨테이너 이미지를 검색한다. 그리고 검색된 이미지 중에서 'onosproject'에서 공식 배포중인 'onosproject/onos' 이미지를 선택한다.

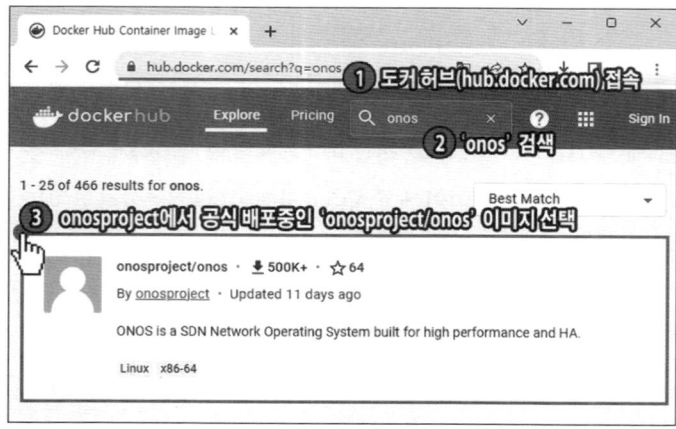

그리고 다음 그림과 같이 'Tags' 탭 메뉴로 이동하여, ONOS 최신 2.7 버전을 의미하는 태그명인 '2.7-latest'를 확인하고, 우측의 해당 태그의 이미지를 가져올 수 있는 'docker' 명령어를 복사한다.

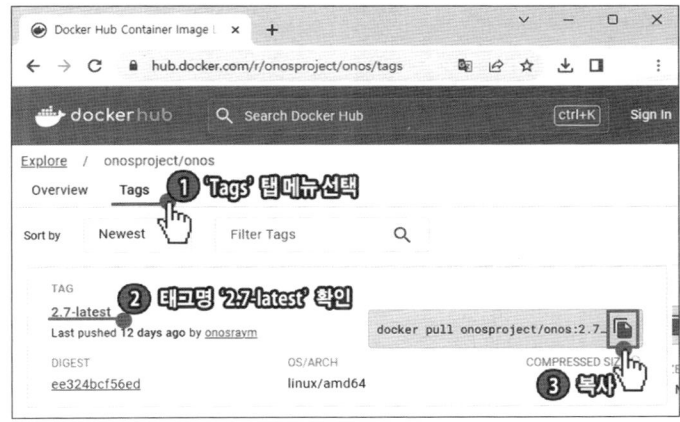

ONOS 설치 PC에 터미널로 접속하여, 앞서 복사한 'docker' 명령어를 그대로 '붙여넣기' 하거나, 다음과 같이 'docker pull' 명령어를 직접 입력하여 태그명이 '2.7-latest'인 컨테이너 이미지 'onosproject/onos'를 가져온다.

```
$ sudo docker pull onosproject/onos:2.7-latest
```

성공적으로 PC에 컨테이너 이미지를 가져왔다면, 다음처럼 태그명이 '2.7-latest'인 컨테이너 이미지 'onosproject/onos'를 조회할 수 있다.

```
$ sudo docker image ls
REPOSITORY         TAG          IMAGE ID       CREATED       SIZE
onosproject/onos   2.7-latest   1cadc6384f00   11 days ago   875MB
```

이제 'docker run' 명령어로 다음과 같이 옵션을 적용하여 'onos-2.7'이란 이름으로 컨테이너 이미지를 실행한다.

```
$ sudo docker run -i -t -d -p 8181:8181 -p 8101:8101 \
> --name onos-2.7 onosproject/onos:2.7-latest /bin/bash
```

이때 적용된 실행 옵션 별 세부적인 내용은 다음의 표를 참조하자.

옵션명	옵션 내용
-i	https를 통해 Repository의 데이터 및 패키지에 접근할 수 있도록 지원
-t	API를 호출할 때 사용하는 CLI 도구
-d	데이터를 암호화하고 전자 서명을 만들 수 있는 오픈 소스 암/복호화 도구(=GNU Privacy Guard, 이하 GPG)
-p 8181:8181 -p 8101:8101	실행 중인 컨테이너와 호스트 PC가 TCP 포트 8181번과 8101번을 통해 포트 포워딩이 되도록 설정
--name onos-2.7	실행할 컨테이너 이름을 'onos-2.7'로 설정
/bin/bash	컨테이너가 시작할 때 bash 셸을 사용하도록 설정

성공적으로 컨테이너 이미지가 실행되었다면 다음과 같이 현재 실행중인 도커 컨테이너의 ID 정보와 설정 정보, 실행 상태, 컨테이너 이름 'onos-2.7' 등의 상세 내용을 확인할 수 있다. 일단 여기까지 진행되었다면, ONOS를 도커 컨테이너로 실행하는 과정은 모두 완료된다.

```
$ sudo docker ps
CONTAINER ID    IMAGE STATUS                  COMMAND                    ..... NAMES
b35113ca8746    onosproject/onos:2.7-latest   "./bin/onos-service ..."   ..... onos-2.7
```

ONOS 컨테이너 네트워크 구조 파악하기

그럼 이제 현재 도커 컨테이너로 실행 중인 ONOS의 내부 네트워크는 어떻게 구성되어 있는지 한번 확인해 보겠다. 이를 위해 먼저 'docker exec' 명령어로 현재 실행 중인 ONOS 컨테이너 'onos-2.7'에 터미널로 접속한다. 성공적으로 접속했다면, 다음과 같이 root 권한으로 컨테이너 접속이 완료된다.

```
$ sudo docker exec -it onos-2.7 /bin/bash
root@b35113ca8746:/#
```

컨테이너에 root 권한으로 접속한 상태에서 패키지 목록을 최신으로 업데이트하고, 기본 편집 도구인 'vim'과 네트워크 기본 환경 설정 도구인 'net-tools'를 설치해 준다.

```
# apt-get update && apt-get install -y vim net-tools
```

'ifconfig' 명령어로 현재 접속 중인 컨테이너의 네트워크 인터페이스 정보를 확인해 보면 'eth0' 이더넷 장치에 IP 주소 '172.17.0.2' 서브넷 마스크 '255.255.0.0'이 할당된 것을 알 수 있다.

```
# ifconfig eth0
eth0: flags=4163<UP,BROADCAST,RUNNING,MULTICAST>  mtu 1500
        inet 172.17.0.2  netmask 255.255.0.0  broadcast 172.17.255.255
        ether 02:42:ac:11:00:02  txqueuelen 0  (Ethernet)
        RX packets 9870  bytes 34323187 (34.3 MB)
        RX errors 0  dropped 0  overruns 0  frame 0
        TX packets 8145  bytes 448763 (448.7 KB)
        TX errors 0  dropped 0 overruns 0  carrier 0  collisions 0
```

이어서 해당 컨테이너의 라우팅 테이블을 조회해 보면, 다음처럼 기본 게이트웨이 주소가 '172.17.0.1'인 브릿지 'docker0'로 지정된 것을 알 수 있다. 이것은 기본적으로 컨테이너가 브릿지 docker0를 통해서 외부망과 데이터를 주고받을 수 있다는 의미이다.

```
# route

Kernel IP routing table
Destination     Gateway         Genmask         Flags Metric Ref    Use Iface
default         172.17.0.1      0.0.0.0         UG    0      0        0 eth0
172.17.0.0      0.0.0.0         255.255.0.0     U     0      0        0 eth0
```

마지막으로 컨테이너에서 현재 실행 중인 서비스 포트 상태를 조회했을 때, ONOS CLI 인터페이스를 지원하는 8101번 TCP 포트와 웹 GUI 및 REST API와 같은 웹 기반 인터페이스를 지원하는 8181번 TCP 포트가 활성화된 것을 알 수 있다.

```
# netstat -tnlp

Active Internet connections (only servers)
Proto Recv-Q Send-Q Local Address      Foreign Address    State       PID/Program name
tcp        0      0 0.0.0.0:8101       0.0.0.0:*          LISTEN      62/java
tcp        0      0 0.0.0.0:8181       0.0.0.0:*          LISTEN      62/java
.....
```

이제 앞에서 조회한 정보들을 가지고 ONOS가 실행중인 컨테이너의 네트워크 구조를 파악해 보면, [그림 5-29]와 같이 우선 PC는 IP 주소 '192.168.3.2/24'가 할당되어 유무선 공유기를 게이트웨이 삼아 외부 인터넷과 연결된다. PC 안에는 ONOS 2.7 버전이 컨테이너로 실행되고 있으며, 해당 컨테이너의 네트워크 인터페이스 'eth0'은 IP 주소가 '172.17.0.1/16'인 가상 브릿지 'docker0'와 연결되어 IP 주소 '172.17.0.2/16'을 자동 할당받는다. 즉, ONOS 컨테이너가 'docker0'라는 브릿지를 게이트웨이 삼아 동일한 L2 네트워크 '172.17.0.0/16' 대역으로 묶여 있다고 보면 된다. 그리고 docker0 브릿지와 PC 물리 인터페이스 'eth0' 사이는 TCP 포트 번호 8101번, 8181번의 포트 포워딩을 통해 외부에서 내부 컨테이너로 ONOS의 GUI와 CLI 환경에 접근할 수 있다.

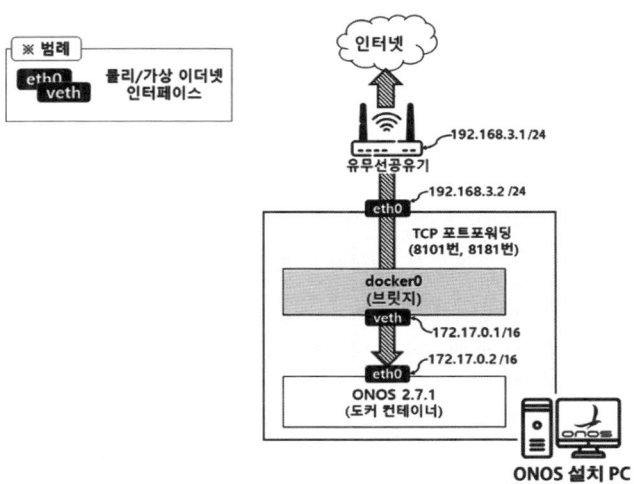

[그림 5-29] ONOS 컨테이너가 실행 중인 PC의 내부 네트워크 구조

5.3.5 ONOS CLI 접속

ONOS 설치 및 실행까지 모두 완료되었다면 이제 실행 중인 ONOS에 CLI로 접속해 보기 위해, SSH 프로토콜을 기반으로 암호화된 터미널 통신을 지원하는 오픈 소스 소프트웨어인 OpenSSH를 설치해 준다.

```
$ sudo apt-get install openssh-server
```

현재 ONOS는 8101번 TCP 포트를 통해 실행 중이므로 다음과 같이 OpenSSH를 통해 접속하자. 초기 접속 ID와 Password는 모두 'karaf'이다.

```
$ ssh -p 8101 karaf@192.168.3.2
Password authentication
Password: karaf
```

다음과 같이 터미널에 ONOS 로고가 뜨면 CLI에 접속이 완료된다. ONOS CLI 페이지에서 로그아웃을 할 때는 키보드로 〈Ctrl〉+〈D〉 키를 누르거나, ONOS 명령어 입력창에 'logout'이라고 입력해주면 된다.

```
Password authentication
Password:
Welcome to Open Network Operating System (ONOS)!
```

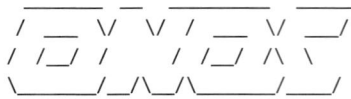

```
Documuntation: wiki.onosproject.org
Tutorials:    tutorials.onosproject.org
Mailing lists: lists.onosproject.org

Come help out! Find out how at: contribute.onosproject.org

Hit '<tab>' for a list of available commands
and '[cmd] --help' for help on a specific command.
Hit '<ctrl-d>' or type 'logout' to exit ONOS session.
```

5.3.6 ONOS GUI 접속

다음으로 ONOS의 웹 GUI에 접속해 보자. 일단 ONOS CLI에 접속한 상태에서 현재 실행 중인 애플리케이션을 조회했을 때, ONOS 웹 GUI 서비스를 제공하는 애플리케이션인 'org.onosproject.gui2'가 실행 중이어야 한다.

```
karaf@root > apps -a -s
 *   8 org.onosproject.drivers          2.5.1    Default Drivers
 * 105 org.onosproject.gui2             2.5.1    ONOS GUI2
```

만약 'org.onosproject.gui2' 애플리케이션이 조회되지 않는다면, ONOS CLI 모드에서 다음과 같이 애플리케이션을 활성화시켜 준다.

```
karaf@root > app activate org.onosproject.gui2
Activated org.onosproject.gui2
```

애플리케이션이 성공적으로 실행되었다면, 이제 PC에서 웹 브라우저를 실행하고 주소창에 'http://192.168.3.2:8181/onos/ui'라고 입력하여 ONOS 웹 GUI로 접속한다. 그러면 아래와 같이 ONOS 로고와 함께 접속 계정명과 비밀번호를 묻는데, 초기 접속 ID와 Password인 'karaf'를 입력하고, 하단의 〈Login〉 버튼을 눌러 로그인해 준다.

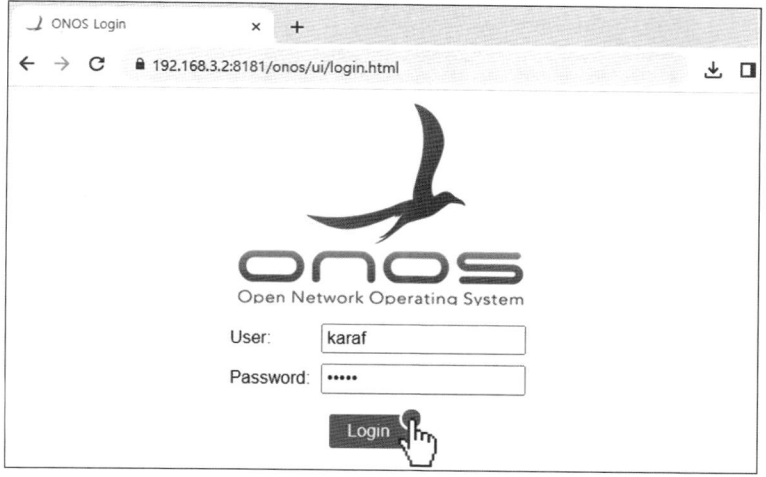

로그인을 완료하면, ONOS의 웹 GUI 페이지를 확인할 수 있다. 현재는 ONOS와 연결된 SDN 스위치 장비가 전혀 없기 때문에 'No Device Are Connected'라는 메시지 내용과 설치된 ONOS 버전 정보만 확인할 수 상태이다. 그리고 GUI에서 ONOS가 설치된 IP 주소도 확인할 수 있는데 도커 컨테이너로 실행했다면 컨테이너 주소인 '172.17.0.2'가 출력되고, 직접 PC에 소스 파일을 빌드하여 실행했다면 '192.168.3.2'가 출력된다.

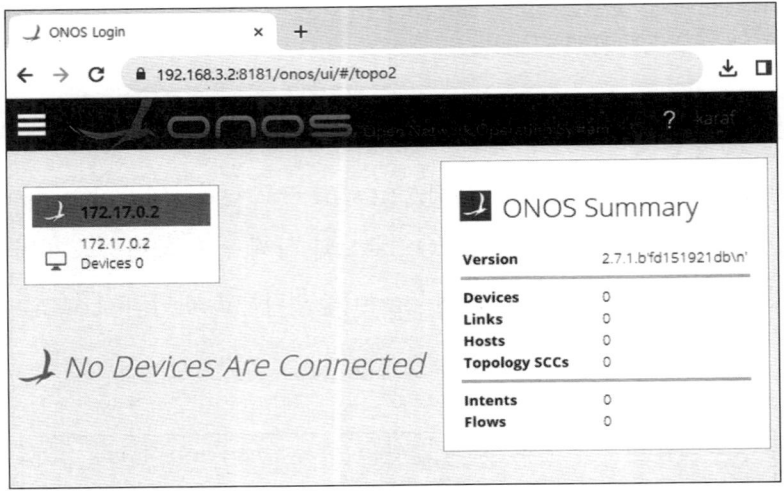

5.3.7 OpenFlow 앱 실행

이제 ONOS의 OpenFlow 프로토콜 기능들이 동작할 수 있도록 관련 애플리케이션을 실행해 보겠다. ONOS CLI로 접속하여 OpenFlow 프로토콜을 지원하는 ONOS 애플리케이션인 'org.onosproject.openflow'를 활성화한다.

```
karaf@root > app activate org.onosproject.openflow
Activated org.onosproject.openflow
```

그러고 나서 실행 중인 애플리케이션을 조회해 보면, OpenFlow 애플리케이션뿐만 아니라 연계된 다른 애플리케이션들도 함께 실행되고 있음을 알 수 있다.

```
karaf@root > apps -a -s
*  17 org.onosproject.drivers            2.5.1    Default Drivers
*  18 org.onosproject.optical-model      2.5.1    Optical Network Model
*  40 org.onosproject.hostprovider       2.5.1    Host Location Provider
*  54 org.onosproject.lldpprovider       2.5.1    LLDP Link Provider
*  55 org.onosproject.openflow-base      2.5.1    OpenFlow Base Provider
*  56 org.onosproject.openflow           2.5.1    OpenFlow Provider Suite
* 160 org.onosproject.gui2               2.5.1    ONOS GUI2
```

함께 실행되는 핵심 애플리케이션에 대한 정보는 [표 5-5]와 같다.

ONOS 애플리케이션	기능 및 역할
org.onosproject.hostprivider	네트워크에서 호스트 연결 정보 제공
org.onosproject.lldpprovider	LLDP 프로토콜 기반으로 서버, 스위치, 기타 네트워킹 장치 간 연결 정보 제공
org.onosproject.openflow-base	OpenFlow 프로토콜 기반 네트워크 서비스 제공
org.onosproject.openflow	OpenFlow 프로토콜 기반 네트워크 서비스 제공을 위한 기본 패키지

[표 5-5] OpenFlow 관련 ONOS 핵심 애플리케이션 기능 및 역할

5.3.8 라즈베리파이에 물리 네트워크 구성

이번에는 [그림 5-30]과 같이 라즈베리 파이를 공유기에 연결하여 ONOS와 동일한 192.168.3.0/24 대역의 네트워크로 구성해 보자.

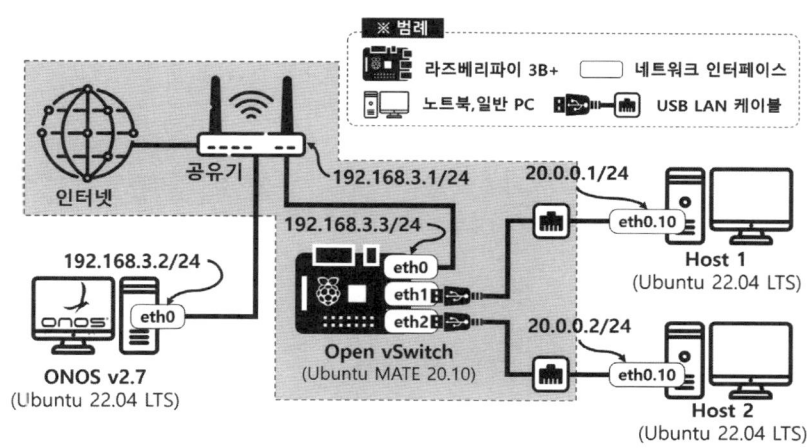

[그림 5-30] 라즈베리파이를 이용한 물리 네트워크 구성

라즈베리파이는 이더넷 포트가 하나뿐이므로 추가 이더넷 포트 확장을 위해 다음과 같이 라즈베리 파이 3B+ 모델 한 개와 USB 이더넷 어댑터를 두 개 준비한다.

이미지	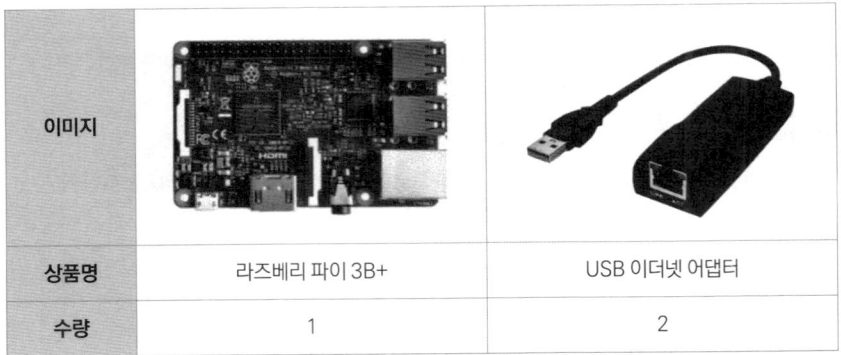	
상품명	라즈베리 파이 3B+	USB 이더넷 어댑터
수량	1	2

라즈베리 파이의 하나뿐인 유선 이더넷 포트에는 ONOS가 연결된 공유기를 연결해 '192.168.3.0/24' 대역의 동일 네트워크로 묶어 주고, USB 포트에는 USB 이더넷 어댑터 두 개를 연결하여 이더넷 포트를 확장해 준다. 그리고 5.1.2절을 참고하여 라즈베리 파이에는 우분투 마테(Ubuntu MATE) 20.10 버전을 설치해 준다.

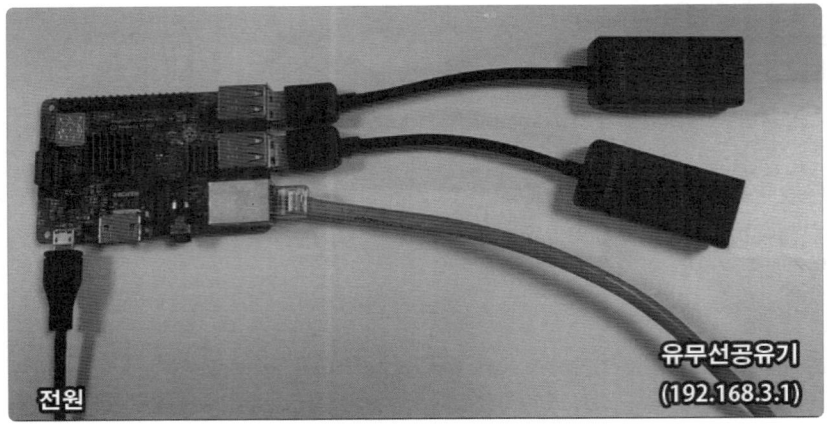

우분투 마테 설치가 완료되면 라즈베리 파이에 전원을 연결하여 부팅한 뒤, 터미널로 접속한다. 그리고 공유기와 연결된 라즈베리 파이의 유선 이더넷 포트의 이름을 'eth0'라고 가정했을 때, Netplan 설정 파일 /etc/netplan/00-installer-config.yaml을 열고, 5.1.3 절 Netplan 설정 방법을 참조하여 eth0 인터페이스는 IP 주소 '192.168.3.3'으로 설정하고, 게이트웨이 주소는 유무선 공유기 주소인 192.168.3.1로 설정해 준다. 참고로 YAML 파일의 이름은 우분투 마테 버전에 따라 조금 다를 수 있다.

```
$ vi /etc/netplan/00-installer-config.yaml
```

```
01 : network:
02 :   ethernets:
03 :     eth0:
04 :       dhcp4: no
05 :       addresses: [192.168.3.3/24]
06 :       gateway4: 192.168.3.1
07 :       nameservers:
08 :         addresses: [8.8.8.8]
09 :   version: 2
```

그리고 위와 같이 YAML 파일 수정이 완료되었다면 네트워크 인터페이스 설정 도구인 Netplan으로 설정 정보를 적용한다.

```
$ sudo netplan apply
```

라즈베리 파이의 네트워크 정보를 조회하면 eth0 인터페이스에 IP 주소가 '192.168.3.3'으로 제대로 할당된 것을 알 수 있다. USB 이더넷 어댑터로 확장된 이더넷 포트들은 연결된 순서에 따라 eth1, eth2라는 인터페이스 이름으로 다음과 같이 조회되며, 아직 네트워크 설정을 해 주지 않은 상태이다.

```
$ ifconfig
eth0: flags=4163<UP,BROADCAST,RUNNING,MULTICAST>  mtu 1500
      inet 192.168.3.3  netmask 255.255.255.0  broadcast 192.168.3.255
      inet6 fe80::ba27:ebff:fef3:f031  prefixlen 64  scopeid 0x20<link>
      ether b8:27:eb:fd:3d:30  txqueuelen 1000  (Ethernet)
      RX packets 13654  bytes 5295445 (5.2 MB)
      RX errors 0  dropped 57  overruns 0  frame 0
      TX packets 10103  bytes 1124300 (1.1 MB)
      TX errors 0  dropped 0 overruns 0  carrier 0  collisions 0

eth1: flags=4163<UP,BROADCAST,RUNNING,MULTICAST>  mtu 1500
      ether 00:e0:4c:68:dc:bd  txqueuelen 1000  (Ethernet)
      RX packets 2367  bytes 521460 (521.4 KB)
      RX errors 0  dropped 0  overruns 0  frame 0
      TX packets 5345  bytes 851582 (851.5 KB)
      TX errors 0  dropped 0 overruns 0  carrier 0  collisions 0

eth2: flags=4163<UP,BROADCAST,RUNNING,MULTICAST>  mtu 1500
      ether 00:e0:4c:69:04:0b  txqueuelen 1000  (Ethernet)
      RX packets 2402  bytes 518580 (518.5 KB)
      RX errors 0  dropped 0  overruns 0  frame 0
      TX packets 5355  bytes 852249 (852.2 KB)
      TX errors 0  dropped 0 overruns 0  carrier 0  collisions 0
```

실제 장비를 기준으로 본다면, 다음 그림과 같이 라즈베리파이의 네트워크 인터페이스가 구성되었다고 보면 된다.

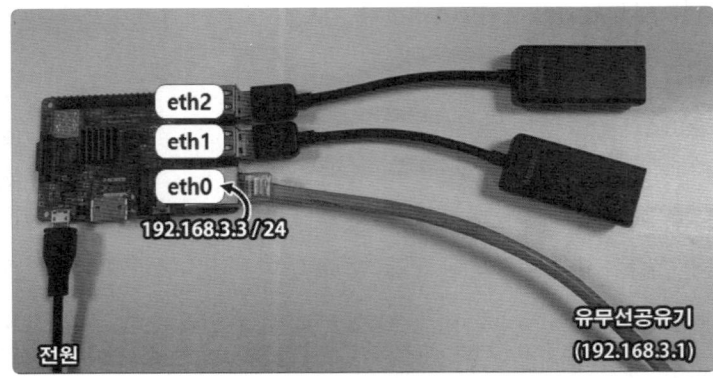

5.3.9 VLAN 설정

이번에는 [그림 5-31]과 같이 라즈베리 파이에 연결된 USB 이더넷 어댑터로 확장된 이더넷 포트 eth1과 eth2에 단말 장치 Host 1과 Host 2를 각각 연결하고, 각 이더넷 포트를 기반으로 VLAN 10 인터페이스를 생성해 보겠다.

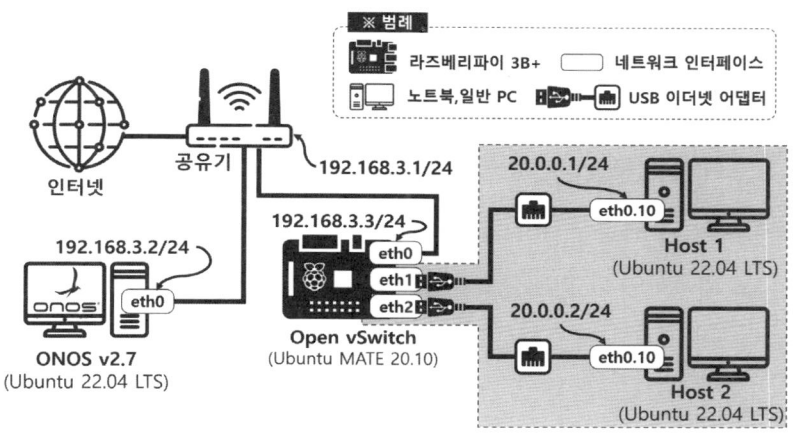

[그림 5-31] 단말장치(Host1, Host2)에 VLAN 10 인터페이스 설정

유선 이더넷 포트가 있는 노트북이나 PC 두 대를 단말 장치(Host 1, Host 2)로 준비하고, 다음과 같이 라즈베리 파이의 USB 이더넷 어댑터(eth1, eth2)에 연결해 준다. 여기서 연결되는 단말 장치 Host 1과 Host 2에는 우분투 22.04 LTS 버전이 설치되었다고 가정한다.

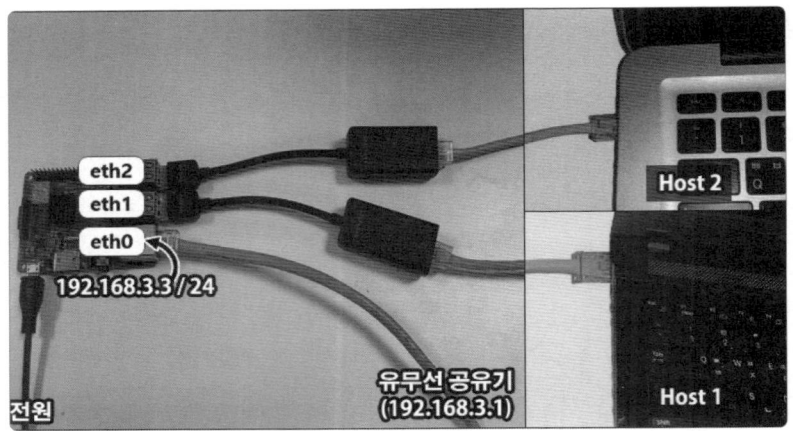

라즈베리 파이와 연결된 Host 1의 이더넷 포트를 eth0라고 가정했을 때, Host 1에 CLI로 접속하여 다음과 같이 eth0 인터페이스에 VLAN ID가 10으로 설정된 인터페이스 eth0.10을 생성하고 IP 주소는 '20.0.0.1/24'로 할당한다.

```
//VLAN을 설치한다.
$ sudo apt-get install vlan

//802.1q 모듈을 커널에 올린다.
$ sudo modprobe 8021q

//eth0에 VLAN 10을 부여한 인터페이스를 생성한다.
$ sudo vconfig add eth0 10

//생성한 인터페이스 eth0.10에 IP 20.0.0.1/24를 할당한다.
$ sudo ip addr add 20.0.0.1/24 dev eth0.10

//새로 설정한 인터페이스를 start 한다.
$ sudo ip link set up eth0.10
```

Host 1의 인터페이스 eth0.10을 조회해 보면 다음과 같이 MAC 주소는 '88:36:6c: f9:ff:53'이고, IP 주소는 '20.0.0.1/24'가 할당된 것을 최종 확인할 수 있다.

```
$ ifconfig eth0.10

eth0.10: flags=4099<UP,BROADCAST,MULTICAST>  mtu 1500
        inet 20.0.0.1  netmask 255.255.255.0  broadcast 0.0.0.0
        ether 88:36:6c:f9:ff:53  txqueuelen 1000  (Ethernet)
        RX packets 0  bytes 0 (0.0 B)
        RX errors 0  dropped 0  overruns 0  frame 0
        TX packets 0  bytes 0 (0.0 B)
        TX errors 0  dropped 0 overruns 0  carrier 0  collisions 0
```

그리고 Host 1의 라우팅 테이블을 확인해 보면 '20.0.0.0/24' 대역의 패킷을 보낼 때 eth0.10 인터페이스를 이용하는 것을 확인할 수 있다.

```
$ sudo route
Kernel IP routing table
Destination     Gateway          Genmask         Flags Metric Ref    Use Iface
20.0.0.0        *                255.255.255.0   U     0      0        eth0.10
```

마찬가지로 Host 2에도 CLI로 접속하여 라즈베리 파이와 연결된 Host 2의 이더넷 포트를 eth0라고 가정했을 때, 다음과 같이 eth0 인터페이스에 VLAN ID가 10으로 설정된 인터페이스 eth0.10을 생성하고, IP 주소는 '20.0.0.2/24'로 할당한다.

```
//VLAN을 설치한다
$ sudo apt-get install vlan

//802.1q 모듈을 커널에 올린다.
$ sudo modprobe 8021q

//eth0에 VLAN 10을 부여한 인터페이스를 생성한다.
$ sudo vconfig add eth0 10

//생성한 인터페이스 eth0.10에 IP 20.0.0.2/24를 할당한다.
$ sudo ip addr add 20.0.0.2/24 dev eth0.10

//새로 설정한 인터페이스를 start 한다.
$ sudo ip link set up eth0.10
```

Host 2의 인터페이스 eth0.10을 조회해 보면 다음과 같이 MAC 주소는 '00:05:1b:c1:07:41' 이고, IP 주소는 '20.0.0.2/24'가 할당된 것을 최종 확인할 수 있다.

```
$ ifconfig eth0.10

eth0.10: flags=4099<UP,BROADCAST,MULTICAST>  mtu 1500
        inet 20.0.0.2  netmask 255.255.255.0  broadcast 0.0.0.0
        ether 00:05:1b:c1:07:41  txqueuelen 1000  (Ethernet)
        RX packets 0  bytes 0 (0.0 B)
        RX errors 0  dropped 0  overruns 0  frame 0
        TX packets 0  bytes 0 (0.0 B)
        TX errors 0  dropped 0 overruns 0  carrier 0  collisions 0
```

그리고 Host 2의 라우팅 테이블을 확인해 보면 '20.0.0.0/24' 대역의 패킷을 보낼 때 eth0.10 인터페이스를 이용하는 것을 확인할 수 있다.

```
$ sudo route
Kernel IP routing table
Destination     Gateway         Genmask         Flags Metric Ref    Use Iface
20.0.0.0        *               255.255.255.0   U     0      0        eth0.10
```

여기까지 진행이 완료되었다면, 이제부터 Host 1과 Host 2의 eth0 인터페이스는 eth0.10 인터페이스와 바인딩(binding)되어, '20.0.0.0/24' 대역으로 네트워크 통신을 할 때 eth0.10 인터페이스를 통해 외부로 나가는 모든 데이터에 VLAN ID값 10을 태깅하여 전달할 수 있게 된다.

5.3.10 Open vSwitch 가상 네트워크 구성

여기까지 구성이 완료되었다면 실제 라즈베리 파이와 연결된 단말 장치 Host 1, Host 2의 인터페이스 연결 모습과 정보는 다음과 같다.

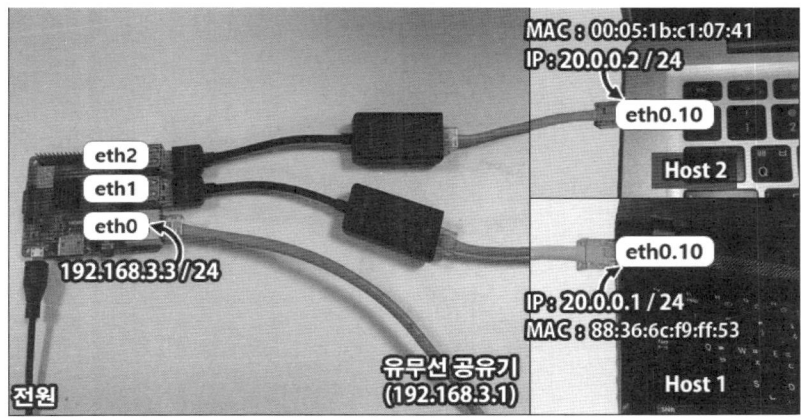

하지만 당장은 다음 [그림 5-32]와 같이 라즈베리 파이 내부에 어떤 네트워크 구성도 되어 있지 않기 때문에, Host 1과 Host 2는 서로 통신을 할 수 없다. 그럼 Host 1과 Host 2가 서로 통신할 수 있도록 라즈베리 파이에 Open vSwitch 기반의 내부 네트워크를 한번 구성해 보자.

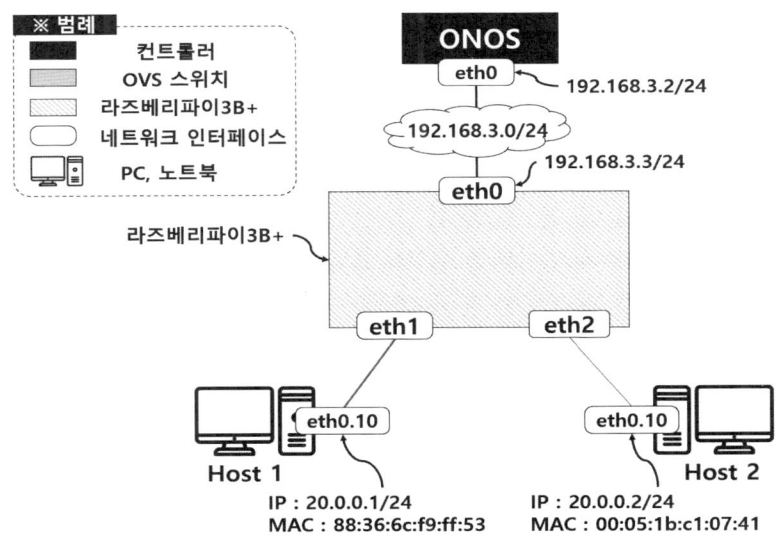

[그림 5-32] 논리 네트워크가 구성되지 않은 라즈베리파이 내부

일단 라즈베리 파이에 CLI로 접속하여, Open vSwitch(이하 OVS)를 설치해 준다.

```
$ sudo apt-get install -y openvswitch-switch
```

설치가 성공적으로 완료되었다면, 다음과 같이 OVS 설치 버전이 조회된다.

```
$ sudo ovs-vsctl show
fce7dd60-ebb0-4ca2-a340-d298135d4297
    ovs_version: "2.13.3"
```

OVS 생성 및 관리 도구인 ovs-vsctl로 'br-int'라는 OVS 브릿지(bridge)를 하나 생성한다.

```
$ sudo ovs-vsctl add br br-int
```

그리고 OVS 브리지 br-int가 OpenFlow 프로토콜 1.3 이하의 버전을 모두 지원하도록 설정해 준다. 만약 해당 설정을 하지 않으면 ONOS가 지원하는 OpenFlow 버전이 맞지 않아 br-int와 ONOS의 연결이 수립되지 않을 수 있다.

```
$ sudo ovs-vsctl set bridge br-int
protocols=OpenFlow10,OpenFlow11,OpenFlow12,OpenFlow13
```

이렇게 생성된 OVS 브리지의 상태를 조회해 보면, 다음과 같이 br-int란 브릿지에 br-int라는 포트가 생성된 것을 알 수 있다.

```
$ sudo ovs-vsctl show

fce7dd60-ebb0-4ca2-a340-d298135d4297
    Bridge br-int
        Port br-int
            Interface br-int
                type: internal
    ovs_version: "2.13.3"
```

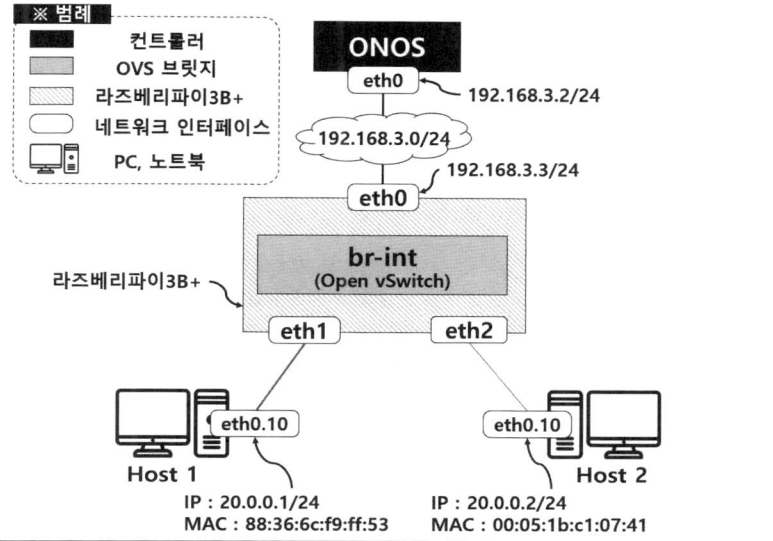

[그림 5-33] br-int 브리지가 생성된 라즈베리 파이 내부 네트워크 구조

여기까지 진행했다면 [그림 5-33]과 같이 라즈베리파이 내부에는 br-int라는 OVS 브릿지가 하나 생성된 상태가 된다. 다음으로 br-int 브릿지에 포트를 생성하여 라즈베리 파이의 이더넷 포트 세 개(eth0, eth1, eth2)를 모두 연결해 준다.

```
$ sudo ovs-vsctl add-port br-int eth0
$ sudo ovs-vsctl add-port br-int eth1
$ sudo ovs-vsctl add-port br-int eth2
```

OVS 브릿지 br-int의 연결 상태를 다시 조회해 보면 이번에는 다음과 같이 br-int에 포트가 생성되어 eth0, eth1, eth2가 연결된 것을 알 수 있다.

```
$ sudo ovs-vsctl show

fce7dd60-ebb0-4ca2-a340-d298135d4297
    Bridge br-int
        Port eth1
            Interface eth1
        Port eth0
            Interface eth0
```

```
        Port eth2
            Interface eth2
        Port br-int
            Interface br-int
                type: internal
    ovs_version: "2.13.3"
```

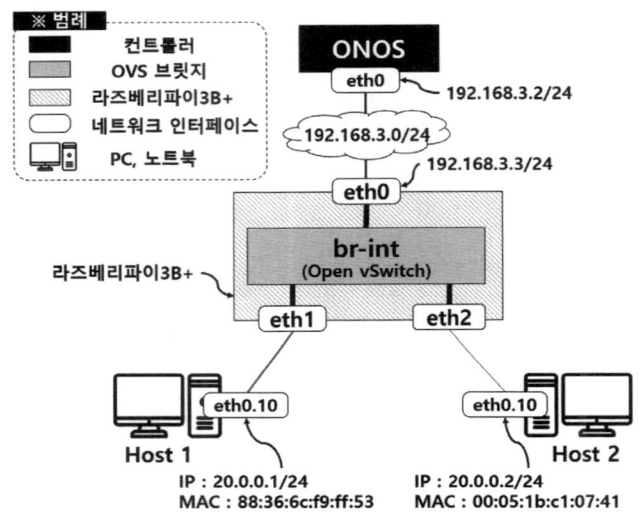

[그림 5-34] br-int 브리지에 인터페이스가 연결된 라즈베리 파이 내부 네트워크 구조

[그림 5-34]와 같이 Host 1과 Host 2가 OVS 브릿지 br-int를 통해 서로 연결된 상태이지만, 아직 등록된 플로우 정책이 없기 때문에 OVS 브릿지 br-int에서 패킷을 중계하지는 못한다. ONOS가 OVS 브릿지에 플로우 정책을 설정하기 위해서는 OpenFlow 프로토콜을 통해 서로 연결이 수립되어야 한다. 그럼 이어서 ONOS와 br-int를 서로 연결해 보자.

5.3.11 Open vSwitch를 ONOS에 연결

ONOS가 OVS 브릿지 br-int에 연결되기 위해서는 같은 네트워크 '192.168.3.0/24'

대역으로 묶여 서로 통신할 수 있어야 한다. 이를 위해 라즈베리 파이에 CLI 터미널로 접속하여, '/etc/netplan' 디렉터리에 위치한 확장자가 'YAML'인 네트워크 설정 파일을 열고 5.1.3 절 Netplan 설정 방법을 참조하여 'eth0' 인터페이스로 모든 IP 주소의 데이터 패킷이 들어올 수 있도록 addresses 부분을 '0.0.0.0/24'으로 수정해 기존 네트워크를 삭제한다.

그리고 원래 eth0 인터페이스에 할당된 IP 주소인 '192.168.3.3/24'는 OVS 브릿지 br-int의 addresses 부분에 설정한다. eth1과 eth2는 단순 네트워크 포트 역할만 하기 때문에 마찬가지로 모든 패킷이 들어오도록 addresses 부분을 '0.0.0.0/24'으로 설정해 준다. 참고로 수정할 YAML 파일명은 우분투 마테 버전에 따라 다를 수 있다.

```
$ sudo vi /etc/netplan/00-network-manager-all.yaml
```

```
01 : # Let NetworkManager manage all devices on this system
02 : network:
03 :   version: 2
04 :   renderer: NetworkManager
05 :   ethernets:
06 :     eth0:
07 :       dhcp4: no
08 :       addresses: [0.0.0.0/24]
09 :     eth1:
10 :       dhcp4: no
11 :       addresses: [0.0.0.0/24]
12 :     eth2:
13 :       dhcp4: no
14 :       addresses: [0.0.0.0/24]
15 :   bridges:
16 :     br-int:
17 :       openvswitch: {}
18 :       dhcp4: no
19 :       addresses: [192.168.3.3/24]
20 :       gateway4: 192.168.3.1
21 :       nameservers:
22 :         addresses: [8.8.8.8]
```

Netplan으로 앞에서 작성한 설정 정보를 적용해 준다.

```
$ sudo netplan apply
```

최종 라즈베리 파이의 네트워크 정보를 조회해 보면 다음과 같이 eth0, eth1, eth2 인터페이스에는 네트워크 주소가 지정되어 있지 않고, OVS 브릿지 br-int에는 IP 주소가 '192.168.3.3'으로 할당된 것을 알 수 있다.

```
$ ifconfig
br-int: flags=4163<UP,BROADCAST,RUNNING,MULTICAST>  mtu 1500
        inet 192.168.3.3  netmask 255.255.255.0  broadcast 192.168.8.255
        inet6 fe80::ba27:ebff:fefd:3d30  prefixlen 64  scopeid 0x20<link>
        ether b8:27:eb:fd:3d:30  txqueuelen 1000  (Ethernet)
        RX packets 405  bytes 350181 (350.1 KB)
        RX errors 0  dropped 10  overruns 0  frame 0
        TX packets 354  bytes 45996 (45.9 KB)
        TX errors 0  dropped 0 overruns 0  carrier 0  collisions 0

eth0: flags=4163<UP,BROADCAST,RUNNING,MULTICAST>  mtu 1500
        inet6 fe80::ba27:ebff:fefd:3d30  prefixlen 64  scopeid 0x20<link>
        ether b8:27:eb:fd:3d:30  txqueuelen 1000  (Ethernet)
        RX packets 493  bytes 354229 (354.2 KB)
        RX errors 0  dropped 0  overruns 0  frame 0
        TX packets 371  bytes 52227 (52.2 KB)
        TX errors 0  dropped 0 overruns 0  carrier 0  collisions 0

eth1: flags=4099<UP,BROADCAST,MULTICAST>  mtu 1500
        ether 88:36:6c:f9:ff:53  txqueuelen 1000  (Ethernet)
        RX packets 0  bytes 0 (0.0 B)
        RX errors 0  dropped 0  overruns 0  frame 0
        TX packets 0  bytes 0 (0.0 B)
        TX errors 0  dropped 0 overruns 0  carrier 0  collisions 0

eth2: flags=4099<UP,BROADCAST,MULTICAST>  mtu 1500
        ether 00:05:1b:c1:07:41  txqueuelen 1000  (Ethernet)
        RX packets 0  bytes 0 (0.0 B)
        RX errors 0  dropped 0  overruns 0  frame 0
        TX packets 0  bytes 0 (0.0 B)
        TX errors 0  dropped 0 overruns 0  carrier 0  collisions 0
```

라즈베리 파이의 라우팅 테이블까지 조회해 보면, 이제 외부로 향하는 트래픽은 OVS 브릿지 br-int를 거쳐 eth0를 통해 외부로 나가는 것을 알 수 있다.

```
$ sudo route
Kernel IP routing table
Destination     Gateway         Genmask         Flags Metric Ref   Use Iface
default         192.168.3.1     0.0.0.0         UG    0      0     0   br-int
link-local      0.0.0.0         255.255.0.0     U     1000   0     0   eth0
192.168.3.0     0.0.0.0         255.255.255.0   U     0      0     0   br-int
```

실제로 OVS 브릿지 br-int가 ONOS에 제대로 연결되었는지 확인해 보기 위해 [그림 5-35]와 같이 OVS 브릿지 br-int(192.168.3.3)에서 ONOS(192.168.3.2)로 ping 메시지를 보내자.

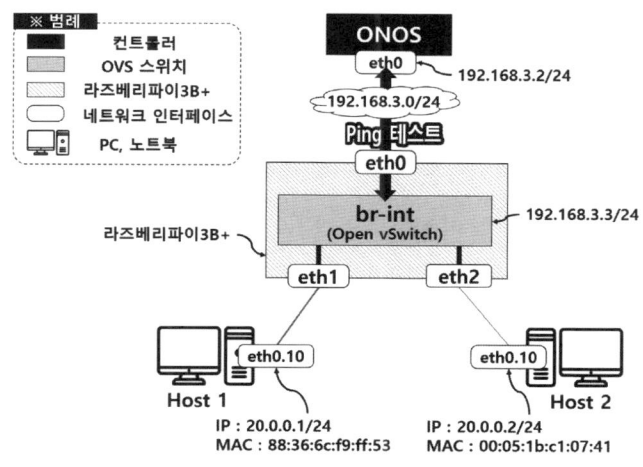

[그림 5-35] ONOS에서 br-int 브리지로 ping 메시지를 보낼 때 라즈베리파이의 내부 구조

그러고 나서 다음과 같이 ONOS로부터 응답 메시지를 받는다면 OVS 브릿지 br-int는 ONOS와 통신이 가능한 상태이다.

```
$ ping -c 5 192.168.3.2

PING 192.168.3.2 (192.168.3.2) 56(84) bytes of data.
64 bytes from 192.168.3.2: icmp_seq=1 ttl=64 time=2.01 ms
64 bytes from 192.168.3.2: icmp_seq=2 ttl=64 time=1.06 ms
64 bytes from 192.168.3.2: icmp_seq=3 ttl=64 time=1.07 ms
64 bytes from 192.168.3.2: icmp_seq=4 ttl=64 time=1.04 ms
64 bytes from 192.168.3.2: icmp_seq=5 ttl=64 time=1.05 ms
--- 192.168.3.2 ping statistics ---
5 packets transmitted, 5 received, 0% packet loss, time 4006ms
rtt min/avg/max/mdev = 1.043/1.248/2.011/0.381 ms
```

ONOS와 OVS 브릿지 br-int 사이 ping 테스트까지 완료되면 라즈베리 파이에 CLI 터미널로 접속하여 다음과 같이 OVS 브릿지 br-int에 연결해 줄 ONOS의 IP 주소와 TCP 포트 번호를 설정해 준다. 여기서 ONOS의 IP 주소는 '192.168.3.2'이고, TCP 포트 번호 6653번이다.

```
$ sudo ovs-vsctl set-controller br-int tcp:192.168.3.2:6653
```

br-int가 ONOS와 잘 연결되었는지 확인하기 위해 OVS 연결 정보를 확인한다. 연결이 잘 됐다면, 다음과 같이 OVS 브리지 'br-int' 밑에 'is_connected: true'라는 메시지 내용을 확인할 수 있다.

```
$ sudo ovs-vsctl show
fce7dd60-ebb0-4ca2-a340-d298135d4297
    Bridge br-int
        Controller "tcp:192.168.3.2:6653"
            is_connected: true
        Port br-int
            Interface br-int
                type: internal
        Port eth0
            Interface eth0
        Port eth2
            Interface eth2
        Port eth1
            Interface eth1
    ovs_version: "2.13.3"
```

다음으로 웹 브라우저를 실행하여 ONOS 웹 GUI로 접속하면, 현재 ONOS와 연결된 SDN 스위치 장비 한 대를 화면에서 확인할 수 있다. 연결된 SDN 스위치는 OVS 브릿지 br-int이며, 여기서는 스위치의 장치 ID값을 의미하는 DPID가 'of:0000f0b429e94358'인 SDN 스위치로 인식된다.

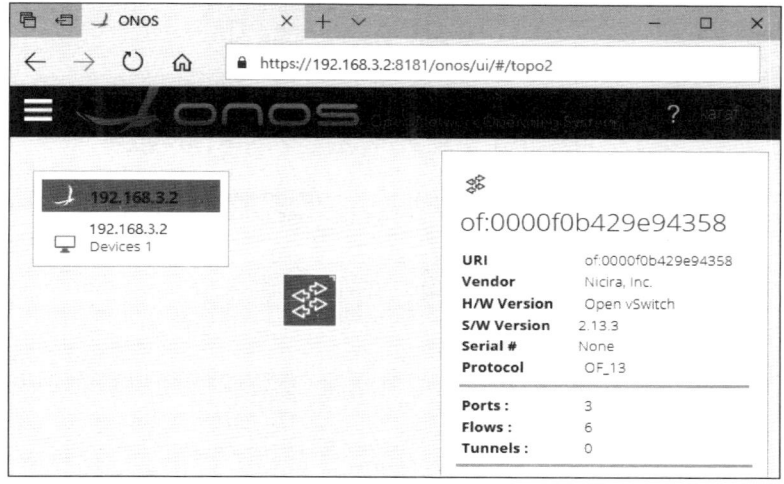

5.3.12 Open vSwitch 연결 구조 파악

지금까지 라즈베리 파이에 구축한 OVS 네트워크 구조는 [그림 5-36]과 같다. 하지만 ONOS의 관점에서 바라본 OVS 연결 구조는 조금 다르다.

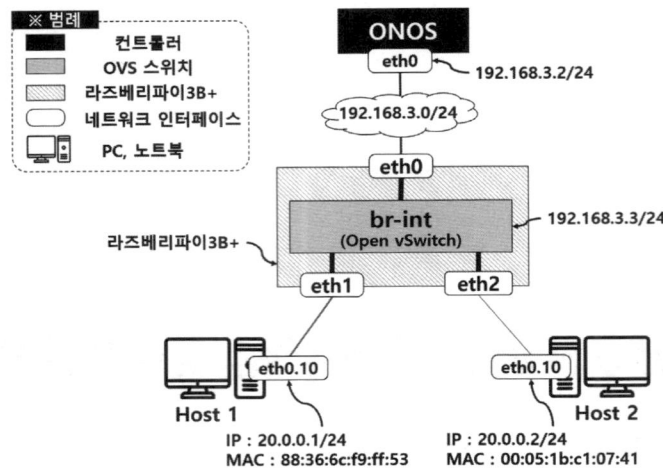

[그림 5-36] OVS로 구축된 라즈베리파이 내부 네트워크 구조

먼저 ONOS CLI로 접속하여 다음과 같이 현재 ONOS와 연결된 OVS 브릿지 br-int의 정보를 확인하자.

```
karaf@root > devices
id=of:0000f0b429e94358, available=true, local-status=connected 51m38s ago,
role=MASTER, type=SWITCH, mfr=Nicira, Inc., hw=Open vSwitch, sw=2.13.3,
serial=None, chassis=51bc10741, driver=ovs, channelId=192.168.3.3:41476,
managementAddress=192.168.3.3, protocol=OF_13
```

그럼 일단은 다음 [그림 5-37]과 같이 OVS 브릿지 br-int의 IP 주소는 '192.168.3.3'이고, 장치 ID값은 'of:0000f0b429e94358'임을 알 수 있다.

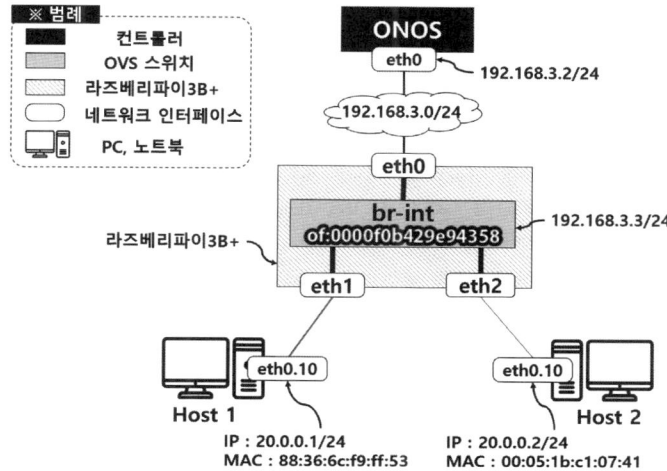

[그림 5-37] 라즈베리 파이 내부 네트워크 구조(1) – OVS 브리지 br-int의 DPID 조회

다음으로 라즈베리 파이에 CLI로 접속하여 ovs-ofctl 도구를 이용해 OVS 브릿지 br-int의 인터페이스 정보를 조회해 보자.

```
$ sudo ovs-ofctl show br-int

OFPT_FEATURES_REPLY (xid=0x2): dpid:0000f0b429e94358
n_tables:254, n_buffers:0
capabilities: FLOW_STATS TABLE_STATS PORT_STATS QUEUE_STATS ARP_MATCH_IP
actions: output enqueue set_vlan_vid set_vlan_pcp strip_vlan mod_dl_src mod_dl_
dst mod_nw_src mod_nw_dst mod_nw_tos mod_tp_src mod_tp_dst
 1(eth0): addr:b8:27:eb:fd:3d:30
     config:     0
     state:      0
     current:    100MB-FD AUTO_NEG
     advertised: 10MB-HD 10MB-FD 100MB-HD 100MB-FD COPPER AUTO_NEG AUTO_PAUSE
     supported:  10MB-HD 10MB-FD 100MB-HD 100MB-FD COPPER AUTO_NEG
     speed: 100 Mbps now, 100 Mbps max
 2(eth1): addr:88:36:6c:f9:ff:53
     config:     0
     state:      LINK_DOWN
     current:    10MB-HD AUTO_NEG
     advertised: 10MB-HD 10MB-FD 100MB-HD 100MB-FD 1GB-FD COPPER AUTO_NEG AUTO_PAUSE
```

```
    supported:  10MB-HD 10MB-FD 100MB-HD 100MB-FD 1GB-HD 1GB-FD COPPER AUTO_NEG
    speed: 10 Mbps now, 1000 Mbps max
 3(eth2): addr:00:05:1b:c1:07:41
    config:     0
    state:      LINK_DOWN
    current:    10MB-HD AUTO_NEG
    advertised: 10MB-HD 10MB-FD 100MB-HD 100MB-FD 1GB-FD COPPER AUTO_NEG AUTO_PAUSE
    supported:  10MB-HD 10MB-FD 100MB-HD 100MB-FD 1GB-HD 1GB-FD COPPER AUTO_NEG
    speed: 10 Mbps now, 1000 Mbps max
 OFPT_GET_CONFIG_REPLY (xid=0x4): frags=normal miss_send_len=0
```

조회된 정보를 확인해 보면, dpid 값이 '0000f0b429e94358'인 OVS 브릿지 br-int에 연결된 eth0 인터페이스는 1번 포트, eth1 인터페이스는 2번 포트, 그리고 eth2 인터페이스는 3번 포트로 인식된 것을 확인할 수 있다. 이렇게 최종적으로 확인한 OVS 브리지의 연결 구조를 보면 [그림 5-38]과 같으며, 해당 구조가 바로 ONOS가 인식하고 있는 OVS 브릿지 br-int의 연결구조라고 보면 된다.

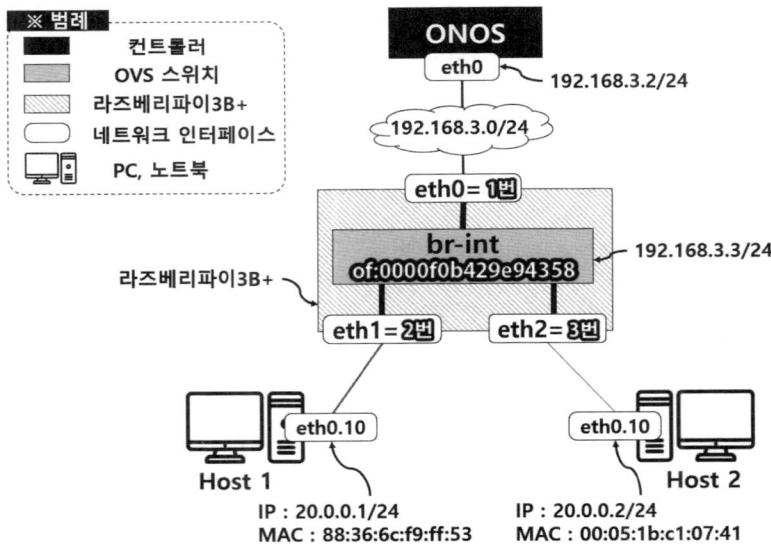

[그림 5-38] 라즈베리 파이 내부 네트워크 구조(2) - OVS 브리지 br-int의 인터페이스 정보 조회

OVS 브릿지 br-int의 eth0 인터페이스는 1번 포트로 인식되어 상위의 ONOS와 연결되고, eth1 인터페이스는 2번 포트로 인식되어 Host 1과 연결된다. 마지막으로 eth2 인터페이스는 3번 포트로 인식되어 Host 2와 연결된다.

이러한 OVS 네트워크 구조를 가지고 ONOS의 플로우 정책 설정을 통해 Host 1과 Host 2가 서로 VLAN 패킷을 주고받을 수 있도록 해 보겠다.

5.3.13 VLAN 플로우 정책 설정

우선 ONOS를 설치한 PC에서 다음과 같이 'flow_rule_post.sh'라는 스크립트 파일을 하나 만든다. 이 스크립트 파일은 ONOS의 REST API를 이용하여 JSON 파일로 정의된 플로우 정책을 OVS 브리지에 설정하는 역할을 수행한다.

```
$ vi flow_rule_post.sh
```

```
01 : ONOS_IP=192.168.3.2    # ONOS 제어기 IP주소
02 : ONOS_PORT=8181         # ONOS 제어기 API TCP포트번호
03 : curl -X POST \
04 : --header "Content-Type: application/json" \
05 : --header "Accept: application/json" -d @$1 "http://$ONOS_IP:$ONOS_PORT/
      onos/v1/flows/" \
06 : --user karaf:karaf
```

이제 다음 [그림 5-39]와 같이 Host 1에서 Host 2로 ARP 요청 및 응답 패킷을 전달할 수 있도록 플로우 정책을 정의해 보겠다.

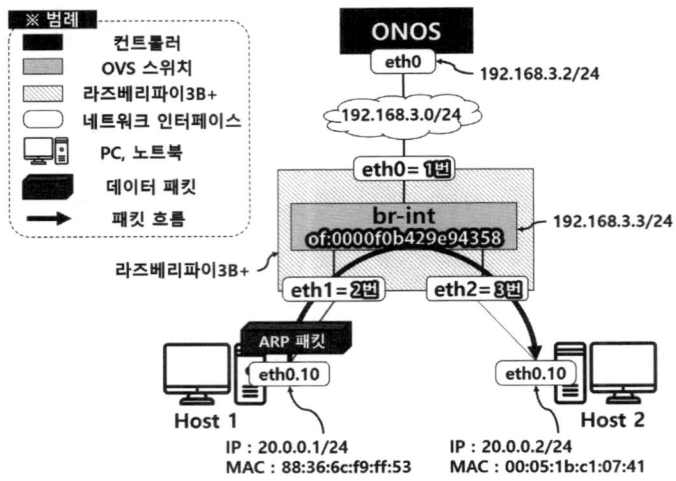

[그림 5-39] 단말장치 Host1→Host2로 ARP 패킷을 보내는 플로우 정책 설정

'패킷의 헤더에 포함된 출발지 MAC 주소(ETH_SRC)가 Host 1의 MAC 주소(88:36: 6c:f9:ff:53)와 일치하는 ARP 패킷(ethType: 0x0806)이 OVS 브릿지 br-int(of:00000f0b429e94358)로 들어오면 3번 포트(OUTPUT)로 내보내라'는 플로우 정책을 60000이라는 높은 우선순위를 적용해 JSON 파일 'flow_arp_h1_to_h2.json'을 생성한다.

```
$ vi flow_arp_h1_to_h2.json
```

```
01 : {
02 :   "flows": [
03 :     {
04 :       "priority": "60000",
05 :       "timeout": 0,
06 :       "isPermanent": true,
07 :       "deviceId": "of:00000f0b429e94358",
08 :       "treatment": {
09 :         "instructions": [
10 :           {
11 :             "type": "OUTPUT",
12 :             "port": "3"
```

```
13 :            }
14 :          ]
15 :        },
16 :        "selector": {
17 :          "criteria": [
18 :            {
19 :              "type": "ETH_SRC",
20 :              "mac": "88:36:6c:f9:ff:53"
21 :            },
22 :            {
23 :              "type": "ETH_TYPE",
24 :              "ethType": "0x0806"
25 :            }
26 :          ]
27 :        }
28 :      }
29 :    ]
30 : }
31 :
```

이번에는 반대로 [그림 5-40]과 같이 Host 2에서 Host 1로 ARP 요청 및 응답 패킷을 전달할 수 있도록 플로우 정책을 정의해 보겠다.

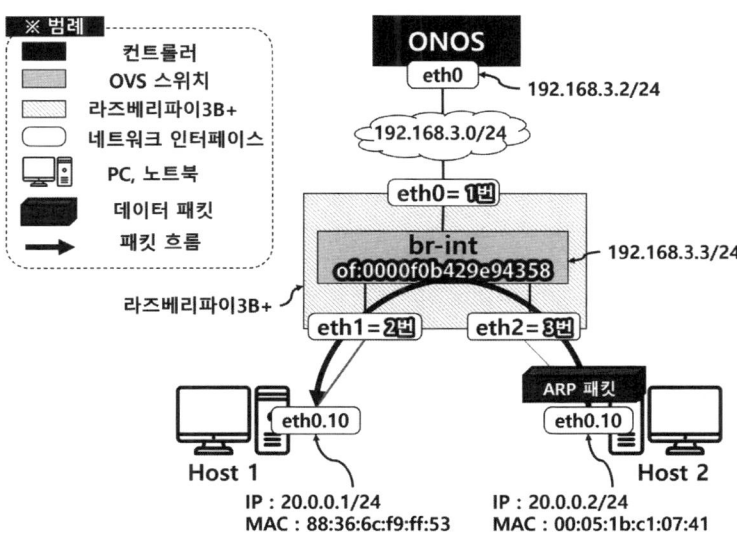

[그림 5-40] 단말장치 Host2→Host1로 ARP 패킷을 보내는 플로우 정책 설정

'패킷의 헤더에 포함된 출발지 MAC 주소(ETH_SRC)가 Host 2의 MAC 주소(00:05:1b:c1:07:41)와 일치하는 ARP 패킷(ethType: 0x0806)이 OVS 브릿지 br-int(of:00000f0b429e94358)로 들어오면 2번 포트(OUTPUT)로 내보내라'는 플로우 정책을 60000이라는 높은 우선순위를 적용해 JSON 파일 'flow_arp_h2_to_h1.json'을 생성한다.

```
$ vi flow_arp_h2_to_h1.json
```

```
01 : {
02 :   "flows": [
03 :     {
04 :       "priority": "60000",
05 :       "timeout": 0,
06 :       "isPermanent": true,
07 :       "deviceId": "of:00000f0b429e94358",
08 :       "treatment": {
09 :         "instructions": [
10 :           {
11 :             "type": "OUTPUT",
12 :             "port": "2"
13 :           }
14 :         ]
15 :       },
16 :       "selector": {
17 :         "criteria": [
18 :           {
19 :             "type": "ETH_SRC",
20 :             "mac": "00:05:1b:c1:07:41"
21 :           },
22 :           {
23 :             "type": "ETH_TYPE",
24 :             "ethType": "0x0806"
25 :           }
26 :         ]
27 :       }
28 :     }
29 :   ]
30 : }
```

앞에서 설정한 플로우 정책이 적용되면, Host 1과 Host 2는 ARP 패킷을 주고받음으로 서로의 MAC 주소를 파악할 수 있게 된다. 이번에는 실제 VLAN이 태깅된 IP 패킷을 서로 주고받을 수 있게 플로우 정책을 정의해 보자. 먼저 다음 [그림 5-41]과 같이 Host 1에서 Host 2로 ICMP 요청 및 응답 패킷을 전달할 수 있도록 플로우 정책을 정의해 보겠다.

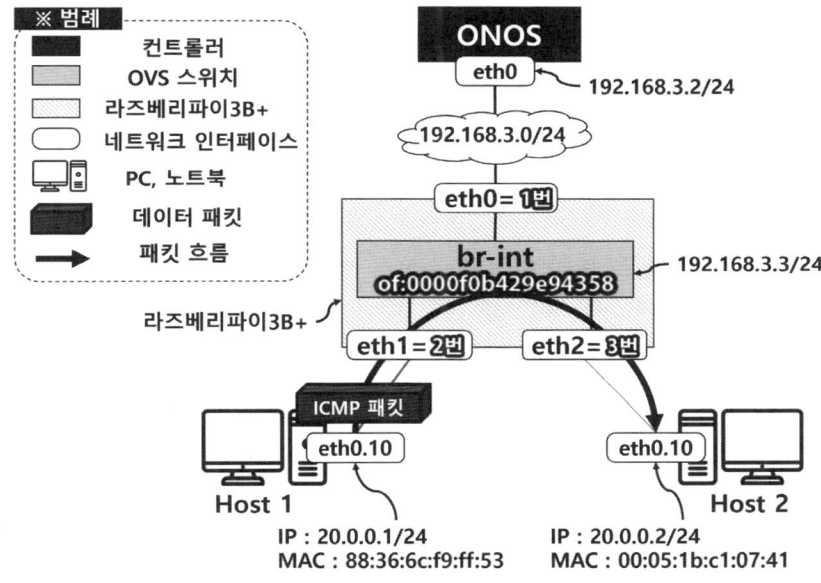

[그림 5-41] 단말장치 Host1→Host2로 ICMP 패킷을 보내는 플로우 정책 설정

'OVS 브릿지 br-int(of:00000f0b429e94358)의 2번 포트(IN_PORT)로 VLAN ID가 10(VLAN_VID)인 패킷이 들어오면 3번 포트(OUTPUT)로 내보내라'는 플로우 정책을 앞에서 ARP 패킷 처리를 위해 설정한 플로우 정책보다 낮은 우선순위인 50000으로 적용해 'flow_icmp_h1_to_h2.json' JSON 파일로 생성한다.

참고로 해당 플로우 정책의 우선순위를 ARP 플로우 정책보다 낮게 지정한 이유는 ICMP 패킷을 보내려면 우선 ARP 패킷 처리를 위한 플로우 정책부터 먼저 적용되어 Host 1과 Host 2의 MAC 주소를 알아내야 하기 때문이다.

```
$ vi flow_icmp_h1_to_h2.json
```

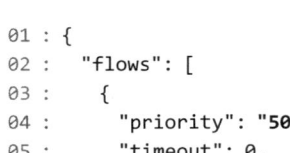

```
01 : {
02 :   "flows": [
03 :     {
04 :       "priority": "50000",
05 :       "timeout": 0,
06 :       "isPermanent": true,
07 :       "deviceId": "of:00000f0b429e94358",
08 :       "treatment": {
09 :         "instructions": [
10 :           {
11 :             "type": "OUTPUT",
12 :             "port": "3"
13 :           }
14 :         ]
15 :       },
16 :       "selector": {
17 :         "criteria": [
18 :           {
19 :             "type": "IN_PORT",
20 :             "port": "2"
21 :           },
22 :           {
23 :             "type": "VLAN_VID",
24 :             "vlanId": "10"
25 :           }
26 :         ]
27 :       }
28 :     }
29 :   ]
30 : }
```

이번에는 반대로 다음 [그림 5-42]와 같이 Host 2에서 Host 1로 ICMP 요청 및 응답 패킷을 전달할 수 있도록 플로우 정책을 정의해 보겠다.

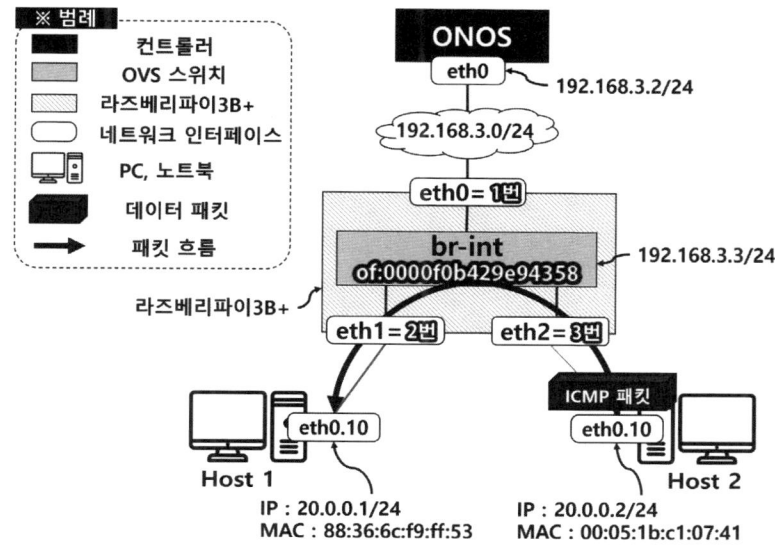

[그림 5-42] 단말장치 Host2→Host1로 ICMP 패킷을 보내는 플로우 정책 설정

'OVS 브릿지 br-int(of:00000f0b429e94358)의 3번 포트(IN_PORT)로 VLAN ID가 10(VLAN_VID)인 패킷이 들어오면 2번 포트(OUTPUT)로 내보내라'는 플로우 정책을 앞에서 ARP 패킷 처리를 위해 설정한 플로우 정책보다 낮은 우선순위인 50000으로 적용해 'flow_icmp_h2_to_h1.json' JSON 파일로 생성한다.

```
$ vi flow_icmp_h2_to_h1.json
```

```
01 : {
02 :     "flows": [
03 :         {
04 :             "priority": "50000",
05 :             "timeout": 0,
06 :             "isPermanent": true,
07 :             "deviceId": "of:00000f0b429e94358",
08 :             "treatment": {
09 :                 "instructions": [
10 :                     {
```

```
11 :              "type": "OUTPUT",
12 :              "port": "2"
13 :            }
14 :          ]
15 :        },
16 :        "selector": {
17 :          "criteria": [
18 :            {
19 :              "type": "IN_PORT",
20 :              "port": "3"
21 :            },
22 :            {
23 :              "type": "VLAN_VID",
24 :              "vlanId": "10"
25 :            }
26 :          ]
27 :        }
28 :      }
29 :    ]
30 : }
```

여기까지 잘 따라왔다면, 현재 디렉터리를 조회했을 때 'flow_rule_post.sh', 'flow_arp_h1_to_h2.json', 'flow_arp_h2_to_h1.json', 'flow_icmp_h1_to_h2.json', 'flow_icmp_h2_to_h1.json' 이렇게 총 다섯 개의 파일이 생성된 것을 알 수 있다.

```
$ ls .
flow_rule_post.sh         flow_arp_h1_to_h2.json    flow_arp_h2_to_h1.json
flow_icmp_h1_to_h2.json   flow_icmp_h2_to_h1.json
```

편의성을 위해 앞에서 생성한 파일들을 누구나 읽고, 쓰고, 수정할 수 있게 다음과 같이 권한을 변경해 주자.

```
$ sudo chmod 777 flow_*
```

이제 플로우 정책이 정의된 JSON 파일들을 가지고 셸 스크립트 파일인 'flow_rule_post.sh'를 통해 ONOS에서 OVS 브릿지 br-int로 플로우 정책을 등록해 준다.

플로우 정책이 성공적으로 등록되면 OVS 브리지 br-int의 장치 ID(deviceId)와 등록한 플로우 정책의 ID(flowId) 값이 다음과 같이 출력된다.

```
$ ./flow_rule_post.sh flow_arp_h1_to_h2.json
{"flows":[{"deviceId":"of:00000f0b429e94358","flowId":"48976649366281545"}]}

$ ./flow_rule_post.sh flow_arp_h2_to_h1.json
{"flows":[{"deviceId":"of:00000f0b429e94358","flowId":"48976646783450838"}]}

$ ./flow_rule_post.sh flow_icmp_h1_to_h2.json
{"flows":[{"deviceId":"of:00000f0b429e94358","flowId":"48976647841081088"}]}

$ ./flow_rule_post.sh flow_icmp_h2_to_h1.json
{"flows":[{"deviceId":"of:00000f0b429e94358","flowId":"48976646216315912"}]}
```

ONOS CLI로 접속하여 실제 등록된 플로우 정책 정보를 확인해 보면 다음과 같이 성공적으로 플로우 ID별 네 개의 플로우 정책 정보가 등록된 것을 확인할 수 있다.

```
karaf@root > flows
deviceId=of:00000f0b429e94358, flowRuleCount=7
.....
    id=ae000031d13ed6, ..., selector=[ETH_SRC:00:05:1B:C1:07:41, ETH_TYPE:arp],
treatment=DefaultTrafficTreatment{immediate=[OUTPUT:2], deferred=[],
transition=None, meter=[], cleared=false, StatTrigger=null, metadata=null}

    id=ae0000cbc41d49, ..., selector=[ETH_SRC:88:36:6C:F9:FF:53, ETH_TYPE:arp],
treatment=DefaultTrafficTreatment{immediate=[OUTPUT:3], deferred=[],
transition=None, meter=[], cleared=false, StatTrigger=null, metadata=null}

    id=ae000010037408, ..., selector=[IN_PORT:3, VLAN_VID:10],
treatment=DefaultTrafficTreatment{immediate=[OUTPUT:2], deferred=[],
transition=None, meter=[], cleared=false, StatTrigger=null, metadata=null}

    id=ae000070db6700, ..., selector=[IN_PORT:2, VLAN_VID:10],
treatment=DefaultTrafficTreatment{immediate=[OUTPUT:3], deferred=[],
transition=None, meter=[], cleared=false, StatTrigger=null, metadata=null}
.....
```

또는 다음과 같이 라즈베리 파이로 접속하여 ovs-ofctl 도구를 통해서도 플로우 정책을 확인할 수 있는데, ONOS CLI에서 조회할 때와 다른 점이 있다면 2번 포트를 eth1, 3번 포트를 eth2로 인식한다는 것이다. 이는 때에 따라 2번과 3번으로 조회되기도 하므로 크게 신경 쓰지 않아도 된다.

```
$ sudo ovs-ofctl dump-flows br-int

NXST_FLOW reply (xid=0x4):
 cookie=0xae0000cbc41d49, duration=522.682s, table=0, n_packets=0, n_bytes=0,
 idle_age=522, priority=60000,arp,dl_src=88:36:6c:f9:ff:53 actions=output:eth2

 cookie=0xae000031d13ed6, duration=514.396s, table=0, n_packets=55, n_
 bytes=2310, idle_age=0, priority=60000,arp,dl_src=00:05:1b:c1:07:41
 actions=output:eth1

 cookie=0xae000070db6700, duration=504.759s, table=0, n_packets=0,
 n_bytes=0, idle_age=504, priority=50000,in_port=eth1,dl_vlan=10
 actions=output:eth2

 cookie=0xae000010037408, duration=498.692s, table=0, n_packets=0,
 n_bytes=0, idle_age=498, priority=50000,in_port=eth2,dl_vlan=10
 actions=output:eth1
 .....
```

5.3.14 호스트 간 통신 과정 분석

현재 ONOS에 연결된 OVS 브릿지 br-int의 플로우 테이블에 등록된 최종 플로우 정책 정보는 다음 [그림 5-43]과 같다.

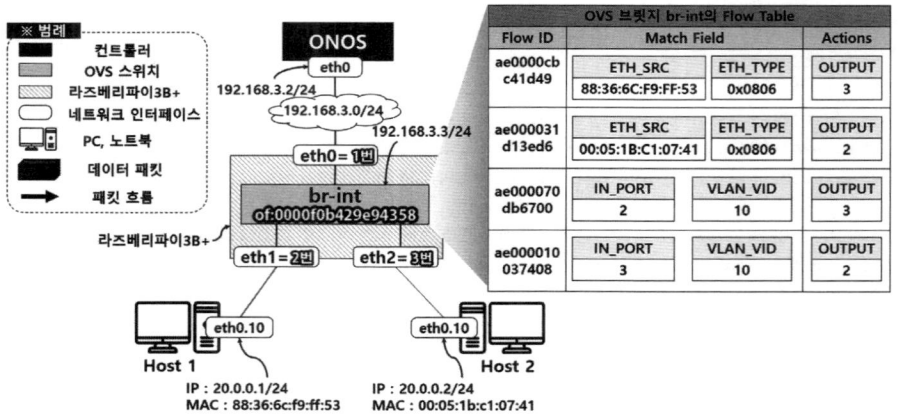

[그림 5-43] OVS 브리지 br-int의 플로우 테이블에 최종 등록된 플로우 정책 정보

이처럼 OVS 브리지 br-int에 플로우 정책이 설정된 상태에서 Host 1(20.0.0.1)로 접속하여 Host 2(20.0.0.2)로 ping 메시지를 보내면, 끊김 없이 ping 메시지를 서로 주고받는 것을 알 수 있다.

```
$ ping -c 5 20.0.0.2

PING 20.0.0.2 (20.0.0.2) 56(84) bytes of data.
64 bytes from 20.0.0.2: icmp_seq=1 ttl=64 time=4.39 ms
64 bytes from 20.0.0.2: icmp_seq=2 ttl=64 time=1.53 ms
64 bytes from 20.0.0.2: icmp_seq=3 ttl=64 time=1.49 ms
64 bytes from 20.0.0.2: icmp_seq=4 ttl=64 time=1.28 ms
--- 20.0.0.2 ping statistics ---
5 packets transmitted, 5 received, 0% packet loss, time 8016ms
rtt min/avg/max/mdev = 1.284/1.795/4.393/0.924 ms
```

ping 테스트 과정을 좀 더 세부적으로 파악하기 위해 패킷 모니터링 도구인 tcpdump로 Host 1의 eth0.10 인터페이스를 스캔해 보자. 스캔 내용을 살펴보면, Host 1(20.0.0.1)은 ARP 요청 및 응답 메시지를 먼저 주고받으면서 Host 2(20.0.0.2)의 MAC 주소를 알아낸다. 그리고 해당 MAC 주소를 가지고 ICMP 요청 및 응답 메시지를 Host 2와 주고받는다.

```
$ sudo tcpdump -i eth0.10

01:46:04.390559 ARP, Request who-has 20.0.0.1 tell 20.0.0.2, length 46
01:46:04.390593 ARP, Reply 20.0.0.1 is-at 2c:60:0c:75:ff:09 (oui Unknown),
length 28
01:46:05.390872 IP 20.0.0.1 > 20.0.0.2: ICMP echo request, id 11542, seq 7,
length 64
01:46:05.392276 IP 20.0.0.2 > 20.0.0.1: ICMP echo reply, id 11542, seq 7,
length64
01:46:06.392996 IP 20.0.0.1 > 20.0.0.2: ICMP echo request, id 11542, seq 8,
length 64
01:46:06.394331 IP 20.0.0.2 > 20.0.0.1: ICMP echo reply, id 11542, seq 8,
length 64
```

이번에는 위의 과정을 실제 플로우 테이블에 등록된 플로우 정책과 매치하면서 어떻게 동작하는지 단계별로 살펴보자. 먼저 [그림 5-44]와 같이 Host 1은 Host 2의 MAC 주소를 알아내기 위해 ARP 요청 메시지를 생성하여 전송한다. 그리고 해당 메시지는 OVS 브릿지 br-int의 2번 포트로 전달된다. 이때 OVS 브릿지 br-int는 해당 메시지의 처리를 위해 플로우 테이블을 검색한다. 플로우 테이블에서 매치 필드의 이더넷 타입(ETH_TYPE)이 ARP(0x0806)이고, 출발지 MAC 주소(ETH_SRC)가 Host 1(88:36:6c:f9:ff:53)인 플로우 정책과 일치하므로, 플로우 정책에 정의된 출력 포트(OUTPUT)인 OVS 브릿지 br-int의 3번 포트를 통해 ARP 요청 메시지를 Host 2로 전달한다.

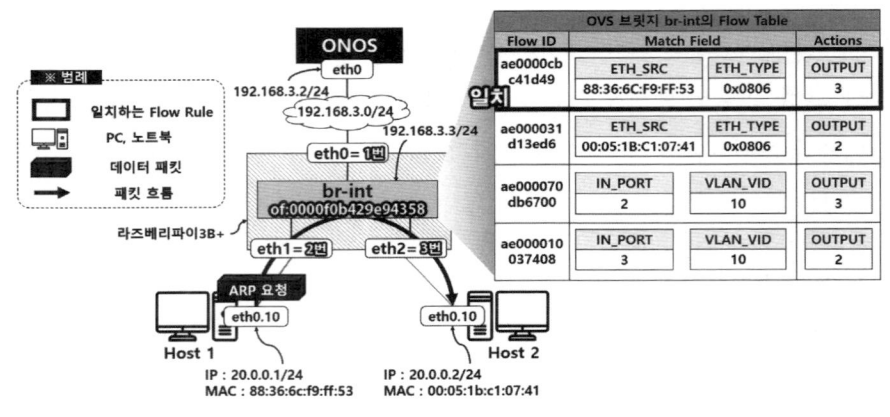

[그림 5-44] 단말장치 Host 1→ Host 2로 ARP 요청메시지를 보내는 과정

[그림 5-45]와 같이 ARP 요청 메시지를 전달받은 Host 2는 자신의 MAC 주소를 포함한 ARP 응답 메시지를 생성하여 전송한다. 그리고 해당 메시지는 OVS 브릿지 br-int의 3번 포트로 전달된다. 이때 OVS 브릿지 br-int는 메시지의 처리를 위해 플로우 테이블을 검색한다. 플로우 테이블에서 매치 필드의 이더넷 타입(ETH_TYPE)이 ARP(0x0806)이고, 출발지 MAC 주소(ETH_SRC)가 Host 2(00:05:1b:c1:07:41)인 플로우 정책과 일치하므로, 플로우 정책에 정의된 출력 포트(OUTPUT)인 OVS 브릿지 br-int의 2번 포트를 통해 ARP 응답 메시지를 Host 1로 전달한다.

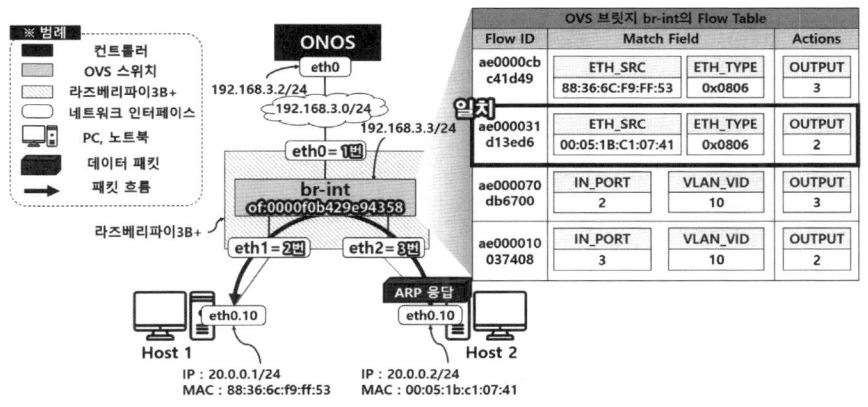

[그림 5-45] 단말장치 Host 2→ Host 1로 ARP 응답메시지를 보내는 과정

[그림 5-46]과 같이 ARP 응답 메시지를 통해 Host 2의 MAC 주소를 전달받은 Host 1은 해당 MAC 주소를 가지고 VLAN ID값이 10으로 태깅된 ICMP 요청 메시지를 생성하여 전달한다. 이때 해당 메시지는 OVS 브릿지 br-int의 2번 포트를 통해서 들어오는데, OVS 브릿지는 해당 메시지의 처리를 위해 플로우 테이블을 검색한다. 플로우 테이블에서 매치 필드의 입력 포트(IN_PORT)가 2번이고, VLAN ID(VLAN_VID)가 10인 플로우 정책과 일치하므로 플로우 정책에 정의된 출력 포트(OUTPUT)인 OVS 브릿지 br-int의 3번 포트를 통해 ICMP 요청 메시지는 Host 2로 최종 전달된다.

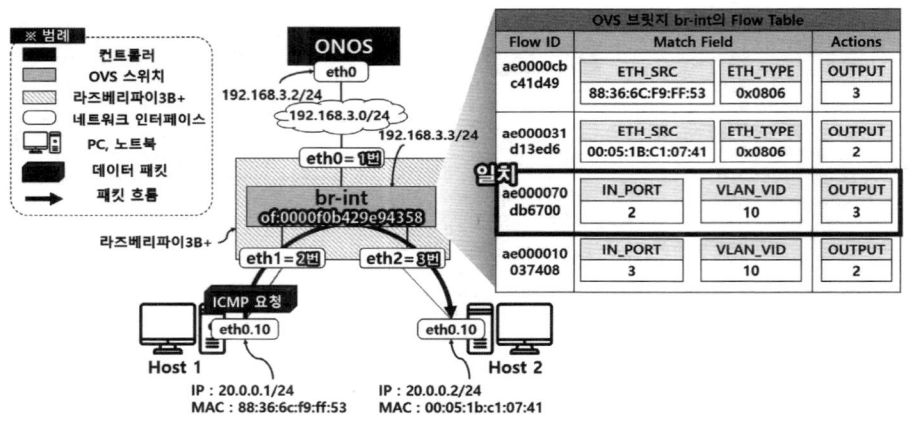

[그림 5-46] 단말장치 Host 1→ Host 2로 ICMP 요청메시지를 보내는 과정

[그림 5-42]와 같이, ICMP 요청 메시지를 전달받은 Host 2는 VLAN ID값이 10으로 태깅된 ICMP 응답 메시지를 생성하여 전달한다. 해당 메시지는 OVS 브릿지 br-int의 3번 포트를 통해서 들어오는데, OVS 브릿지는 해당 메시지의 처리를 위해 플로우 테이블을 검색한다. 플로우 테이블에서 매치 필드의 입력 포트(IN_PORT)가 3번이고, VLAN ID(VLAN_VID)가 10인 플로우 정책과 일치하므로 플로우 정책에 정의된 출력 포트(OUTPUT)인 OVS 브릿지 br-int의 2번 포트를 통해 ICMP 응답 메시지는 Host 1로 최종 전달된다.

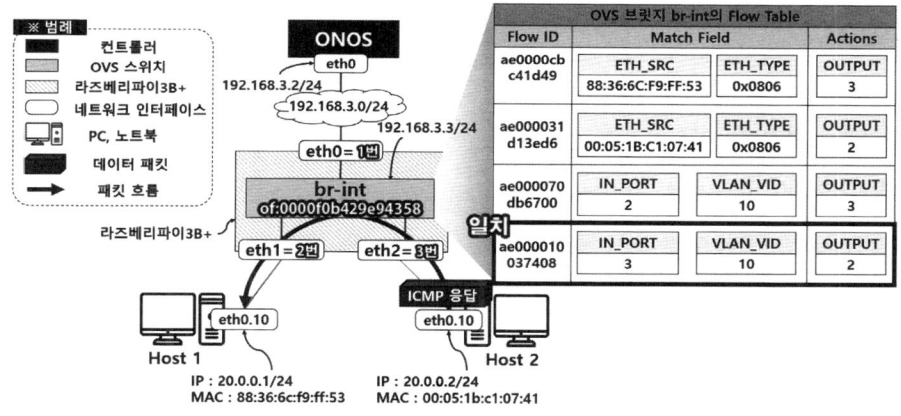

[그림 5-47] 단말장치 Host 2→ Host 1로 ICMP 응답메시지를 보내는 과정

[보충 수업] ONOS에서 리액티브(reactive) 방식으로 플로우 정책을 설정하려면?

앞서 우리는 사용자가 직접 플로우 정책을 정의하고 SDN 제어기를 통해 미리 정의된 플로우 정책들을 SDN 스위치에 설정하는 프로액티브(proactive) 방식으로 ONOS 실습을 진행했다. 만약 프로액티브 방식이 아니라 SDN 제어기 스스로 스위치 내부에 유입되는 데이터 패킷의 최적 경로를 결정하고, 이를 위한 플로우 정책을 설정하는 리액티브(reactive) 방식으로 동작하게 하려면 어떻게 해야할까?

방법은 매우 간단하다. ONOS CLI 모드로 접속하여 다음과 같이 'org.onosproject.fwd' 애플리케이션을 활성화해 주면 끝이다.

```
onos> app activate org.onosproject.fwd
```

해당 애플리케이션이 활성화된 상태에서는 네트워크 관리자가 플로우 정책을 정의하지 않아도 ONOS가 알아서 SDN 스위치 내부로 유입된 미지의 패킷을 처리하기 위해 플로우 정책을 직접 정의하고 설정하여 패킷을 목적지까지 전달할 수 있게 한다.

5.3.15 네트워크 토폴로지 확인

마지막으로 앞서 구성한 ONOS 실습 네트워크 구조를 웹 GUI 토폴로지 화면에서 확인해 보기 위해, ONOS 웹 GUI(http://192.168.3.2:8181/onos/ui/index.html)로 접속한다. 그리고 로그인 후 하단의 'Toggle host visibility' 아이콘을 클릭해 보자. 조금 전 OVS 브릿지 br-int만 보였던 상태에서 이번에는 다음과 같이 OVS 브릿지 br-int에 두 개의 단말 장치(Host 1, Host 2)가 연결된 최종 네트워크 토폴로지를 확인할 수 있다.

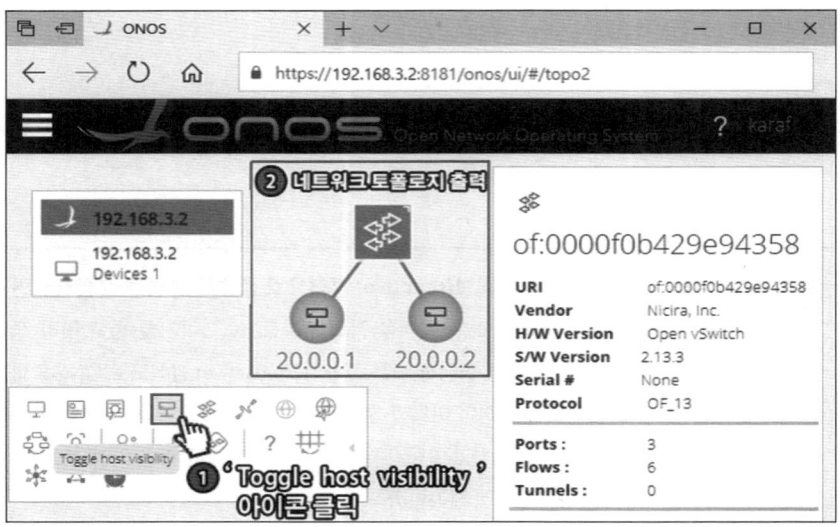

CHAPTER

SDN 실습 고급편 : SDN으로 실시간 트래픽 처리량 출력하기

SDN 제어기의 가장 기본적이면서 핵심적인 기능은 아래 [그림 6-1]과 같이 하위 데이터 평면에 해당하는 SDN 스위치에 플로우 정책을 설정하여 데이터가 목적지까지 최적 경로로 전달되도록 하는 것과 SDN 스위치와 호스트의 연결 정보, 스위치 포트별 트래픽 정보, 그리고 스위치의 CPU 및 메모리 사용량 등 다양한 스위치 상태 정보를 OpenFlow와 같은 SDN 프로토콜을 통해 수집하고, 이를 REST API 형태로 외부에 제공해 주는 것이다.

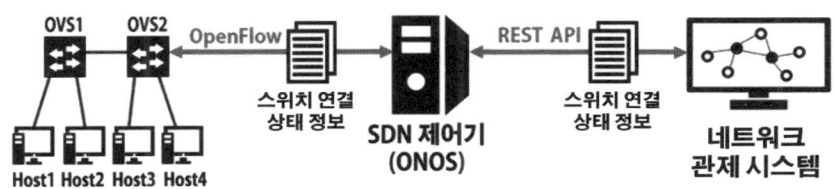

[그림 6-1] SDN 제어기를 통한 네트워크 관제 방법

앞서 5장에서는 SDN 제어기를 가지고 SDN 스위치에 직접 플로우 정책을 설정하여 데이터를 목적지까지 전달하는 방법에 대해서만 알아봤다면, 이번에는 난이도를 높여서 SDN 제어기를 통해 제공되는 REST API를 활용하여 '단위 시간 동안 지나는 데이터의 양' 혹은 '데이터 전송 속도'를 의미하는 트래픽 처리량을 계산하고, 이를 실시간 DB에 저장한 뒤 그래프로 출력해 보는 실습을 진행해 보겠다.

> ***참고**
>
> 6장에서 활용되는 실습 코드 및 스크립트 파일은 저자 네이버 블로그(http://blog.naver.com/love_tolty)의 '공지 사항'을 통해 공유됩니다.

6.1 : 실습 구조 소개

먼저, 이번 실습에서 활용되는 오픈 소스 소프트웨어를 살펴보면 [표 6-1]과 같다. SDN 제어기는 ONOS 2.7 버전인 24번째 배포판 'X-Wing'이 사용되며, 그외에 활용되는 오픈 소스 소프트웨어로는 가상 네트워크 시뮬레이션 환경을 지원하는 'Mininet', Python 기반의 비동기 작업수행 도구인 'Celery', 시계열 데이터(온도, 속도, 압력, 기압, 심박수 등 시간에 따른 변화량을 가지는 수치 데이터) 저장소인 'InfluxDB', 그리고 이런 시계열 데이터를 하나의 그래프 형태로 시각화하여 보여주는 도구인 'Grafana'이다.

오픈 소스 SW	지원 버전	기능
ONOS	2.7	OpenFlow SDN 제어기
Mininet	2.2.2	네트워크 시뮬레이션 도구
Celery	5.2.3	비동기 작업 수행 도구
InfluxDB	1.6.4	시계열 데이터베이스
Grafana	4.6.3	시계열 데이터 시각화 분석 도구

[표 6-1] 실습에 활용되는 오픈 소스 소프트웨어별 지원 버전과 기능

실습에서 활용되는 오픈 소스 소프트웨어별 동작 과정을 살펴보면, [그림 6-2]와 같다. 우선 네트워크 시뮬레이션 도구인 Mininet을 통해 한 개의 OVS 스위치에 두 개의 호스트가 연결되는 가상 네트워크를 구성한다. 이때 OVS는 OpenFlow 프로토콜을 통해 SDN 제어기인 ONOS와 연결된다.

그리고 비동기 작업 수행을 도와주는 Celery를 통해 3초마다 ONOS의 REST API로 OVS 스위치 포트별 송수신 트래픽 정보를 받아 송수신 트래픽 처리량(throughput)을 계산한다. 계산된 트래픽 처리량 정보는 시계열 데이터베이스인 InfluxDB에 저장되며, 저장된 트래픽 처리량 정보는 시계열 데이터를 시각화하여 대시보드(dashboard) 형태로 제공해 주는 Grafana를 통해 GUI 그래프로 출력된다.

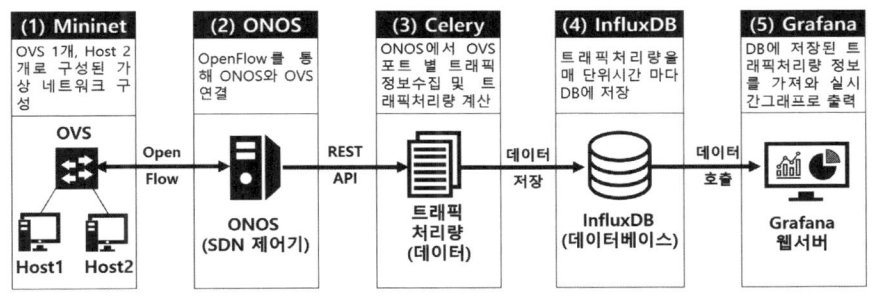

[그림 6-2] 오픈 소스 SW별 시스템 동작 순서

실습의 편의성을 위해 모든 소프트웨어는 하나의 PC에 설치한다. 이때 PC는 기본적으로 CPU는 최소 2 Core 이상, 메모리(RAM) 사이즈는 4GB 이상, 디스크 공간은 50GB 이상, 그리고 이더넷 인터페이스는 속도에 상관없이 필히 1개는 지원해야 한다. 사양만 만족한다면 PC가 아닌 가상 머신이나 물리 서버라도 상관없다.

항목	사양
CPU	2 Core 이상
RAM	4 GB 이상
HDD	30 GB 이상
NIC	1개 (Any Speed)
OS	Ubuntu 22.04 64 bits LTS

[그림 6-3] 실습을 위한 PC의 하드웨어 사양

PC의 네트워크는 [그림 6-4]와 같이 유무선 공유기를 통해 외부 인터넷에 연결되도록 구성한다. PC가 유무선 공유기를 통해 인터넷에 연결되도록, PC의 물리 이더넷 장치 'eth0'에 IP 주소는 '192.168.1.5', 게이트웨이 주소는 공유기의 IP 주소인 '192.168.1.1'로 설정한다. 그리고 구체적인 네트워크 설정방법은 5.1.3절을 참고하도록 하자. 이어서 운영체제의 경우 우분투 22.04 LTS가 설치되는데 설치 방법은 5.1.1절을 참고하도록 하자. 그럼 PC에 운영체제 설치 및 네트워크 구성까지 완료되었다고 가정하고, 해당 PC에 오픈 소스 소프트웨어를 하나씩 설치하면서 실시간 트래픽 처리량 관제 시스템을 구축해 보겠다.

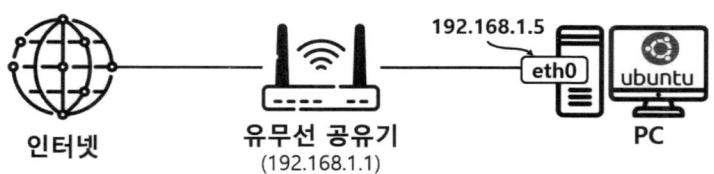

[그림 6-4] PC의 네트워크 연결 구성

6.2 : 단계 1: Mininet + ONOS 구성

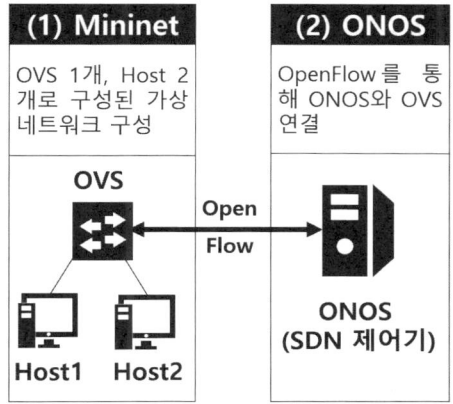

[그림 6-5] 단계 1: Mininet + ONOS 구성 내용

단계 1에서는 한 개의 OVS 스위치에 두 개의 가상 호스트가 연결된 가상 네트워크를 Mininet으로 생성하고, 여기에 SDN 제어기인 ONOS를 OVS 스위치와 연결하여 구성한다. ONOS와 OVS는 OpenFlow 프로토콜로 연결되며, 해당 프로토콜을 통해 정의된 메시지를 서로 주고받는다.

ONOS는 해당 메시지를 통해 OVS 스위치를 제어하거나 상태 정보를 모니터링할 수 있다. 그럼 ONOS와 Mininet을 설치하여 모니터링을 위한 가상 네트워크를 구성해 보자.

6.2.1 ONOS 설치 및 애플리케이션 실행

우분투가 설치된 PC에 5.3.3절 혹은 5.3.4절을 참고하여 ONOS 2.7 버전 배포판을 설치하고, 설치가 완료되면 다음과 같이 ONOS CLI에 접속한다. 초기 ID와 Passsword는 'karaf'로 동일하다.

```
$ ssh -p 8101 karaf@192.168.1.5
Password authentication
Password:
Welcome to Open Network Operating System (ONOS)!
```
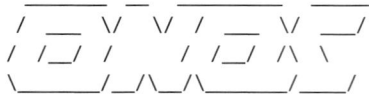
```
Documuntation: wiki.onosproject.org
Tutorials:     tutorials.onosproject.org
Mailing lists: lists.onosproject.org

Come help out! Find out how at: contribute.onosproject.org

Hit '<tab>' for a list of available commands
and '[cmd] --help' for help on a specific command.
Hit '<ctrl-d>' or type 'logout' to exit ONOS session.
```

ONOS CLI에 접속한 상태에서 ONOS의 OpenFlow 프로토콜 기능을 지원하는 ONOS 애플리케이션인 org.onosproject.openflow를 활성화한다.

```
karaf@root > app activate org.onosproject.openflow
Activated org.onosproject.openflow
```

실습의 편의성을 위해 여기서는 플로우 정책을 직접 설정하지 않고, ONOS가 플로우 정책을 자동으로 설정하는 리액티브(reactive) 모드로 실행되도록 다음과 같이 org.onosproject.fwd 애플리케이션을 활성화해 준다.

```
karaf@root > app activate org.onosproject.fwd
Activated org.onosproject.fwd
```

6.2.2 가상 네트워크 구성

ONOS에 연결할 가상 네트워크를 구성하기 위해 가상 네트워크 구성을 지원하는 Mininet 패키지를 설치한다.

```
$ sudo apt-get install mininet
```

마찬가지로 OpenFlow 기반의 가상 스위치를 제공하는 Open vSwitch(이하 OVS)도 설치한다.

```
$ sudo apt-get install openvswitch-switch
```

설치가 완료된 OVS 서비스를 실행한다.

```
$ service openvswitch-switch start
```

이제 Mininet으로 다음 [그림 6-6]과 같이 한 개의 OVS 스위치(s1)에 두 개의 가상 Host(h1, h2)와 ONOS인 SDN 제어기(c0)가 연결되도록 가상 네트워크를 구성해 보겠다.

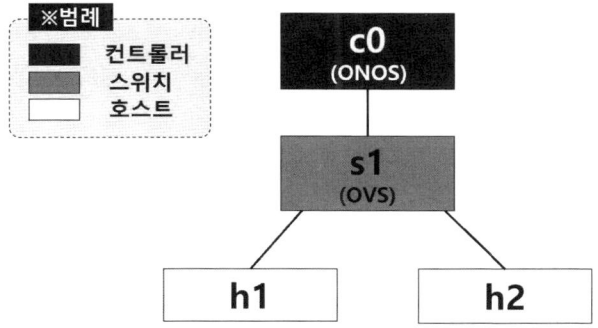

[그림 6-6] ONOS와 가상 호스트 2대(h1, h2)가 OVS에 연결된 Mininet 가상 네트워크 구조

이를 위해 다음과 같이 실행 옵션을 적용하여, 가상 호스트 2대와 SDN 제어기인 ONOS가 연결된 OVS 스위치를 생성하고, 해당 OVS 스위치가 OpenFlow 1.3 프로토콜을 지원하도록 Mininet으로 가상 네트워크를 생성한다.

```
$ sudo mn --controller=remote, ip=192.168.1.5, port=6653 --topo=single,2 \
> --switch=ovs, protocols=OpenFlow13
```

각 Mininet 실행 옵션에 대한 설명은 다음과 같다.

- **--controller=remote, ip=192.168.1.5, port=6653**
  스위치에 연결되는 ONOS의 IP 주소와 TCP 포트 번호 지정
- **--topo=single, 2**
  한 개의 스위치에 두 개의 가상 호스트가 연결되는 토폴로지 지정
- **--switch=ovs, protocols=OpenFlow13**
  OpenFlow 1.3을 지원하는 Open vSwitch로 스위치 타입 지정

OVS 구성 및 관리 도구인 ovs-vsctl로 OVS 구성 정보를 조회했을 때 'is_connected: true'라는 메시지가 뜨면 ONOS와 OVS 연결이 성공적으로 이루어진 것이다.

```
$ sudo ovs-vsctl show
8eaa8c50-ddd2-4ae7-9c6e-0fb761b4fbee
    Bridge "s1"
        Controller "tcp:192.168.1.5:6653"
            is_connected: true
        Controller "ptcp:6654"
        fail_mode: secure
        Port "s1"
            Interface "s1"
                type: internal
        Port "s1-eth2"
            Interface "s1-eth2"
        Port "s1-eth1"
            Interface "s1-eth1"
    ovs_version: "2.2.2"
```

이번엔 OVS의 OpenFlow 관리 도구인 **ovs-ofctl**을 통해 다음과 같이 현재 생성된 OVS 스위치 s1의 연결 상태를 조회해 보자.

```
$ sudo ovs-ofctl show s1 -O OpenFlow13

OFPT_FEATURES_REPLY (OF1.3) (xid=0x2):
dpid:0000000000000001
n_tables:254, n_buffers:0
OFPST_PORT_DESC reply (OF1.3) (xid=0x3):
 1(s1-eth1): addr:22:9e:4a:63:30:d3
     config:     0
     state:      LIVE
     current:    10GB-FD COPPER
     speed: 10000 Mbps now, 0 Mbps max
 2(s1-eth2): addr:46:d3:ed:30:41:a5
     config:     0
     state:      LIVE
     current:    10GB-FD COPPER
     speed: 10000 Mbps now, 0 Mbps max
 LOCAL(s1): addr:1e:12:32:32:da:46
     config:     PORT_DOWN
     state:      LINK_DOWN
     speed: 0 Mbps now, 0 Mbps max
OFPT_GET_CONFIG_REPLY (OF1.3)
```

조회한 내용에서 DPID라고 부르는 OVS 스위치 s1의 고유 ID값은 '0000000000000001'로 지정되어 있는데, 스위치의 DPID는 SDN 제어기인 ONOS가 하위에 연결된 SDN 스위치를 구분하기 위한 ID값이라고 생각하면 된다.

그리고 OVS에 생성된 인터페이스 s1-eth1은 1번 포트로, s1-eth2는 2번 포트로 매칭된 것을 확인할 수 있다. 여기서 매칭된 1, 2번 포트 번호는 ONOS가 OVS 스위치 s1에 연결된 인터페이스를 구분하는 번호이며, 플로우 정책을 설정할 때 해당 포트 번호를 기반으로 플로우 정책이 OVS 스위치 s1에 설정된다. 여기서 조회한 연결 정보를 가지고 최종 구성된 가상 네트워크의 구조는 [그림 6-7]과 같다.

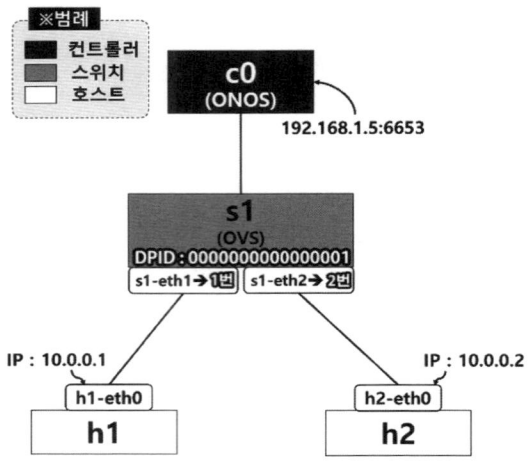

[그림 6-7] ONOS와 가상 호스트 2대(h1, h2)가 OVS에 연결된 Mininet 가상 네트워크 구조

6.2.3 호스트 간 통신 테스트

이제 다음 [그림 6-8]과 같이 OVS 스위치 s1에 연결된 호스트 h1과 h2가 실제로 통신을 하는지 Ping 테스트를 해보겠다.

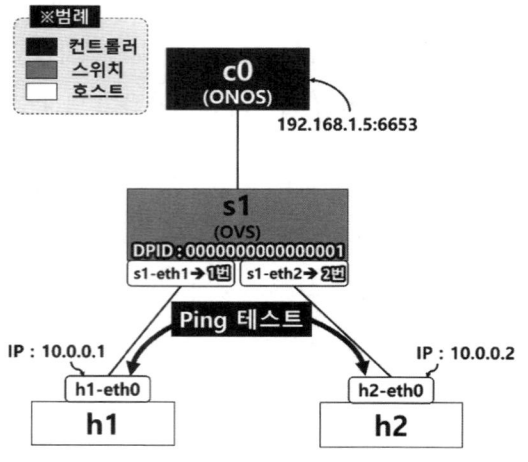

[그림 6-8] 호스트 h1, h2의 Ping 테스트

Mininet CLI로 접속하여 OVS 스위치 s1에 연결된 호스트 h1과 h2가 서로 통신을 하도록 ping 메시지를 보낸다.

```
mininet> pingall
*** Ping: testing ping reachability
h1 -> h2
h2 -> h1
*** Results: 0% dropped (2/2 received)
```

해당 OVS 스위치(s1)는 ONOS를 통해 리엑티브 모드로 동작하기 때문에, 플로우 정책을 정의해 주지 않았음에도 두 호스트 h1과 h2가 정상적으로 패킷을 주고받음을 확인할 수 있다.

실제 **ovs-ofctl** 도구로 OVS 스위치 s1의 플로우 테이블을 다음과 같이 조회해 보면, OVS 스위치 s1의 입력 포트(in_port)인 s1-eth1 인터페이스로 유입된 패킷은 출력 포트(output)인 인터페이스 s1-eth2로 내보내고, 반대로 입력 포트(in_port)로 지정된 인터페이스 s1-eth2로 유입된 패킷은 출력 포트(output)로 지정된 인터페이스 s1-eth1로 내보내도록 설정되어 호스트 h1, h2가 서로 데이터를 주고받을 수 있는 것이다.

```
$ sudo ovs-ofctl dump-flows s1 -O OpenFlow13
.....
cookie=0xa800007a0b7839, ... , in_port="s1-eth1", ... , actions=output:"s1-eth2"
cookie=0xa80000ac8ed235, ... , in_port="s1-eth2", ... , actions=output:"s1-eth1"
.....
```

그런데 해당 플로우 정책은 계속 유지되는 것이 아니라서 'idle time'이라고 하는 미리 설정된 유휴 시간 동안 패킷을 주고받지 않으면 삭제된다. 그러다 호스트 h1, h2가 패킷을 주고받을 때 다시 ONOS를 통해 생성되는데, 바로 이러한 점이 계속 플로우 정책이 고정으로 유지되는 프로액티브(Proactive) 동작 방식과의 차이점이다.

6.3 : 단계 2: Celery 구성

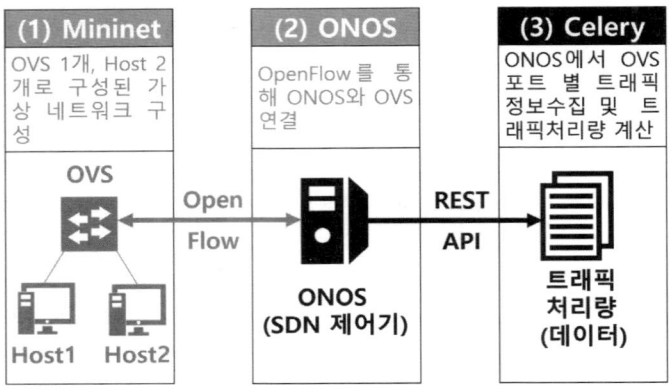

[그림 6-9] 단계 2 : Celery 구성 내용

단계 2에서는 비동기 작업을 도와주는 파이썬 프레임워크인 Celery를 활용하여, ONOS가 OpenFlow 프로토콜을 통해 수집한 OVS 스위치 포트별 송신(TX)·수신(RX) 누적 트래픽 사용량으로 트래픽 처리량을 계산하고 이를 태스크(task)라는 작업 단위로 매 3초간 수행하도록 설정해 보겠다.

[보충 수업] Celery란 무엇인가?

'동기식 작업'이라고 하면, 먼저 진행 중인 작업이 끝날 때까지 기다렸다가 다음 작업을 진행하는 순차적인 작업 처리 방식을 말한다. 이에 반해 '비동기식 작업'은 먼저 처리 중인 작업에 영향이 없다면 다른 작업을 병행하여 처리하는 작업 방식을 말한다. Celery는 이런 비동기 작업을 수행할 수 있게 도와주는 파이썬 언어 기반의 프레임워크이다.

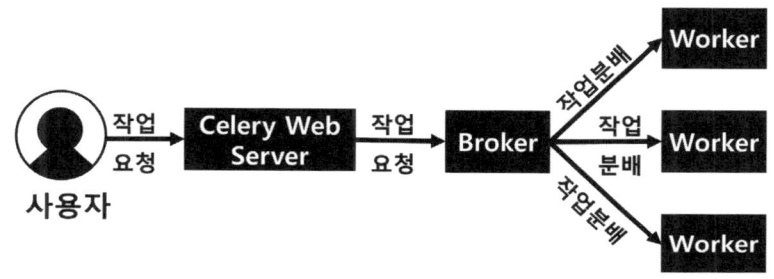

[그림 6-10] Celery 동작 구조

[그림 6-10]의 Celery 동작 구조를 살펴보자. 사용자가 여러 개의 비동기 작업을 Celery 웹 서버로 요청하면 요청된 작업들은 이를 중계하는 브로커(broker)에 전달된다. 브로커는 다시 작업을 수행하는 워커(worker)에게 해당 작업들을 분배한다.

이때의 작업은 태스크(task)라는 단위로 정의되며, 브로커는 작업들을 분배하기 위해 메시지 큐(message queue)라는 자료구조를 활용한다. Celery에서는 메시지 큐를 활용하기 위해 오픈 소스인 RabbitMQ를 기본 브로커로 사용한다. 이런 Celery의 구성 요소별 역할에 대해 간단히 요약하면 [표 6-2]와 같다.

구성 요소	역할
Celery Web Server	· 사용자의 비동기식 작업(task)을 브로커에 전달
Broker	· 사용자가 요청한 작업을 담아두는 큐(queue) · 사용자가 요청한 작업을 워커에 분배 · Celery에서는 RabbitMQ를 기본 브로커로 지원
Worker	· 브로커로부터 분배된 작업을 수행

[표 6-2] Celery의 구성 요소별 역할

6.3.1 Celery 설치

Celery를 설치하기 위한 가장 간단한 방법은 파이썬 라이브러리 설치 패키지 매니저인 pip를 통해 설치하는 방법이다. 이를 위해 Python 3와 Python 3를 지원하는 pip를 먼저 PC에 설치한다.

```
$ sudo apt-get install python3 python3-pip
```

pip3 설치가 완료되면 pip3를 이용하여 Celery를 설치한다.

```
$ sudo pip3 install celery
```

pip3를 통해 설치된 파이썬 모듈을 조회했을 때 Celery 버전이 확인되면 설치가 성공적으로 완료된 것이다.

```
$ pip3 list | grep celery
celery        5.2.3
```

6.3.2 RabbitMQ 설치

이제 Celery의 기본 브로커인 RabbitMQ를 다음과 같이 설치할 차례다. 브로커는 사용자가 요청한 작업(task)을 담아두는 큐(queue)이며, 사용자가 요청한 작업을 워커(worker)에 분배한다.

```
$ sudo apt-get install rabbitmq-server
```

설치가 완료되면 rabbitmq-server를 실행해 준다.

```
$ sudo service rabbitmq-server start
```

그리고 다음과 같이 rabbitmq-server의 현재 상태를 조회했을 때, 'active(running)' 상태라면 정상적으로 현재 실행 중임을 확인할 수 있다.'

```
$ sudo service rabbitmq-server status
• rabbitmq-server.service - RabbitMQ Messaging Server
    Loaded: loaded (/lib/systemd/system/rabbitmq-server.service; enabled; vendor preset: enabled)
    Active: active (running) since Thu 2023-12-28 14:14:00 UTC; 56s ago
  Main PID: 8454 (beam.smp)
     Tasks: 27 (limit: 9368)
    Memory: 95.7M
       CPU: 6.718s
    CGroup: /system.slice/rabbitmq-server.service
            ├─8454 /usr/lib/erlang/erts-12.2.1/bin/beam.smp -W w -MBas ageffcbf -MHas ageffcbf -MBlmbcs 512 -MHlmbcs 5>
            ├─8465 erl_child_setup 65536
            ├─8524 inet_gethost 4
            └─8525 inet_gethost 4
```

6.3.3 트래픽 처리량 계산 공식 도출

RabbitMQ 서버 설치를 완료했으니 브로커를 통해 워커에 분배될 태스크를 생성하면 된다. 하지만 그전에 먼저 태스크에 반영하기 위한 OVS 스위치 포트 별 트래픽 정보를 가지고 트래픽 처리량을 계산하는 과정을 알아봐야 한다.

일단 ONOS의 REST API 통해 ONOS와 연결된 스위치별 포트 정보를 조회해서 어떤 정보가 수집되는지 확인해 보자. 이를 위해 REST API를 통해 서버와 통신할 수 있는 오픈 소스 커맨드 명령어 도구인 cURL과 조회된 결과를 JSON 포맷으로 출력해 주는 도구인 jq를 설치해 주자.

```
$ sudo apt-get install curl jq
```

그런 다음 ONOS의 REST API를 통해 Mininet으로 구성한 OVS 스위치 s1의 포트 별 트래픽 정보를 조회하는 'get_port_desc.sh' 스크립트 파일을 다음과 같이 만들어 준다. 이 밖에 ONOS REST API에 대한 세부 정보는 ONOS 공식 Wiki 페이지(https://wiki.onosproject.org/display/ONOS/Appendix+B%3A+REST+API)를 참조하자.

```
$ vi get_port_desc.sh
```

```
01 : ONOS_IP=192.168.1.5
02 : ONOS_PORT=8181
03 : curl http://$ONOS_IP:$ONOS_PORT/onos/v1/statistics/ports --user karaf:karaf | jq
```

생성한 스크립트 파일을 실행하면 ONOS와 연결된 스위치별 포트 정보를 알 수 있다. 여기서는 OVS 스위치 s1(of:0000000000000001)의 1번 포트와 2번 포트에 대한 정보를 확인할 수 있는데, 각 포트의 bytesReceived, bytesSent, durationSec값을 활용하면 스위치 포트 별 수신(RX)과 송신(TX) 패킷에 대한 트래픽 처리량(throughput)을 계산할 수 있다.

```
$ sh get_port_desc.sh
....
{
  "statistics": [
    {
      "device": "of:0000000000000001",
      "ports": [
        {
          "bytesReceived": 4482804,
          "bytesSent": 39017640,
          "durationSec": 705677,
          "packetsReceived": 46466,
          "packetsRxDropped": 0,
          "packetsRxErrors": 0,
          "packetsSent": 472822,
          "packetsTxDropped": 0,
          "packetsTxErrors": 0,
          "port": 1
        },
        {
```

```
            "bytesReceived": 4482804,
            "bytesSent": 39017478,
            "durationSec": 705677,
            "packetsReceived": 46466,
              "packetsRxDropped": 0,
              "packetsRxErrors": 0,
              "packetsSent": 472820,
              "packetsTxDropped": 0,
              "packetsTxErrors": 0,
            "port": 2
          }
        ]
      }
    ]
  }
```

ONOS JAVA API 공식 문서에 따르면, [표 6-3]과 같이 bytesReceived 메서드는 포트를 통해 수신한 패킷의 누적 사이즈 값을 리턴하고, bytesSent 메서드는 포트를 통해 송신한 패킷의 누적 사이즈 값을 리턴한다. 그리고 durationSec 메서드는 포트가 활성화된 초단위 시간을 리턴한다.

메서드	리턴값
bytesReceived()	포트를 통해 수신한 패킷의 누적 사이즈(단위: bytes)
bytesSent()	포트를 통해 송신한 패킷의 누적 사이즈(단위: bytes)
curationSec()	포트가 활성화된 시간(sec)

[표 6-3] 메서드별 리턴값 정의 (출처: http://api.onosproject.org/1.7.1/org/onosproject/net/device/PortStatistics.html)

그럼 여기서 ONOS의 REST API로 조회한 bytesReceived, bytesSent, durationSec 정보를 가지고 어떻게 트래픽 처리량을 계산할까? 방법은 어렵지 않다. 예를 들어 [그림 6-11]과 같이 Host 1이 SDN 스위치의 1번 포트와 연결되어 있고, 연결된 경로를 통해서 Host 1이 SDN 스위치로 패킷을 보낸다고 가정하자.

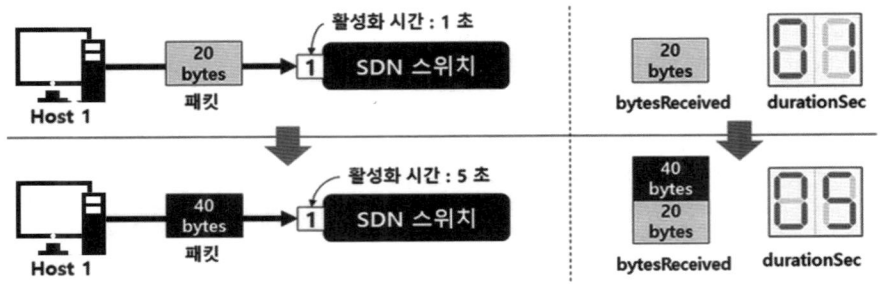

[그림 6-11] bytesReceived, durationSec 측정 과정

1번 포트가 활성화된 지 1초가 되었을 때 Host 1이 20bytes의 데이터 패킷을 SDN 스위치에 보냈다면 durationSec=1, bytesReceived=20이 된다. 그리고 포트가 활성화된 지 5초가 되었을 때 Host 1이 추가로 40bytes의 패킷을 SDN 스위치에 보냈다면 durationSec=5, bytesReceived=60(20+40)이 된다.

트래픽 처리량은 단위 시간 동안 전송된 데이터 패킷의 크기이다. 즉, 5-1=4초 동안 60-20=40bytes의 패킷이 흐른 것이므로 40bytes/4sec=10bytes/sec이 성립한다. 그리고 이것을 byte 단위가 아니라 bit 단위로 변환하기 위해 1bit는 8bytes이므로 8을 곱해 주면 트래픽 처리량은 80bps가 된다.

위 예시를 통해 bytesReceived, durationSec값을 가지고 수신된 패킷의 트래픽 처리량(RX throughput) 계산 과정을 공식으로 도출하면 **공식(1)**과 같다. 다음의 공식에서 8을 곱한 것은 단위를 bytes/sec이 아니라 BPS(bits/sec)로 변환하기 위한 것임을 참고하자.

$$\text{공식(1) - RX Throughput (※ 단위 : bits/sec)}$$

$$\text{현재 수신 트래픽처리량} = \frac{(\text{현재 측정된 bytesReceived값} - \text{이전에 측정된 bytesReceived 값}) \times 8}{\text{현재 측정된 durationSec값} - \text{이전에 측정된 durationSec값}}$$

공식(1) - 수신 패킷의 트래픽 처리량(RX throughput) 계산 공식

마찬가지로 송신된 패킷의 트래픽 처리량(TX throughput)에 대한 공식도 **공식(2)**와 같이 bytesSent, durationSec값으로 표현할 수 있다.

$$\text{공식(2) - TX Throughput (※ 단위 : bits/sec)}$$

$$\text{현재 송신 트래픽처리량} = \frac{(\text{현재 측정된 bytesSent값} - \text{이전에 측정된 bytesSent값}) \times 8}{\text{현재 측정된 durationSec값} - \text{이전에 측정된 durationSec값}}$$

공식(2) - 송신 패킷의 트래픽 처리량(TX throughput) 계산 공식

이제 송/수신 트래픽 처리량(TX/RX throughput)에 대한 공식을 가지고, 단위 시간마다 트래픽 처리량 정보를 계산하는 Celery 태스크를 생성해보자.

6.3.4 Celery 태스크 생성

Celery 태스크를 통해 ONOS의 REST API를 호출하기 위하여 파이썬의 requests 모듈을 설치한다.

```
$ sudo pip3 install requests
```

처음 계산되는 송/수신 트래픽 처리량을 임시로 저장하기 위한 data 디렉터리를 생성하고, 읽고 쓰기 권한을 다음과 같이 모두 허용으로 변경한다.

```
$ sudo mkdir data
$ chmod 777 -R data
```

다음으로 task.py라는 파이썬 파일을 생성해 'ONOS_CELERY_TASK'라는 Celery 태스크 함수를 하나 작성한다. 해당 태스크는 ONOS의 REST API를 통해 ONOS와 연결된 모든 스위치의 활성화된 포트별 bytesSent, bytesReceived, durationSec값을 조회하고, 앞에서 도출한 공식(1), 공식(2)를 통해 송/수신 트래픽에 대한 처리량을 계산한다. 소스 코드에 대한 세부 내용은 주석을 참고하자.

```
$ sudo vi task.py
```

```
01 : from celery import Celery    # celery 모듈의 내장함수 Celery 가져오기
02 : import json                   # JSON 포맷 데이터 처리를 지원하는 내장 모듈 json 가져오기
03 : import requests               # Python용 HTTP 라이브러리 사용을 지원하는 내장 모듈 requests 가져오기
04 : import os                     # 운영체제 파일 쓰기/생성 등 관리 위해 내장 모듈 os 가져오기
05 :
06 : #Celery 브로커(broker) RabbitMQ 설정하기
07 : app = Celery('ONOS_TASK', broker='pyamqp://guest@localhost//')
08 :
09 : #celeryconfig.py에 정의한 Celery 태스크 환경설정 정보 가져오기
10 : app.config_from_object('celeryconfig')
11 :
12 : #ONOS REST API를 통해 조회된 정보를 파일로 쓰기(write) 위한 함수 FILE_WRITE() 정의
13 : def FILE_WRITE(file_dir, data):
14 :     f=open(file_dir, 'w')
15 :     f.write(data)
16 :     f.close
17 :
18 : #파일로 작성된, ONOS REST API를 통해 조회된 정보를 읽어 오기 위한 함수 FILE_READ() 정의
19 : def FILE_READ(file_dir):
20 :     f = open(file_dir,'r')
21 :     data = f.readline()
22 :     f.close()
23 :     return data
24 :
25 : # Celery를 통해 실행시켜줄 ONOS TASK "ONOS_CELERY_TASK" 함수를 @app.task 아래에 정의
26 : @app.task
27 : def ONOS_CELERY_TASK(CTRL_IP, CTRL_PORT, CTRL_ID, CTRL_PW):
28 :     try:
29 :         #ONOS REST API를 통해 ONOS와 연결된 스위치 정보(스위치 DPID) 가져오기
30 :         ONOS_URI = "http://" + CTRL_IP + ":" + CTRL_PORT + "/onos/v1/devices"
31 :         result = requests.get(ONOS_URI, auth=(CTRL_ID, CTRL_PW))
```

```
32 :         print("Result : ",result.json())
33 :         DEVICE_INFO = result.json()["devices"]
34 :
35 :         #ONOS REST API를 통해 앞에서 조회한 스위치 DPID별 포트 상태 정보 가져오기
36 :         for i in range(0, len(DEVICE_INFO)):
37 :             SW_DPID = DEVICE_INFO[i]["id"]
38 :             print "SW_DPID :"+ str(SW_DPID)
39 :             ONOS_URI = "http://" + CTRL_IP + ":"+CTRL_PORT+"/onos/v1/statistics/ports"
40 :             result = requests.get(ONOS_URI, auth=(CTRL_ID, CTRL_PW))
41 :             SW_STATE_INFO = result.json()["statistics"]
42 :
43 :             #ONOS의 RESA API를 통해 ONOS와 연결된 모든 스위치의 포트 별
44 :             #현재 bytesReceived, bytesSent, durationSec 값을 가져오기
45 :             for j in range(0, len(SW_STATE_INFO)):
46 :                 if SW_STATE_INFO[j]["device"] == SW_DPID :
47 :                     PORT_STATE = SW_STATE_INFO[j]["ports"]
48 :                     for k in range(0, len(PORT_STATE)):
49 :                         MATCH_PORT = PORT_STATE[k]["port"]
50 :                         RX_BYTE_COUNT = PORT_STATE[k]["bytesReceived"]
51 :                         TX_BYTE_COUNT = PORT_STATE[k]["bytesSent"]
52 :                         DURATION_TIME = PORT_STATE[k]["durationSec"]
53 :
54 :                         #bytesSent, bytesReceived, durationSec 값이 저장된 파일이 없다면 파일로 저장
55 :                         FILE_NAME = "dpid_" + SW_DPID.replace(":","") + "_port_" + str(MATCH_PORT)
56 :                         FILE_DIR = "./data/"+FILE_NAME+".log"
57 :
58 :                         if os.path.exists(FILE_DIR) == False:
59 :                             data = str(TX_BYTE_COUNT)+"_"+str(RX_BYTE_COUNT)+"_"+str(DURATION_TIME)
60 :                             FILE_WRITE(FILE_DIR, data)
61 :
62 :                         #이전에 저장된 파일이 있다면. 파일을 읽어 이전에 저장된
63 : #bytesSent, bytesReceived, durationSec 값 가져오기
64 :                         elif os.path.exists(FILE_DIR) == True:
65 :                             DATA = FILE_READ(FILE_DIR)
66 :                             DATA = DATA.split("_")
67 :                             PREVIOUS_TX_BYTE_COUNT = float(DATA[0])
68 :                             PREVIOUS_RX_BYTE_COUNT = float(DATA[1])
69 :                             PREVIOUS_DURATION_TIME = float(DATA[2])
70 :
71 :                             #현재 bytesReceived, bytesSent, durationSec 값 가져오기
72 :                             CURRENT_TX_BYTE_COUNT = float(TX_BYTE_COUNT)
73 :                             CURRENT_RX_BYTE_COUNT = float(RX_BYTE_COUNT)
74 :                             CURRENT_DURATION_TIME = float(DURATION_TIME)
75 :
```

```
76 :                        data = str(TX_BYTE_COUNT)+"_"+str(RX_BYTE_
    COUNT)+"_"+str(DURATION_TIME)
77 :                        FILE_WRITE(FILE_DIR, data)
78 :
79 :                        #이전 Duration Time과 현재 Duration Time 차이가 0인 경우,
80 :                        #SDN 제어기가 해당 포트 정보를 갱신하지 못했다는 메세지로 출력하기
81 :                        if CURRENT_DURATION_TIME - PREVIOUS_DURATION_TIME == 0 :
82 :                            print("Port No."+ str(MATCH_PORT) + " not updated")
83 :
84 :                        #이전의 그리고 현재 bytesSent, bytesReceived, durationSec 값을 가지고
85 :                        #송수신 트래픽 처리량 계산 및 결과 출력하기
86 :                        else:
87 :                            TX_THROUGHPUT = (CURRENT_TX_BYTE_COUNT -
    PREVIOUS_TX_BYTE_COUNT)*8 /(CURRENT_DURATION_TIME - PREVIOUS_DURATION_TIME)
89 :                            RX_THROUGHPUT = (CURRENT_RX_BYTE_COUNT -
    PREVIOUS_RX_BYTE_COUNT)*8 /(CURRENT_DURATION_TIME - PREVIOUS_DURATION_TIME)
91 :                            TX_THROUGHPUT = round(TX_THROUGHPUT,4)
92 :                            RX_THROUGHPUT = round(RX_THROUGHPUT,4)
93 :                            print("PORT No. = " + str(MATCH_PORT))
94 :                            print("TX_THROUGHPUT = " + str(TX_THROUGHPUT) + " bps")
95 :                            print("RX_THROUGHPUT = " + str(RX_THROUGHPUT) + " bps")
96 :
97 :        #정상적으로 실행되지 못한 경우 예외 처리 메세지 출력하기
98 :        except Exception as error:
99 :            print("Error:",error)
```

이어서 task.py의 Celery 태스크 함수 ONOS_CELERY_TASK가 3초마다 호출되도록 Celery 환경 설정 파일 'celeryconfig.py'을 다음과 같이 생성한다. 참고로 Celery는 Celery beat라는 스케줄러를 통해 태스크의 실행 순서를 결정할 수 있는데, 여기서 작성하는 celeryconfig.py 파일 내용을 가지고 Celery beat를 통해 태스크가 매 3초간 작업을 수행하게 된다.

```
$ sudo vi celeryconfig.py
```

```
01 : from datetime import timedelta
02 :
03 : #ONOS의 IP 주소/Port 번호/접속 ID/Password(PW) 정의
04 : CTRL_IP = "192.168.1.5"
05 : CTRL_PORT = "8181"
06 : CTRL_ID = "karaf"
07 : CTRL_PW = "karaf"
08 :
09 : #tast.ONOS_CELERY_TASK(task.py 파일에 정의된 ONOS_CELERY_TASK)의 스케줄링 정보 정의
10 : CELERYBEAT_SCHEDULE = {
11 :     'add-every-3-seconds':{
12 :         'task':'task.ONOS_CELERY_TASK',
13 :         'schedule':timedelta(seconds=3),
14 :         'args':(CTRL_IP,CTRL_PORT,CTRL_ID,CTRL_PW)
15 : }
16 : }
17 : CELERY_TIMEZONE = 'UTC'
```

이제 작성한 Celery 태스크가 제대로 작업을 수행하는지 확인해 보기 위해, 다음과 같이 옵션을 적용하여 Celery 서버를 실행한다. 옵션 내용을 살펴보면, 먼저 태스크 파일이름 'task.py'에서 확장자만 제외한 'task'를 -A 옵션으로 지정하고, 태스크를 Celery beat 스케줄러를 통해 3초 단위로 실행하기 위해서 -B 옵션을 지정한다. 그리고 Celery의 실행 중 상태 정보만 간단히 확인할 것이기 때문에 로그 수준은 'INFO' 상태로 --loglevel 옵션을 지정한다.

```
$ sudo celery -A task worker -B --loglevel=INFO
```

Celery 실행 옵션에 대한 세부 내용은 다음과 같다.

- -A (or --app) [Task이름]
  Celery 로 실행하기 위한 태스크 파일 지정 옵션

- worker -B (or -beat)
  Celery beat 실행 옵션

- --loglevel=[DEBUG|INFO|WARNING|ERROR|CRITICAL|FATAL]
  Celery 로그 수준 지정 옵션

    - **DEBUG**: 디버깅 수준의 메시지
    - **INFO**: 상태변경 같은 정보성 메시지
    - **WARNING**: 실행에는 문제없으나 시스템 에러 원인이 되는 경고성 메시지
    - **ERROR**: 프로그램 동작에 문제가 되는 메시지
    - **CRITICAL**: 위험한 에러 발생 메시지
    - **FATAL**: 아주 치명적인 에러 발생 메시지

> [보충 수업] **Celery가 실행되지 않고 명령어가 없다고 오류가 발생한다면?**
>
> Celery를 분명히 설치했음에도 다음과 같이 명령어를 찾지 못했다고 오류 메시지를 뱉는 경우가 있다.
>
> ```
> $ sudo celery -A task worker -B --loglevel=INFO
> -bash: celery: command not found
> ```
>
> Celery와 관련된 파이썬 패키지가 제대로 설치되지 않아서 그럴 수 있다. 이럴 땐 다음처럼 Celery 관련 파이썬 공통 라이브러리를 설치해 주면 해결된다.
>
> ```
> $ sudo apt-get install python-celery-common
> ```

성공적으로 Celery가 실행되면 다음과 같이 Celery 서버의 로그 화면이 출력된다. 로그 첫 화면을 보면 앞서 task.py에 작성했던 Celery 태스크 함수 ONOS_CELERY_TASK가 호출되어 실행되는 것을 알 수 있다.

```
-------------- celery@node-3 v5.2.3 (dawn-chorus)
--- ***** -----
-- ******* ---- Linux-5.4.0-88-generic-x86_64-with-glibc2.29 2022-02-05 15:47:55
- *** --- * ---
- ** ---------- [config]
- ** ---------- .> app:         ONOS_TASK:0x7f46d548bb50
- ** ---------- .> transport:   amqp://quest:**@localhost:5672//
- ** ---------- .> results:     disabled://
- *** --- * --- .> concurrency: 2 (prefork)
-- ******* ---- .> task events: OFF (enable -E to monitor tasks in this worker)
--- ***** -----
 -------------- [queues]
                .> celery           exchange=celery(direct) key=celery

[tasks]
  . task.ONOS_CELERY_TASK
```

그리고 그 이후 Celery 로그 기록들을 살펴보면 3초마다 DPID가 of:000000000 0000001인 OVS 스위치 s1의 현재 활성화된 포트 1번, 2번의 송/수신 트래픽 처리량(TX/RX throughput)이 출력된다.

```
[2022-02-05 15:52:12,602: WARNING/ForkPoolWorker-3] SW+DPID :of:0000000000000001
[2022-02-05 15:52:12,627: WARNING/ForkPoolWorker-2] PORT No. = 1
[2022-02-05 15:52:12,627: WARNING/ForkPoolWorker-2] TX_THROUGHPUT = 1510.9647 bps
[2022-02-05 15:52:12,628: WARNING/ForkPoolWorker-2] RX_THROUGHPUT = 787.0745 bps
[2022-02-05 15:52:12,629: WARNING/ForkPoolWorker-2] PORT No. = 2
[2022-02-05 15:52:12,629: WARNING/ForkPoolWorker-2] TX_THROUGHPUT = 1510.9647 bps
[2022-02-05 15:52:12,630: WARNING/ForkPoolWorker-2] RX_THROUGHPUT = 787.0745 bps
```

만약 ONOS가 OVS 스위치 s1의 포트 정보를 갱신하지 못하면, 이전 갱신 정보가 유지되어 트래픽 처리량을 계산할 수 없다. 이때는 ONOS가 스위치의 포트 정보를 갱신하지 못했다는 알림 메시지가 로그 화면에 다음과 같이 출력된다.

```
WARNING/ForkPoolWorder-3] The Port No.1 not updated
WARNING/ForkPoolWorder-3] The Port No.2 not updated
```

> **[보충 수업] Celery 실행 도중 Connection Refused가 발생한 경우?**
>
> ```
> [2022-02-06 00:24:00,459: WARNING/ForkPoolWorker-2] HTTPConnec-
> tionPool(host='192.168.1.5', port=8181): Max retries exceeded
> with url: /onos/v1/devices (Caused by NewConnectionError('<re-
> quests.packages.urllib3.connection.HTTPConnection object at
> 0x7f533405ef50>: Failed to establish a new connection: [Errno 111]
> Connection refused',))
> ```
>
> 이와 같은 Connection Refused는 ONOS로부터 REST API 요청에 대해 응답 메시지를 받아오지 못해 발생된 예외 처리 메시지이다. 따라서 ONOS가 현재 제대로 실행 중인지 확인해 봐야 한다.

6.4 : 단계 3: InfluxDB 구성

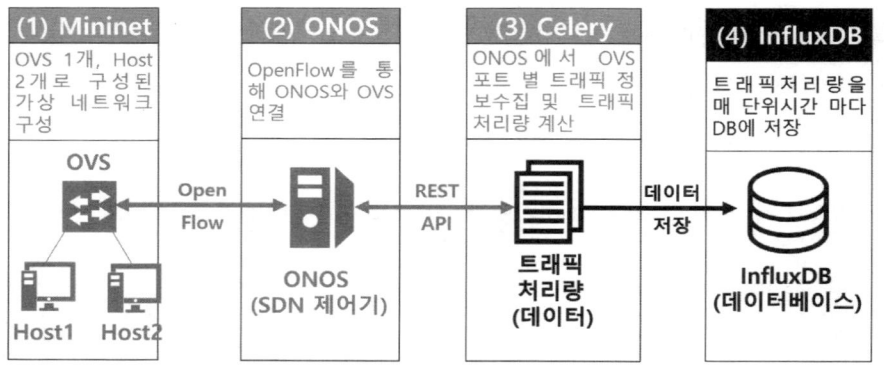

[그림 6-12] 단계 3: InfluxDB 구성 내용

이번에는 단계 2에서 살펴본 Celery를 통해 3초마다 계산되는 송/수신 트래픽 처리량 정보를 오픈 소스 시계열 데이터베이스인 InfluxDB에 주기적으로 저장하고자 한다. 즉, 단계 2에서는 송/수신 트래픽 처리량을 계산하는 것으로 끝났다면, 이번 단계 3에서는 계산이 끝나는 동시에 InfluxDB에 해당 트래픽 처리량 정보를 저장해 보겠다.

[보충 수업] 트래픽 모니터링에 시계열 DB를 사용하는 이유는?

시계열 DB란, 보통 Time-Scale Database(이하 TSD)라고도 부르며 시간 흐름에 따라 변하는 수치데이터를 저장하는 데 특화된 데이터베이스를 말한다. 대표적으로 시간, 온도, 속도, 강수량, 전류 등이 여기에 해당된다.

[그림 6-13] 시계열 데이터의 종류

시계열 DB는 시간 축을 기준으로 데이터를 저장하고 관리한다. 따라서 주목적 데이터인 트래픽 처리량 정보를 저장하면 DB에서 알아서 저장된 시간에 맞춰 데이터를 관리하므로 시간까지 함께 저장할 필요가 없다.

예를 들어 관계형 DB인 PostgreSQL에 시간별 트래픽 처리량을 저장한다면, 트래픽 처리량 외에도 측정된 시간 정보를 함께 저장하기 위해 20bytes 크기의 timestamp 데이터 타입을 하나 더 정의해야 한다. 하지만 시계열 DB인 InfluxDB를 사용하면 그냥 시간별로 측정된 트래픽 처리량만 저장해 주면 된다.

6.4.1 InfluxDB 설치

InfluxDB는 시계열 데이터를 저장, 관리하는 오픈 소스 데이터베이스이다. 주로 시간, 온도, 속도 등 시간별 수치로 측정될 수 있는 시계열 데이터에 특화되어 있으며, 본 실습에서는 Celery를 통해 주기적으로 측정한 트래픽 처리량 정보를 저장하기 위해 InfluxDB를 활용하고자 한다. 이를 위해 PC에 influxdb와 influxdb-client 패키지를 다음과 같이 설치해 주자.

```
$ sudo apt-get install influxdb influxdb-client
```

패키지 설치가 완료되면 InfluxDB를 실행해 준다.

```
$ sudo service influxdb start
```

그리고 다음과 같이 InfluxDB의 현재 상태를 조회했을 때, 'active(running)' 상태라면 정상적으로 현재 실행 중임을 확인할 수 있다.'

```
$ sudo service influxdb status
● influxdb.service - InfluxDB is an open-source, distributed, time series database
    Loaded: loaded (/lib/systemd/system/influxdb.service; enabled; vendor preset: enabled)
    Active: active (running) since Thu 2023-12-28 13:19:21 UTC; 3h 25min ago
      Docs: man:influxd(1)
  Main PID: 7732 (influxd)
     Tasks: 10 (limit: 9368)
    Memory: 15.6M
       CPU: 14.642s
    CGroup: /system.slice/influxdb.service
            └─7732 /usr/bin/influxd -config /etc/influxdb/influxdb.conf
```

또 터미널에서 'influx'라고 입력하면 다음과 같이 InfluxDB의 CLI 환경으로 접속되며, 현재 설치된 버전도 확인할 수 있다.

```
$ influx
Connected to http://localhost:8086 version 1.6.4
InfluxDB shell version: 1.6.4
```

6.4.2 DB 생성

이제 InfluxDB의 CLI에 접속한 상태에서 데이터베이스 질의 언어인 SQL을 활용해 트래픽 처리량을 저장하기 위한 'sdn'이라는 이름의 DB를 생성한다.

```
> create database sdn
```

DB를 조회했을 때, 'sdn'이라는 이름의 DB가 다음과 같이 조회되면 성공적으로 DB 생성이 완료된다.

```
> show databases

name: databases
name
----
_internal
sdn
```

DB 생성을 확인했으면 'exit' 명령으로 InfluxDB CLI를 종료한다.

```
> exit
```

6.4.3 데이터베이스에 트래픽 처리량 저장

앞서 생성한 데이터베이스에 매 3초간 Celery 태스크로 계산되는 송/수신 트래픽 처리량을 저장해 보자. 먼저 InfluxDB 파이썬 패키지를 다음과 같이 설치한다.

```
$ sudo apt-get install python3-influxdb
```

그리고 **단계 2**에서 만들어 둔 task.py 파일을 열어서 제일 상단에 InfluxDB에 데이터를 저장하기 위한 InfluxDB_InsertData()라는 함수를 아래와 같이 정의한다.

```
$ sudo vi task.py
```

```
01 : from influxdb import InfluxDBClient #influxdb 모듈의 내장함수 InfluxDBClient
     가져오기
02 :
03 : #InfluxDB에 스위치 DPID, 포트 번호, 송/수신 트래픽 처리량을 저장하는
04 : #함수 InfluxDB_InsertData() 정의
05 : def InfluDB_InsertData(dpid, port_no, tx_throughput, rx_throughput):
```

```
06 :    DB_HOST = "192.168.1.5" #InfluxDB가 설치된 서버 IP
07 :    DB_PORT = "8086"  #InfluxDB 이용 포트
08 :    DB_USER = "root"  #InfluxDB 사용자 ID
09 :    DB_PSWD = "root"  #InfluxDB 사용자 PW
10 :    DB_NAME = "sdn"   #InfluxDB DB 이름
11 :    json_body=[
12 :        {
13 :            "measurement": dpid,
14 :            "tags": {
15 :                "port": port_no,
16 :                },
17 :            "fields": {
18 :                "tx_throughput": tx_throughput,
19 :                "rx_throughput": rx_throughput
20 :                }
21 :        }
22 :    ]
23 :    client = InfluxDBClient(DB_HOST, DB_PORT, DB_USER, DB_PSWD, DB_NAME)
24 :    print("Write points: {0}".format(json_body))
25 :    client.write_points(json_body)
```

생성한 함수는 아래와 같은 형태로 task.py 파일에 포함된 ONOS_CELERY_TASK() 함수의 제일 마지막 하단 송/수신 트래픽 처리량을 계산하는 소스 코드 바로 아래에 추가해 준다.

```
#트래픽 처리량 InfluxDB에 데이터 저장
InfluxDB_InsertData(SW_DPID, MATCH_PORT, TX_THROUGHPUT, RX_THROUGHPUT)
```

이제 이렇게 수정한 Celery 태스크가 정상적으로 동작하는지 확인하기 위해 Celery 서버를 실행한다.

```
$ sudo celery -A task worker -B --loglevel=INFO
```

Celery 서버가 정상적으로 실행된다면 다음과 같이 Celery 로그 화면에서 3초마다 InfluxDB에 저장되는 데이터 정보를 확인할 수 있다.

```
Write points: [{'fields': {'rx_throughput': 0.0, 'tx_throughput': 518.4},
'tags': {'port': 1}, 'measurement': u'of:0000000000000001'}]
Write points: [{'fields': {'rx_throughput': 0.0, 'tx_throughput': 518.4},
'tags': {'port': 2}, 'measurement': u'of:0000000000000001'}]
```

로그 내용을 살펴보면 DPID가 of:0000000000000001인 OVS 스위치의 현재 활성화된 1번, 2번 포트의 송/수신 트래픽 처리량(TX/RX Throughput)이 계산되어 JSON 형식으로 InfluxDB에 전달되는 것을 알 수 있다.

이때 InfluxDB로 전달되는 JSON 데이터로는 fields, tags, measurement, 이렇게 세 가지 값이 있는데, 해당 값들은 InfluxDB의 데이터 구조에서 확인할 수 있는 구성 요소들이다. 각 구성 요소별로 저장되는 데이터 정보는 [표 6-4]를 참고하자.

InfluxDB 구성 요소	역할	저장 데이터
measurement	관계형 DB의 table과 같은 개념	스위치 DPID
tags	DB 조회 시 데이터를 필터링하기 위한 조건 정보	스위치 포트 번호
fields	사용자에게 보여주기 위한 데이터 정보	송/수신 트래픽 처리량

[표 6-4] InfluxDB의 데이터 구조

이제는 InfluxDB에 실제로 데이터가 저장됐는지 확인해 보자. InfluxDB CLI에 접속하여 앞서 생성했던 'sdn' DB를 선택한다.

```
> use sdn
Using database sdn
```

그리고 데이터베이스 질의 언어인 SQL에서 데이터를 조회하는 select 명령어를 통해 measurement가 OVS 스위치 DPID(of:0000000000000001)로 저장된 데이터를 조회한다. 그러면 시간대별로 Celery 태스크가 실행되면서 저장된 스위치 포트별 송/수신 트래픽 처리량 정보를 확인할 수 있다.

```
> select * from "of:0000000000000001"
name: of:0000000000000001
time                    port    rx_throughput    tx_throughput
----                    ----    -------------    -------------
1513238675196819876     1       0                417.9489
1513238675250417635     2       0                417.9413
1513238677836459045     1       0                518.4
1513238677845397662     2       0                518.4
```

6.5 : 단계 4: Grafana 구성

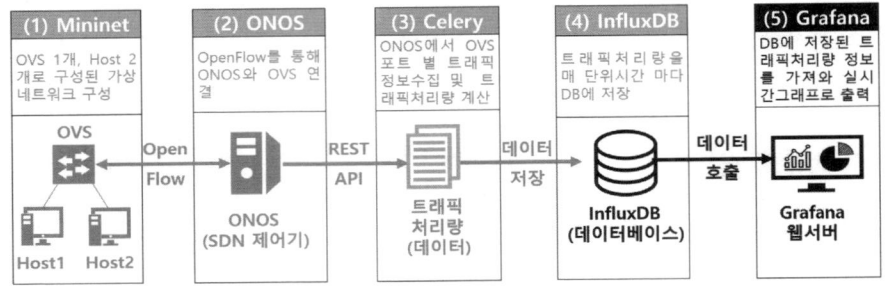

[그림 6-14] 단계 4 : Grafana 구성 내용

이제 마지막 단계이다. 앞서 Celery 태스크를 통해 송/수신 트래픽 처리량도 계산했고, 이를 InfluxDB라는 시계열 데이터베이스에 저장도 했다. 이번 단계 4에서는 저장된 트래픽 처리량 데이터를 Grafana라는 데이터 시각화 도구를 통해 실시간 그래프 형태로 출력해 보겠다.

참고로 Grafana는 유료인 Enterprise 버전과 무료인 OSS 버전, 이렇게 두 가지로 배포되고 있는데, 본 실습에서는 2017년도에 배포된 OSS 4.6.3 버전을 활용한다. 최근 배포판과 큰 차이는 없으므로 최신 버전을 사용해도 무방하다.

6.5.1 Grafana 설치

Grafana 4.6.3 버전 공식 다운로드 페이지(https://grafana.com/grafana/download/4.6.3)로 접속하여 다음과 같이 'Ubuntu and Debian (64 Bit)'의 다운로드 경로를 복사한다.

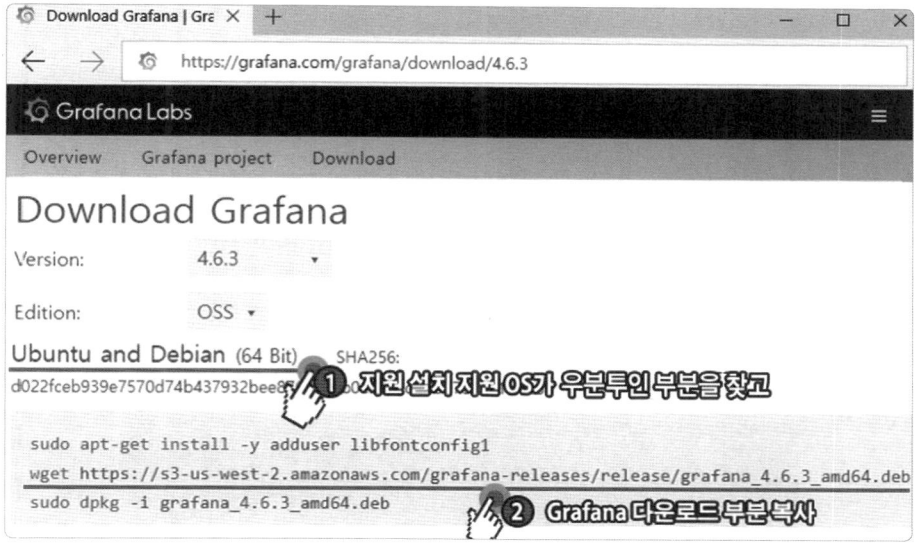

복사한 경로 상의 Grafana 4.6.3 버전 설치 파일을 다운로드한다.

```
$ wget https://s3-us-west-2.amazonaws.com/grafana-releases/release/grafana_4.6.3_amd64.deb
```

다운받은 파일을 설치하기 전에 리눅스에서 사용자 계정을 추가해 주는 도구인 adduser와 리눅스 시스템의 글꼴 관리를 위한 라이브러리인 libfontconfig 패키지를 먼저 설치한다(보통 Ubuntu 22.04 버전에는 adduser와 libfontconfig 패키지가 기본적으로 설치되어 있다).

```
$ sudo apt-get install -y adduser libfontconfig
```

패키지 설치가 완료되면, 앞서 다운받은 grafana_4.6.3_amd64.deb 파일을 가지고 Grafana 4.6.3 버전을 설치한다.

```
$ sudo dpkg -i grafana_4.6.3_amd64.deb
```

설치가 완료되면 Grafana를 실행해 준다.

```
$ sudo /etc/init.d/grafana-server start
[ ok ] Starting grafana-server (via systemctl): grafana-server.service.
```

Grafana가 제대로 설치되었는지 확인하기 위해 웹 브라우저를 실행하여 Grafana UI(http://192.168.1.5:3000)에 접속하자. 다음과 같이 로그인 화면이 뜨면 Grafana가 성공적으로 설치된 것이다.

6.5.2 Grafana와 InfluxDB 연동

다음으로는 Grafana와 InfluxDB를 서로 연동해 보겠다. Grafana의 UI 로그인 화면에서 초기 ID와 Password를 입력한 후, 〈Log in〉 버튼을 눌러 Grafana에 접속한다. 초기 ID와 Password는 'admin'으로 동일하다.

로그인 후, Grafana에서 활용할 InfluxDB의 데이터 정보를 등록해 주기 위해 〈Add data source〉 버튼을 클릭한다.

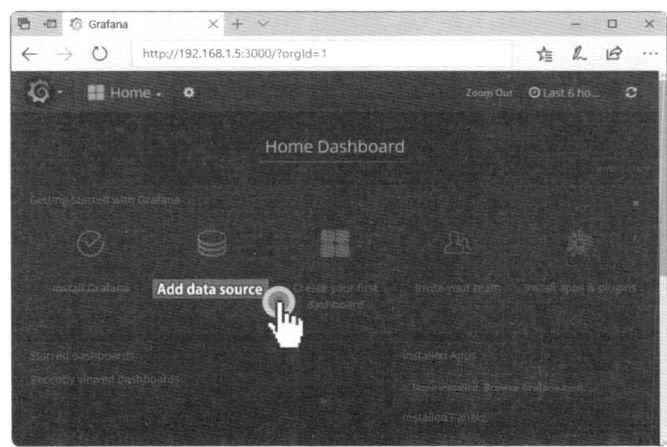

그리고 다음과 같이 InfluxDB 등록을 위한 정보를 입력하고, 〈Add〉 버튼을 클릭한다.

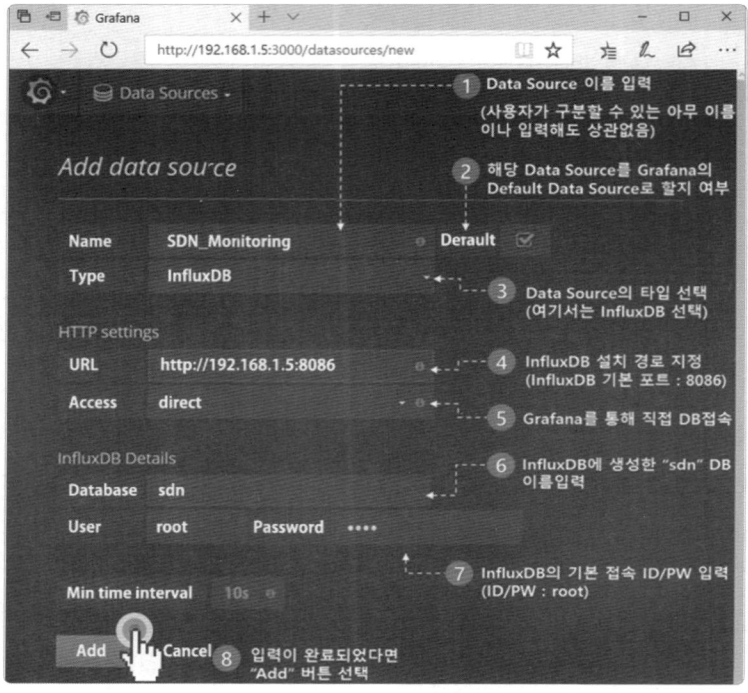

최종적으로 다음과 같이 'Data source is working'이라는 메시지가 뜨면 Grafana에 InfluxDB 등록이 완료된 것이다.

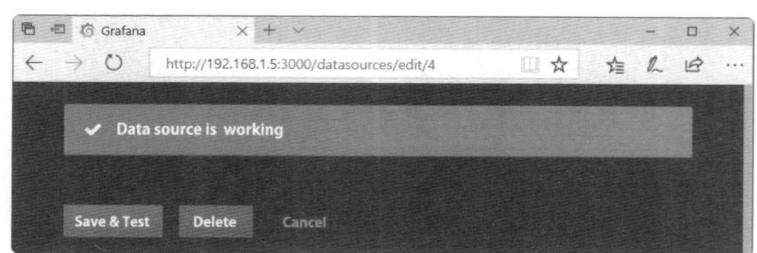

6.5.3 Grafana 대시보드 설정

앞에서 등록한 InfluxDB의 데이터를 실시간 그래프로 출력하기 위해 대시보드를 설정해 보겠다. 상단 로고 메뉴에서 [Dashboards] → [New]를 눌러 대시보드 설정 페이지로 이동한다.

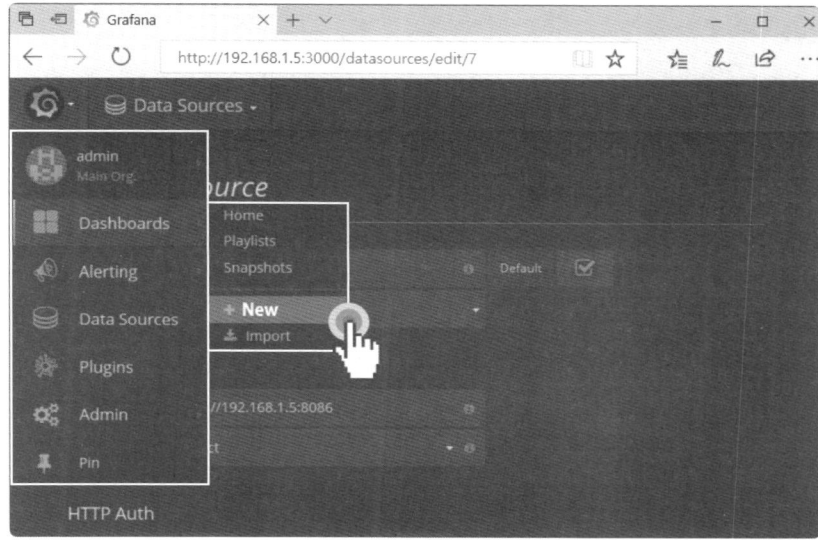

대시보드 페이지에는 한 개의 패널(panel)이 기본적으로 생성되는데, 다음과 같이 패널에 그래프(graph)를 추가한다.

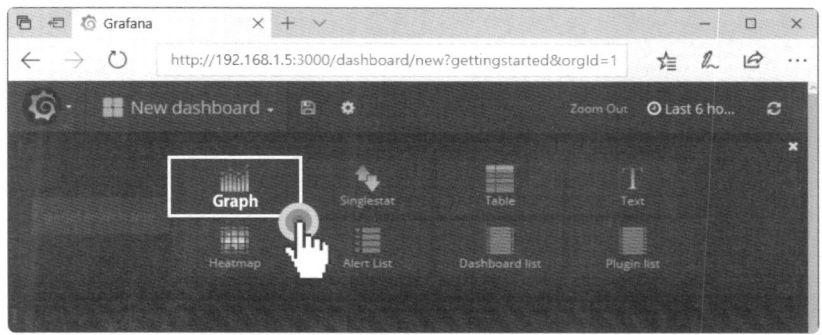

그래프가 패널에 추가됐으면 등록한 InfluxDB의 데이터를 그래프로 출력해 보겠다. 먼저 패널에 등록된 그래프의 타이틀을 정의해 주기 위해 상단의 〈Panel Title〉을 클릭한 뒤 〈Edit〉 버튼을 눌러 그래프 편집 창으로 이동한다.

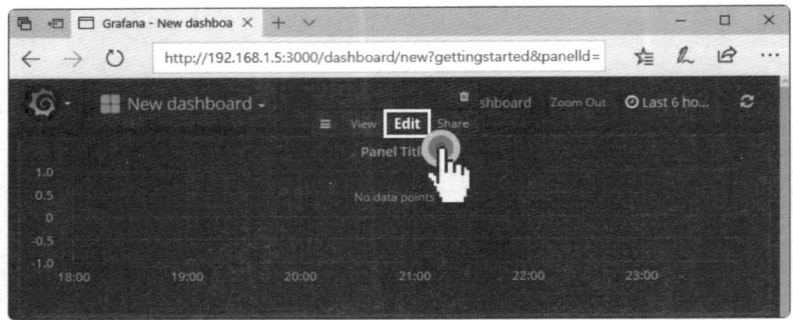

이어서 다음과 같이 그래프 편집 창에서 [General] 탭 메뉴로 이동한 뒤 패널에 등록된 그래프의 제목을 설정한다. 여기서는 Mininet으로 생성한 OVS 스위치 1번 포트의 송/수신 트래픽 처리량을 실시간 그래프로 출력할 것이므로 그래프 제목을 '1번 포트 RX/TX 트래픽 처리량'이라고 입력했다.

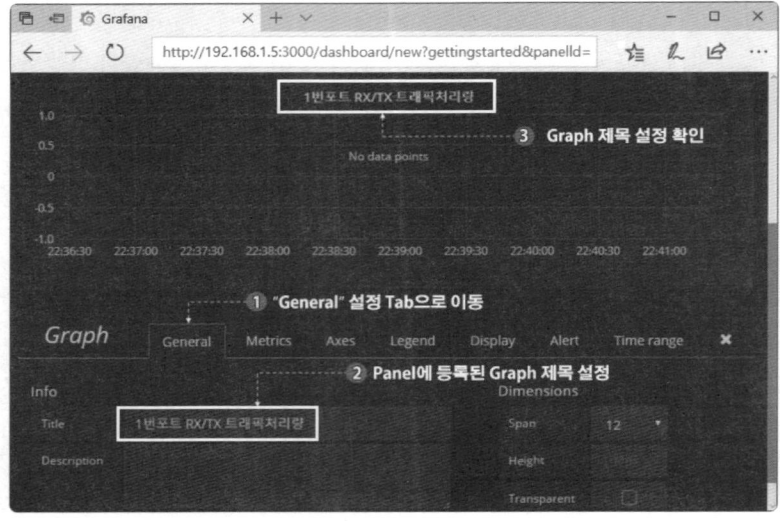

다음으로 InfluxDB로부터 트래픽 처리량 데이터를 가져오기 위해 [Metrics] 탭 메뉴로 이동한다. 먼저 OVS 스위치 1번 포트를 통해 수신된 트래픽 처리량 정보를 가져오기 위한 쿼리문을 다음과 같이 작성한다.

```
FROM        default of:0000000000000001    WHERE    port = 1
SELECT      field(rx_throughput) last()
GROUP BY    time($_interval)    fill(previous)
FORMAT AS   Time series
```

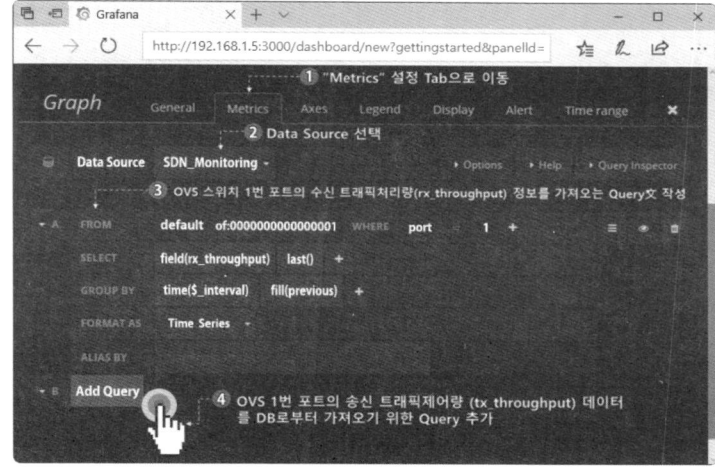

다음으로 〈Add Query〉 버튼을 누르고, OVS 스위치 1번 포트의 송신 트래픽 처리량 데이터를 가져오기 위한 쿼리문을 작성한다.

```
FROM        default of:0000000000000001    WHERE    port = 1
SELECT      field(tx_throughput) last()
GROUP BY    time($_interval)    fill(previous)
FORMAT AS   Time series
```

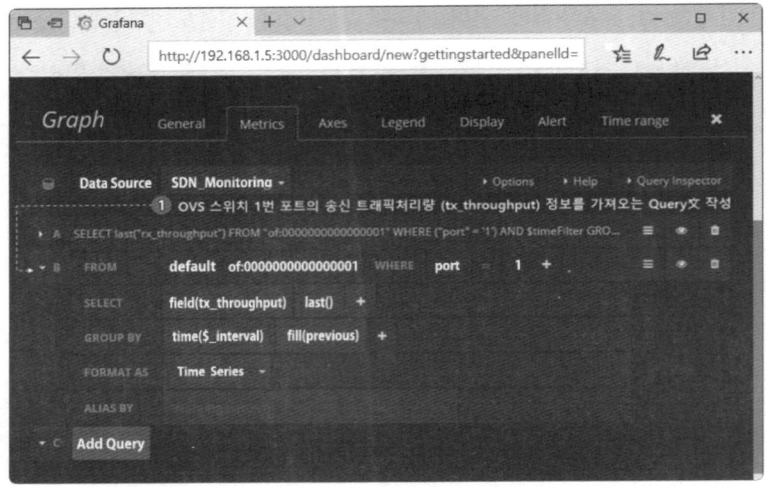

이제 그래프의 Y축 단위를 설정하기 위해 [Axes] 탭으로 이동한다. InflxuDB에 저장된 트래픽 처리량 정보는 bps(bits per second) 단위로 저장되어 있으므로 다음과 같이 좌측 메뉴에서 [Unit] → [data rate] → [bits/sec] 순으로 설정해 준다.

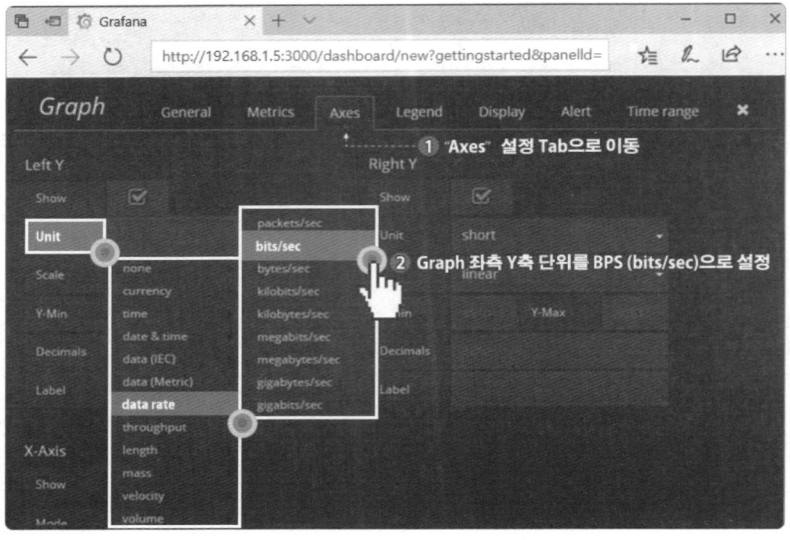

지금까지 설정한 내용을 저장하자. 상단에 플로피 디스크 모양의 아이콘 혹은 키보드로 〈Ctrl〉+〈S〉 키를 누르고, 대시보드 이름을 'test_1'로 입력한 뒤, 하단의 〈Save〉 버튼을 눌러 저장한다. 참고로 대시보드의 이름은 정해진 것이 아니므로, 사용자 편의에 따라 구분하기 쉬운 이름으로 지정하면 된다.

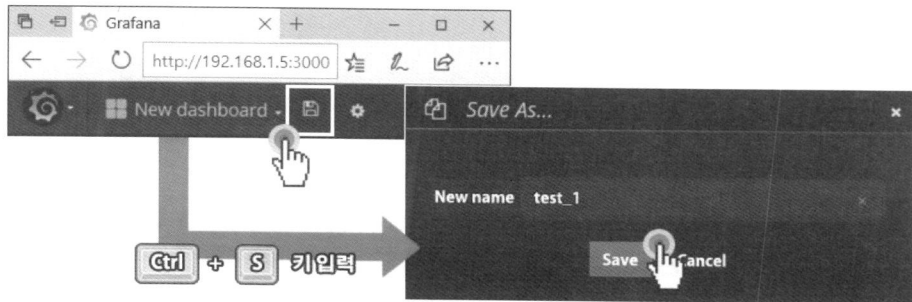

최종적으로 대시보드의 패널에 다음 그림과 같이 그래프가 생성된 것을 확인할 수 있다. 다만, 현재는 업데이트되는 정보가 없어 그래프에 아무것도 표시되지 않는다.

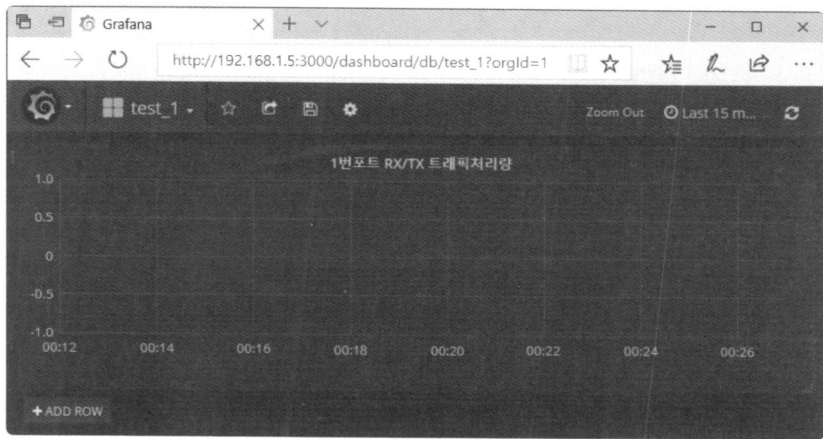

6.5.4 그래프 타이머 설정

앞에서 대시보드에 생성한 그래프가 InfluxDB의 데이터를 실시간으로 출력하려면 갱신 시간 설정이 필요하다. 여기서는 그래프가 매 2초간 최신 데이터를 갱신할 수 있도록 타이머 설정을 해 보겠다. 이를 위해 상단의 톱니바퀴 아이콘을 클릭하여 [Settings] 메뉴로 이동하자.

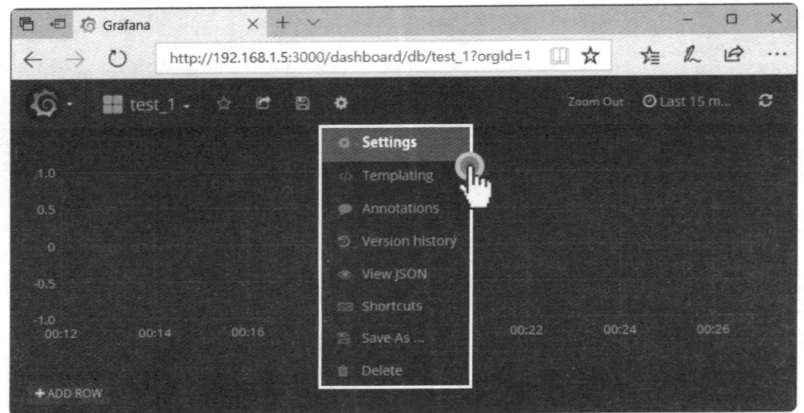

설정 창이 뜨면 [Time picker] 탭 메뉴로 이동하여 Auto-refresh에 2초 단위를 의미하는 '2s'를 파라미터로 추가하고 설정 창을 닫는다.

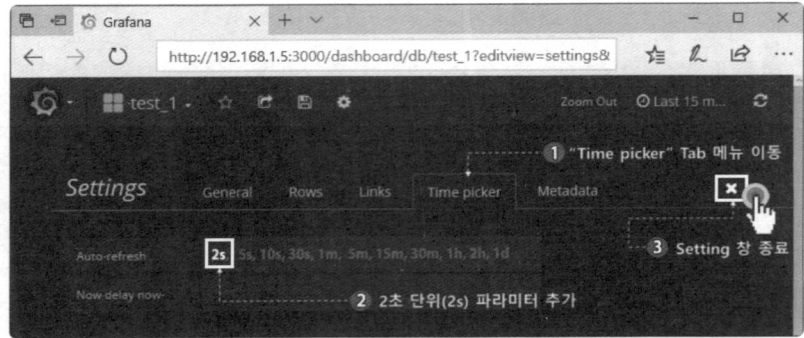

그리고 대시보드 오른쪽 상단에 있는 타이머 설정 메뉴로 이동해서 그래프의 X축을 현재 시각을 기준으로 최근 5분 동안을 2초마다 실시간으로 보여줄 수 있도록 설정한다.

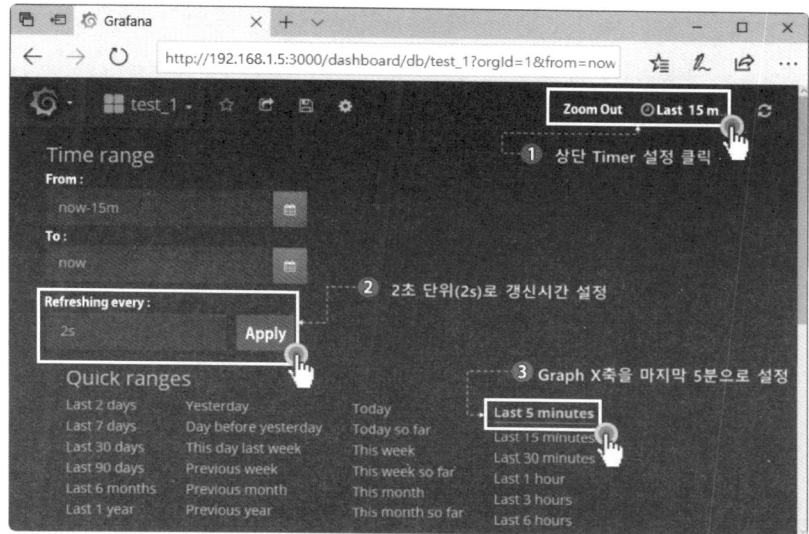

여기까지 진행되었다면 Grafana 설정이 모두 완료된다.

6.5.5 그래프 동작 확인

앞서 대시보드 안에 설정한 그래프에 InfluxDB의 실시간 데이터를 출력시켜 보자. 일단 그전에 먼저 ONOS에서 제공하는 REST API를 통해 송/수신 트래픽 처리량을 계산하고, 이를 DB에 저장하도록 Celery 태스크를 실행시킨다.

```
$ sudo celery -A task worker -B --loglevel=INFO
```

Mininet CLI에 접속하여 가상 호스트 h1에서 h2로 ping 메시지를 보내 실제 데이터를 보낸다.

```
mininet> h1 ping h2
64 bytes from 10.0.0.2: icmp_seq=1 ttl=64 time=0.054 ms
64 bytes from 10.0.0.2: icmp_seq=2 ttl=64 time=0.113 ms
64 bytes from 10.0.0.2: icmp_seq=3 ttl=64 time=0.063 ms
```

그림 호스트 h1과 h2는 다음 [그림 6-15]와 같이 각각 OVS 스위치 s1에 연결된 1번 포트와 2번 포트를 통해 서로 데이터를 주고받으면서 트래픽 처리량이 계산되고, 이 정보는 InfluxDB에 저장된다.

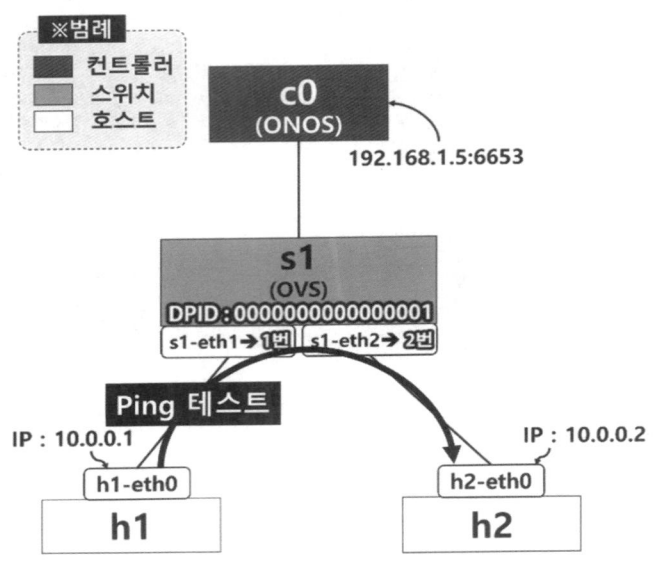

[그림 6-15] 호스트 h1→h2로 Ping 테스트

Grafana 대시보드(http://192.168.1.5:3000)에 접속하여 출력되는 그래프 정보를 확인해 보면, 현재 가상 호스트 h1에서 h2로 트래픽이 흐르면서 가상 호스트와 연결된 OVS 스위치 s1의 1번 포트의 수신 트래픽 처리량(RX Throughput)은 약 1.3kbps, 송신 트래픽 처리량(TX Throughput)은 약 0.7kbps인 것을 알 수 있다.

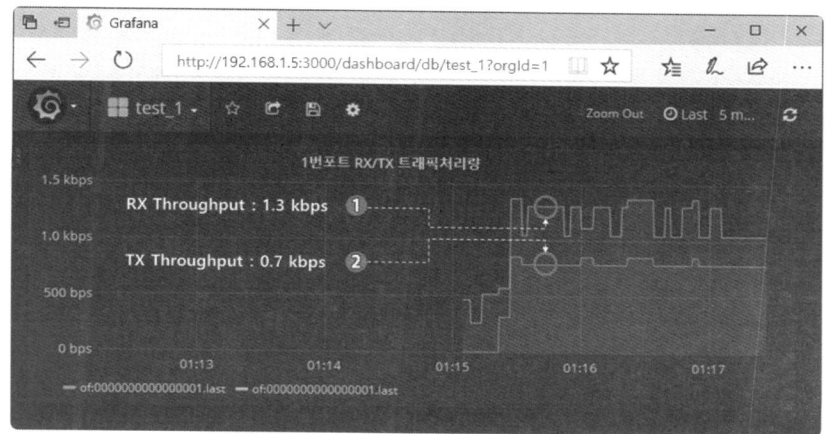

이렇게 실시간 트래픽 처리량을 그래프로 출력해 보는 실습까지 진행해 보았다. Grafana는 트래픽 처리량뿐만 아니라 InfluxDB에 저장되는 모든 수치 정보를 그래프로 표현할 수 있다. 지금까지의 실습 내용을 응용하여 ONOS로 수집할 수 있는 OVS 스위치의 CPU, 메모리 사용률 정보도 시각화해 한번 표현해 보자.

5G 시대 미래 SDN의 전망

7

지금까지 SDN은 SD-LAN, SD-WAN, SDDC 등 'SD(Software Defined)'라는 용어를 앞에 붙여 여러 형태의 솔루션으로 고객에게 제공되어 왔다. 그러나 초고속, 초저지연을 보장하는 5G 네트워크로 넘어오면서 SDN만 가지고 네트워크 서비스를 제공하기에는 그 한계가 분명히 보이기 시작했다.

그렇다면 네트워크 기반 서비스를 제공하는 기업과 통신사들은 5G 네트워크 환경에서 SDN을 어떻게 활용하고 있을까? 이번 장에서는 국내·외 기업(vendor), 통신사(telco)마다 정의하는 5G 구조를 통해 통신사와 기업이 바라보는 미래 5G망에서 SDN의 위치와 역할에 대해 분석하고, 최종적으로 SDN의 미래 방향성에 대해 알아본다.

7.1 : 기업에서 바라보는 5G와 SDN의 위치와 역할

7.1.1 화웨이(Huawei)

2021년 기준, 전 세계 5G 통신 장비 업체 시장 점유율 1위 기업인 화웨이는 2016년에 5G 아키텍처 백서인 '5G Network Architecture: A High-Level Perspective'를 공개했다. 해당 백서에는 화웨이가 전망하는 5G 아키텍처에 대한 내용이 기술되어 있는데, [그림 7-1]은 백서에서 언급된 5G 아키텍처에 대한 대략적인 구조도이다.

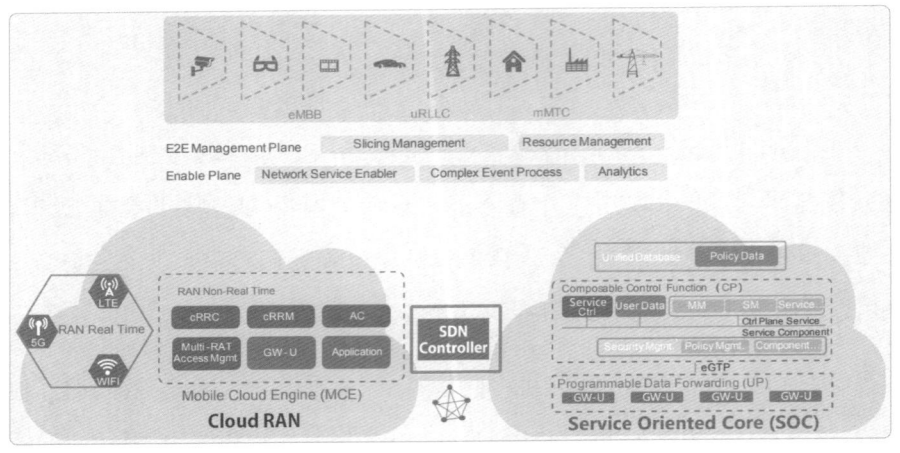

[그림 7-1] 화웨이의 5G 아키텍처(출처: Huawei, '5G Network Architecture' White Paper)

해당 5G 구조에서 CloudRAN, Service-Oriented Core(SOC), 이렇게 두 개의 클라우드로 구성된 End-to-End 구간을 먼저 살펴보자. CloudRAN에서 RAN은 Radio Access Network의 줄임말이며, 5G 단말이 기지국에 붙어 코어 네트워크([그림 7-1]에서는 SOC)에 연결되기 위한 액세스 네트워크 구간을 의미한다. 5G망으로 붙는 대부분의 단말이 LTE, WiFi 등 무선으로 연결되기 때문에 Radio Access Network(이하 RAN)라고 부른다. CloudRAN은 이런 RAN 구간을 구성하는 요소들이 클라우드 환경에서 VNF(Virtual Network Function)로 가상화되어 올라간 형태라고 생각하면 된다.

그리고 Service Oriented Core(이하 SOC)는 이전 4G(LTE)의 코어 네트워크에서 EPC가 수행하던 과금, 인증, 이동성 관리 등의 기능들이 클라우드 환경에서 VNF로 가상화되어 올라간 5G 코어 네트워크라고 생각하면 된다. 그 내부는 패킷에 대한 제어를 담당하는 제어 평면(Control Plane, CP) 영역과 단순히 패킷을 포워딩해주는 게이트웨이(Gateway, GW)들로 구성된 데이터 평면(Data Plane, DP) 영역으로 구분된다.

그리고 여기서 SDN 제어기는 정확히 CloudRAN과 SOC 사이에 위치하며, 두 클라우드 사이의 전송망(transport network)을 오가는 패킷에 대한 경로 설정 및 흐름 제어를 수행한다. [그림 7-1]을 보면 5G 단말들은 CloudRAN을 거쳐 SOC까지 연결되는데, 이때의 네트워크 서비스는 네트워크 슬라이스(network slice) 형태로 정의되어 단말에 제공된다.

그리고 SDN 제어기는 두 클라우드 사이를 오가는 데이터 패킷을 제어하며 5G 유스 케이스(use case) 시나리오에 해당하는 초광대역 이동통신(eMBB, enhanced Mobile Broadband), 초고신뢰·저지연 통신(URLLC, Ultra Reliable and Low Latency Communications), 대규모 사물통신(mMTC, massive Machine Type Communications)을 실현한다.

7.1.2 시스코(Cisco)

2020년 기준, 전 세계 1위 유무선 통신 및 네트워크 장비 제조 및 개발 업체인 시스코는 2016년에 '5G Strategy Series'라는 백서를 발표한다. 이 백서에는 2016년 발표 당시 시스코가 전망한 5G 코어의 구조와 전송 프로토콜 등에 대한 내용이 정리되어 있는데, [그림 7-2]는 해당 백서에서 언급된 5G 코어에 대한 구조도이다.

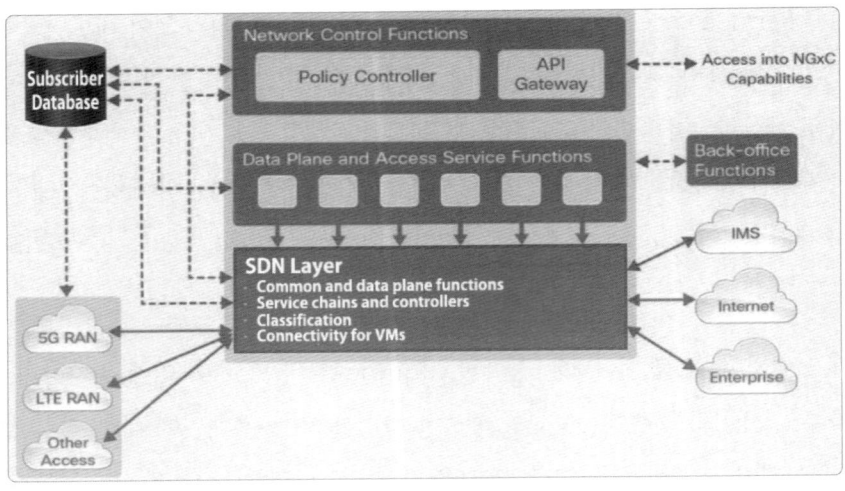

[그림 7-2] 시스코의 5G 코어 구조(출처: Cisco, 'The Cisco 5G Strategy Series' White Paper)

[그림 7-2]에서 5G 단말 이용자들은 가입자 데이터베이스(subscriber database)에 등록된 가입자 정보를 기반으로 5G 단말에서 5G/LTE RAN 혹은 다른 액세스망을 통해 5G 코어망에 접속하여 인터넷, 기업망, IMS와 같은 서비스망을 이용한다. 이때 서비스망에 접속하기 위해 5G 코어망으로 유입되는 트래픽은 최상위 네트워크 제어 기능(network control functions) 영역에 위치한 SDN 제어기와 같은 정책 컨트롤러(policy controller)에 의하여 정의된 서비스 체인(service chain)을 따라 흐르게 된다.

여기서 서비스 체인이란, 하위 데이터 평면 쪽 네트워크 장비에 탑재되는 네트워크 서비스 기능(Service Function)을 논리적인 그룹으로 정의한 것으로, 트래픽은 해당 서비스 체인에 정의된 서비스 기능들의 순서대로 흐르게 된다. 이때의 기술을 SFC(Service Function Chaining)라고 하며, SFC가 수행되는 영역이 [그림 7-2]의 'SDN Layer'이다.

요약하면, 시스코가 바라보는 5G에서 SDN의 역할은 '5G 코어로 유입되는 트래픽에 대해 제어 평면에 해당하는 SDN 제어기가 서비스 체인에 정의된 순서대로 트래픽이 흐르도록 데이터 평면에 속하는 네트워크 장비들을 지나는 데이터 패킷 흐름을 제어하여 고객에게 서비스를 제공하는 형태'이다.

이때 데이터 패킷의 흐름 제어를 지원하는 대표적인 SDN 프로토콜이 OpenFlow이며, [그림 7-2]에는 나와 있지 않으나 시스코가 발표한 백서에서는 대표적인 OpenFlow 지원 SDN 제어기인 ONOS와 OpenDaylight를 5G 코어망의 SDN 제어기로 언급하고 있다. 결국 시스코의 SDN은 플로우 정책 기반으로 데이터 흐름을 제어하는 대표적인 SDN 프로토콜인 OpenFlow를 수용하는 형태를 보인다. 이와 관련해 다음 [그림 7-3]을 보자.

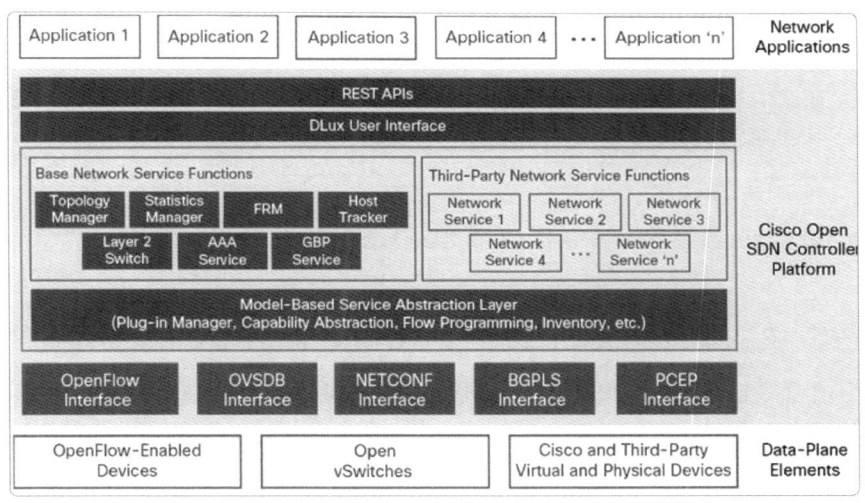

[그림 7-3] 시스코의 Open SDN Controller v1.2 아키텍처(출처: Cisco Open SDN Controller 1.2 Administrator Guide)

[그림 7-3]은 시스코의 Open SDN Controller(이하 OSC) v1.2의 구조이다. 시스코의 OSC는 사우스바운드 인터페이스로, 대표적인 SDN 프로토콜인 OpenFlow 외에도 OVSDB, NetConf 등을 지원한다. 그리고 이를 통해 OpenFlow 스위치, Open vSwitch, 서드 파티 가상/물리 스위치들을 제어한다.

시스코는 OpenFlow와 같은 플로우 정책 단위의 데이터 패킷 제어를 위한 전용 SDN 제어기인 OSC가 따로 존재하는 만큼 플로우 정책 단위의 트래픽 제어를 SDN의 방향성으로 잡고 있었다. 하지만 [그림 7-4]를 보면 이야기가 조금 달라진다.

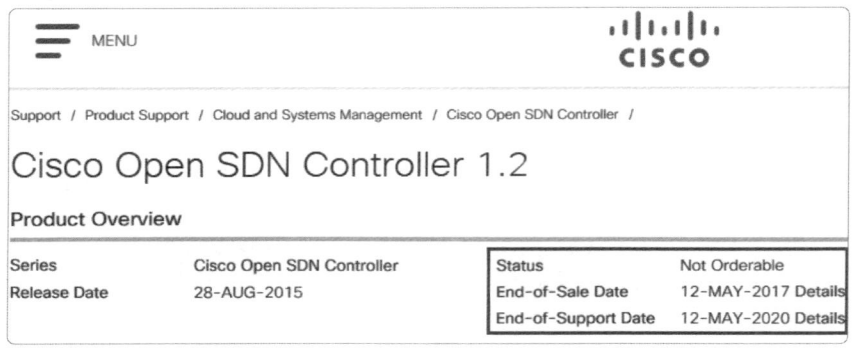

[그림 7-4] 시스코의 Open SDN Controller 1.2 제품 개요(출처: Cisco)

[그림 7-4]는 시스코의 OSC 1.2 버전에 대한 개요 정보이다. OSC는 2020년까지 최신 버전으로 1.2 버전까지만 배포되었다. OSC 1.2 버전은 2015년 8월 28일에 처음 배포되었으며, 판매 종료일(End of Sale Date)은 2017년 5월 12일로, 해당 OSC에 대한 서비스 지원 종료일(End of Support Date)은 2020년 5월 12일로 지정된 것을 볼 수 있다.

2017년 5월 12일 이후로는 OSC에 대한 판매를 종료할 뿐만 아니라 3년 후인 2020년에는 서비스 지원까지 종료한다는 의미로, 즉 시스코가 플로우 정책 단위의 데이터 흐름 제어를 지원하는 OSC를 더 이상 지원하지 않는다는 것이다. 그렇다고 시스코가 SDN 솔루션을 더 이상 서비스하지 않겠다는 것은 아니다.

시스코에는 OSC 외에도 2013년 11월 발표된 데이터 센터 및 클라우드 대상 SDN 솔루션인 ACI(Application Centric Infrastructure)가 존재한다. 2017년 10월 20일에 ACI 3.0이 발표되었으며, OSC와는 다르게 꾸준히 업데이트되며 판매되는 시스코의 메인 솔루션이다. 여기서 ACI는 플로우 정책 기반의 OSC와는 다르게 별도의 정책 기반 트래픽 제어를 지원한다. [그림 7-5]의 ACI 구조를 보면, [그림 7-4]의 OSC 구조와는 다른 점을 확인할 수 있다.

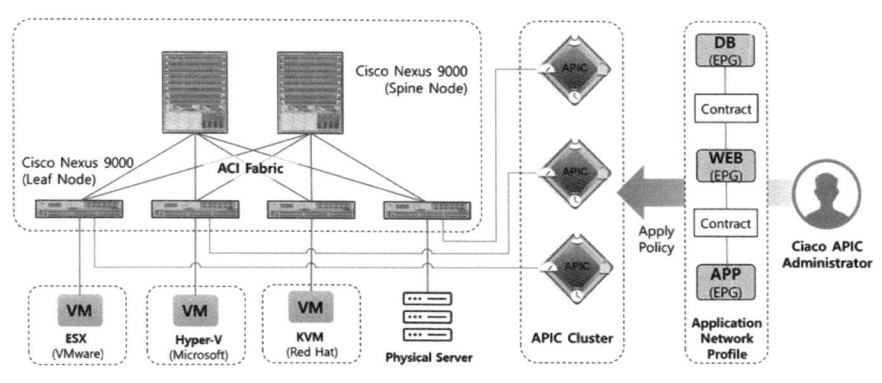

[그림 7-5] 시스코의 ACI 아키텍처(출처: Cisco, ACI White Paper)

[그림 7-5]와 같이 시스코의 ACI 솔루션은 시스코 자사 Nexus 9000 시리즈의 스위치 장비들로 스파인-리프(spine-leaf) 형태의 패브릭(fabric)으로 구성된다. 이때의 구조를 ACI 패브릭이라고 부르며, 외부 APIC 제어기를 통해 관제된다. APIC 제어기는 보통 3대 이상의 클러스터로 구성된다. SDN의 구조적인 관점에서만 보면 APIC는 SDN 제어기로서 제어 평면의 역할을 수행하고, ACI 패브릭은 APIC의 제어대로 패킷을 처리하는 데이터 평면의 역할을 수행한다고 볼 수 있다.

그런데 이 ACI 솔루션의 동작 과정을 제어 평면과 데이터 평면으로 나누는 기존 SDN의 관점으로 바라보는 데에는 문제가 좀 있다. 우선 SDN 제어기가 데이터 평면에 해당하는 모든 SDN 스위치 장비에 연결되어 제어하는 것과는 다르게 시스코의 APIC는 ACI 패브릭의 리프(leaf) 스위치 장비 일부에만 연결되어 전체 패브릭 내 장비를 관제한다. 이때 APIC는 OpenFlow와 같은 플로우 정책 단위의 트래픽 제어가 아니라, ANP(Application Network Profile)라는 별도의 프로필을 정의하여 모델링된 정책 정보를 가지고 트래픽 흐름을 결정한다.

시스코는 이것을 '정책 기반 제어'라고 부른다. '정책 기반 제어'에 대해 살펴보면. 우선 동일한 서브넷(subnet), VLAN, VxLAN 등과 같이 공통의 네트워크 특성을 그룹화하여 이를 EPG(End-Point Group)라 정의하고, EPG 사이에 트래픽이 오갈 때 QoS, 패킷 차단/허가 등의 정책을 콘트랙트(contract)로 정의하여 ANP로 그룹화한다. 이 APIC를 통해 ACI 패브릭에 전달하면 ACI 패브릭 내에서 알아서 해당 정책대로 트래픽이 흐르게 된다.

요약하자면, 시스코는 5G에서의 SDN을 '5G 구조가 어떻든 간에 5G에서 SDN의 제어 범위가 ACI의 제어 범위에 해당하는 센트럴/에지 클라우드(central/edge cloud) 내부 혹은 데이터 센터 내부가 되며, 우리가 알고 있는 일반적인 SDN의 제어 방식과는 다른 정책 기반으로 트래픽 흐름을 정의'하는 형태이다.

7.1.3 노키아(Nokia)

[그림 7-6] 벨 연구소 저서, 『벨 연구소에서 전망하는 미래 네트워크』

글로벌 통신 네트워크 솔루션 기업인 노키아는 2018년 1월, 고성능/저비용 5G를 목표로 새로운 5G 네트워크 아키텍처인 '5G Future X'를 발표한다. 'Future X'란 용어는 2015년 벨 연구소(Bell Labs)가 발간한 『벨 연구소에서 전망하는 미래 네트워크(The Future X Network)』 저서에 나오는 용어로, 벨 연구소가 전망한 미래 네트워크를 통칭한다.

원래 벨 연구소는 프랑스의 통신 기업인 알카텔-루슨트(Alcatel-Lucent) 소속이었으나 해당 서적 발표 당시인 2015년 노키아에 최종 인수 합병되어 현재는 노키아 소속이다. 게다가 노키아의 CTO(최고기술책임자)이자 벨 연구소 사장인 마커스 웰던(Marcus Weldon) 박사가 벨 연구소 연구원들과 함께 서적을 집필한 만큼 해당 저서에서 전망하는 미래 네트워크와 노키아가 발표한 5G 아키텍처인 '5G Future X'의 형태는 일맥상통한 점이 있다.

현재 인터넷상에 공개된 노키아의 '5G Future X'에 대한 정보는 극히 적다. 따라서 여기서는 연구소가 'Future X Network' 문서에서 소개한 아키텍처를 가지고 노키아가 전망하는 5G에서 SDN의 역할을 파악해 보겠다.

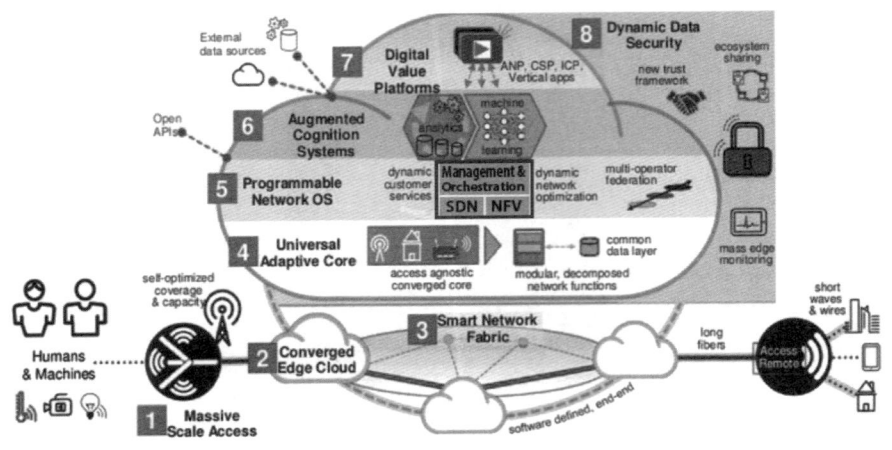

[그림 7-7] 벨 연구소의 Future X Network 아키텍처(출처: Keynote Lauri Oksanen-Future X Network-a Nokia Bell Labs View-Mindtrek 2016)

[그림 7-7]에서 SDN은 각 에지 클라우드(edge cloud) 내부의 네트워크 OS 영역에 위치한다. 여기서 네트워크 OS는 사용자에게 메모리 및 CPU에 대한 유연성 있는 접근을 제공하는 컴퓨터 OS와 유사하다. 즉, 네트워크 고객에게 네트워크 자원에 대한 유연성 있는 접근을 제공하는 하나의 OS의 개념으로써, 초광대역 5G망에서 네트워크 OS의 이런 유연성 있는 접근을 위한 목적으로 SDN을 활용한다.

『벨 연구소가 전망하는 미래 네트워크』 저서에 따르면 이때의 SDN의 역할을 크게 네 가지로 정리할 수 있으며, 그 내용은 다음과 같다.

- 네트워크 도메인 구분 없이 추상화를 통해 다른 네트워크 도메인과의 네트워크 제어를 통합함으로써 GSP(Global Service Platform)에 End-to-End 서비스 제공
- 네트워크 슬라이스 내에서 네트워크 기능(network function)들이 동적으로 자원을 할당받고 동작할 수 있게 네트워크 하이퍼바이저(hypervisor)로서의 역할 수행
- 서비스 수준 계약(SLA, Service Level Agreement)을 만족시키면서 동일한 인프라를 공유하는 네트워크 서비스들 사이의 트래픽 제어(로드 밸런싱, 패킷 차단/허용 등)
- 실시간 모니터링을 통한 네트워크 상태 분석 결과에 기초한 네트워크 자원 자동 최적화

요약하자면 노키아는 5G를 포함하여 초고속망이 될 미래 네트워크를 하나의 OS(Operating System, 운영체제) 개념으로 잡고, 그 네트워크 OS 내에서 네트워크 자원 관리를 위한 데이터 흐름을 SDN을 통해 제어한다는 관점이다.

7.1.4 시에나(Ciena)

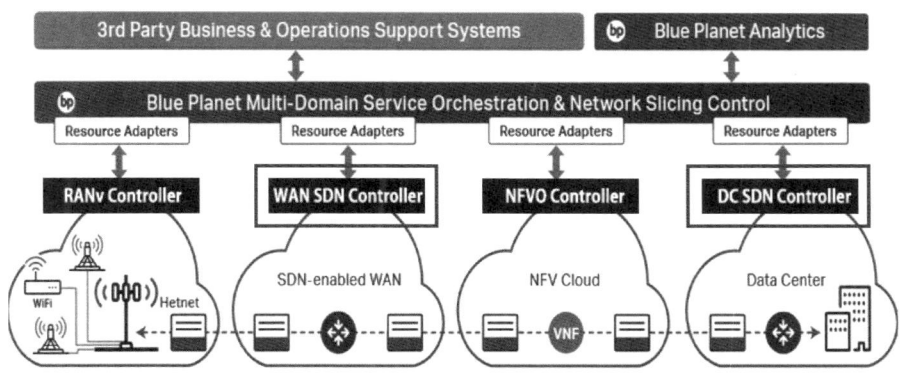

[그림 7-8] 시에나의 5G 유선 네트워크 구조(출처: Ciena, '5G Needs Software Everywhere, Especially on the Wireline Network' White Paper)

[그림 7-8]은 미국에 기반을 둔 네트워크 장비 및 소프트웨어 공급 업체인 시에나가 2017년에 공개한 5G 백서 '5G Needs Software Everywhere, Especially on the Wireline Network'에서 공개한 5G 유선 네트워크 구조이다.

해당 구조에서는 End-to-End 영역을 크게 RAN, WAN, NFV 클라우드, 데이터 센터, 이렇게 네 가지 도메인으로 구분한다. 각 도메인은 인프라 관제를 위한 제어기(controller)가 상위에 별도로 존재한다. 각 도메인 제어기들은 리소스 어댑터(resource adapter) 인터페이스를 통해 상위 서비스 오케스트레이터(service orchestrator)와 연결되며, 오케스트레이터는 이때 연결된 도메인 제어기를 관제하며 하나의 네트워크 슬라이스 형태의 서비스를 정의하고 사용자에게 제공한다.

서비스 오케스트레이터의 경우 자사 네트워크 자동화 오케스트레이터 솔루션인 'Blue Planet'이 적용되었으며, 상위에는 'Blue Planet Analytics'란 분석 솔루션을 두어 'Blue Planet'으로 관제되는 End-to-End 인프라의 네트워크 모니터링을 수행한다. 이때 수집되는 데이터를 가지고 머신러닝 기반의 분석을 통해 지능적인 네트워크 자동화 운영을 지원한다.

[그림 7-8]에서 SDN 제어기는 WAN과 데이터 센터 도메인에 한해서 상위에 위치하여 인프라 관제를 수행하는데, 각 도메인과 도메인 사이가 아니라 오직 도메인 내부 인프라에 대해서만 경로 제어와 같은 설정을 수행한다.

7.2 : 국내 통신사에서 바라보는 5G와 SDN의 위치와 역할

7.2.1 KT

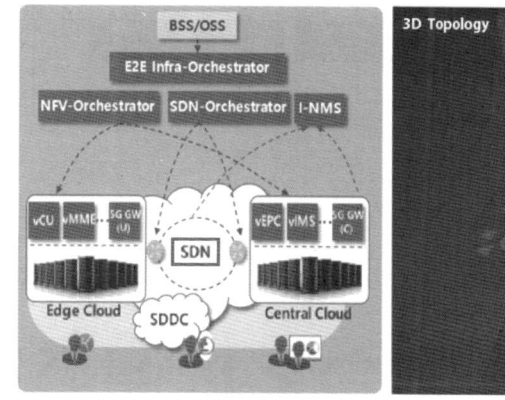 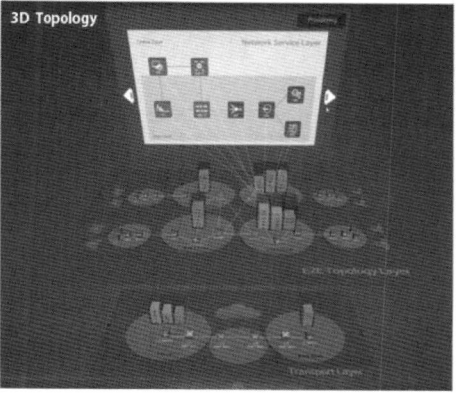

[그림 7-9] KT 평창 올림픽 5G 오케스트레이션 구조(출처: 2018 KR-NET)

[그림 7-9]는 2018년에 열린 국내 컨퍼런스, '2018 KR-NET'에서 KT가 발표한 'KT End-to-End Orchestrator' 발표 자료에서 가져온 평창 올림픽에 적용된 KT의 5G 오케스트레이션 구조도이다. KT는 평창 올림픽에서 5G 시범망을 구축하여 적용하였는데, 위 [그림 7-9]는 당시 KT의 5G 시범망에 대한 대략적인 구조로 볼 수 있다.

위 구조에서 E2E 인프라-오케스트레이터(infra-orchestrator)는 고객에게 제공될 서비스망 구성을 위해 에지 클라우드에서 센트럴 클라우드에 이르는 인프라의 통합 제어를 수행한다. 여기서 SDN은 에지 클라우드와 센트럴 클라우드 사이에 위치하며, 상위 SDN-오케스트레이터에 의해 그 사이의 동적 네트워크를 제어한다. 하지만 KT가 바라보는 SDN의 제어 영역이 에지 클라우드와 센트럴 클라우드 사이에만 국한된 것은 아니다. [그림 7-10]을 보자.

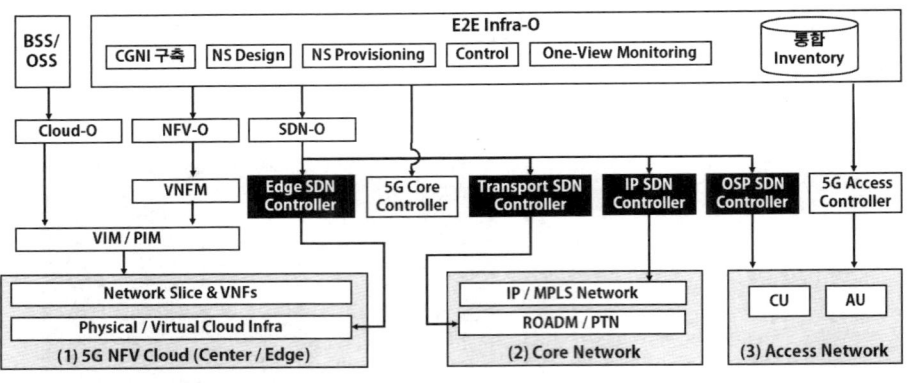

[그림 7-10] KT의 5G 제어 체계도(출처: KRnet)

위 [그림 7-10]은 KT의 발표 자료에 포함된 5G 제어 체계도이다. [그림 7-10]을 보면 5G에서 SDN의 제어 범위가 [그림 7-9]에 있던 에지/센트럴 클라우드 영역 외에도 코어 네트워크와 액세스 네트워크 구간을 포함한 것을 알 수 있다.

[그림 7-10]의 구조에서 SDN은 코어 네트워크의 L3, L4 구간(Transport, IP)부터 고객 단말에 이르는 액세스 네트워크 구간(OSP)까지 End-to-End 영역 전반에 이르는 네트워크 제어를 담당한다. 각 구간에는 별도의 SDN 제어기가 존재하며, 상위 SDN-오케스트레이터(SDN-O, SDN Orchestrator)에 의해 통합 관제된다. 즉, KT가 바라보는 5G에서의 SDN의 역할은 특정 구간에 한정되기보단, End-to-End 전반에 걸쳐져 있다고 볼 수 있다.

7.2.2 SK 텔레콤

SK 텔레콤(이하 SKT)은 5G 네트워크 구조를 좀 더 구체화하여 5G 기반의 초고속망에서 안정적이고 효율적인 서비스 제공을 위한 인프라 구조를 'ATSCALE'이라고 정의하고, 2016년에 ATSCALE 백서를 발간한다.

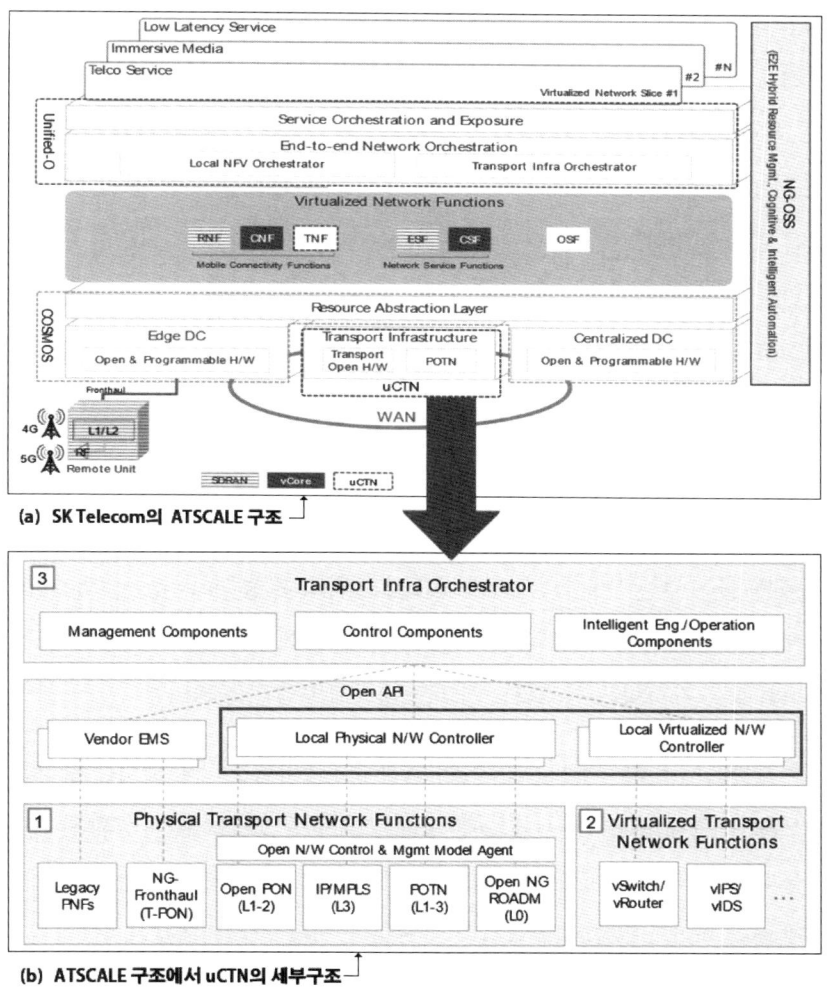

[그림 7-11] SKT의 ATSCALE 구조와 uCTN 구조(출처: SKT, ATSCALE White Paper)

[그림 7-11]의 (a)는 ATSCALE 백서에 나온 ATSCALE의 구조이다. ATSCALE 구조에서 uCTN(Unified & Converged Transport Network)이라는 기능 블록(function block)을 확인할 수 있는데, 바로 이 부분이 SKT의 ATSCALE 구조에서 SDN 영역으로 볼 수 있다. uCTN의 구조를 더욱 확대해 보면 [그림 7-11]의 (b)와 같다.

SKT는 ATSCALE 백서에서 uCTN을 '네트워크 연결성(network connectivity)을 제공하는 도메인으로, 멀티 벤더(multi-vendor)와 멀티 레이어(multi-layer)를 통합 제어·관리하는 기능을 통해 네트워크 리소스 효율을 향상시키고, TNaaS(Transport Network-as-a-Service) 제공이 가능한 SDN 및 NFV 기반 전송 플랫폼'으로 정의하고 있다. 간단하게 말하면, uCTN은 End-to-End 구간별 동적 네트워크 제어를 목적으로 배치된 SDN 제어기들을 수용하여 상위 전송 인프라 오케스트레이터(transport infra orchestrator)에 의해 통합 제어가 가능하도록 지원하는 SDN 플랫폼으로 볼 수 있다.

[그림 7-11]의 (b)에는 물리 및 가상 네트워크 제어기(physical/virtualized N/W controller)가 보이는데, 간단히 SDN 제어기라고 생각하자. 각 SDN 제어기 하위에는 물리 혹은 가상화된 L0~L3 네트워크 기능(network function)들이 제어 대상으로 포함되며, 스위치와 라우터 같은 물리 네트워크 장비 외에도 Open vSwitch 같은 가상화된 네트워크 장비도 여기에 포함됨을 의미한다.

SKT의 ATSCALE 백서에 SDN의 제어 도메인이 분명하게 나와 있지는 않지만, 제어 대상으로 유추해 보면 에지/센트럴 클라우드 내부 도메인의 가상화된 네트워크 기능들 외에도 액세스 네트워크부터 코어 네트워크 도메인에 이르는 물리 네트워크 장비에 대한 제어가 그 범위에 속하는 것으로 보인다.

7.2.3 LG U+

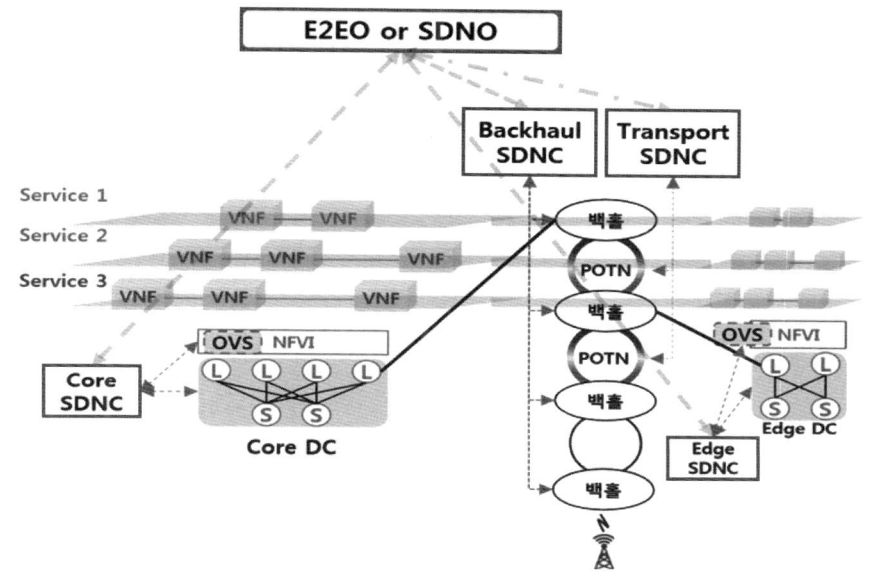

[그림 7-12] LG U+의 5G 전송 네트워크 통합 관리에 대한 도식도(출처: 2018 KR-NET)

[그림 7-12]는 2018년에 열린 국내 컨퍼런스, '2018 KR-NET'에서 LG U+가 발표한 '5G SDN/NFV 구조 및 적용 사례' 자료에서 가져온 5G 전송 네트워크 통합 관리에 대한 이미지이다.

[그림 7-12]의 구조에서 SDN 제어기는 코어 및 에지 데이터 센터와 백홀(backhaul), 전송 네트워크(transport network)에 위치하여 네트워크 관제를 수행한다. LGU+는 KT, SKT와 마찬가지로 End-to-End 인프라 영역의 구간별로 SDN을 통한 제어를 수행하고 있으며, 상위 SDN 오케스트레이터를 두고 'Service 1, 2, 3'으로 구분되는 각 네트워크 슬라이스 내부의 VNF(Virtual Network Function, 가상의 네트워크 서비스 단위)들에 대한 네트워크를 통합 제어한다.

7.3 : 5G 네트워크 환경에서 SDN의 역할 요약

앞에서 분석한 기업과 이동통신사가 바라본 5G 네트워크 구조에서 SDN의 위치와 제어 범위에 대한 내용을 [표 7-1]로 간단히 정리하였다. 표 내용은 인터넷에 공개된 데이터에 한해서 분석한 내용을 바탕으로 작성한 것이므로 기업과 통신사가 바라보는 미래 SDN의 대략적인 방향성 정도로만 이해하자.

구분	기업(Vendors)				이동통신사(Telco)		
	화웨이	시스코	노키아	시에나	KT	SKT	LG U+
상위 SDN 관리 도메인 유무	없음	없음	Management & Orchestration 존재	자사 상용 Orchestration인 Blue Planet 존재	SDN Orchestrator 별도 존재	Transport Infra Orchestrator 별도 존재	SDN Orchestrator 별도 존재
5G 구조에서 SDN 제어 범위	Edge/Central Cloud 사이 영역	Edge/Central Cloud 내부	Edge Cloud 내부	SD-WAN, DC 내부	End-to-End - Access N/W - Core N/W - Central Cloud - Edge Cloud	End-to-End - Access N/W - Core N/W - Central Cloud - Edge Cloud	End-to-End - Core/Edge DC - Backhaul N/W - Transport N/W

[표 7-1] 기업, 통신사별 5G 구조에서 SDN의 상위 관리 도메인과 제어 범위

[표 7-1]을 통해 내용을 분석해 보면, 이동통신사들은 고객에게 서비스를 제공하기 위한 유무선 인프라를 확보하고 있는 만큼 공통적으로 5G 단말이 붙는 기지국에서부터 액세스 네트워크, 에지/센트럴 클라우드에 이르는 End-to-End 영역을 SDN 제어 범위로 보고 있다. 넓은 제어 범위만큼 이를 관제하기 위해 상위에는 별도의 SDN 오케스트레이터를 두고 있는 점이 가장 큰 특징이다.

기업들은 SDN의 제어 범위를 각자 네트워크 솔루션에 최적화된 형태로 클라우드 내부 혹은 클라우드와 클라우드 사이로 두고 있으며, 이를 제어하기 위한 상위 오케스트레이터가 일부 존재하지만 필수적이지는 않다.

찾아보기

가

가상머신(Virtual Machine) ... 162
가입자 데이터베이스(subscriber database) ... 310
게스트 운영체제(Guest Operating System) ... 162
관계형 DB ... 287
관리 평면(Management Plane) ... 5
그룹 테이블(Group Table) ... 58
기술 시방서(Technical Specification, TS) ... 68

나

네트워크 ... 2
네트워크 서비스 제공자 ... 3
네트워크 슬라이스(network slice) ... 309
네트워크 운영체제(Network Operating System, NOS) ... 21, 22, 76, 90
네트워크 제어 기능(network control functions) ... 310
노스바운드 API((Northbound-API) ... 32
노스바운드 인터페이스 ... 13
노스바운드 코어 API(Northbound Core API) ... 39
노키아(Nokia) ... 315

다

대규모 사물통신(mMTC, massive Machine Type Communications) ... 309
데이터 센터 ... 323
데이터 평면(Data Plane) ... 5
도커(Docker) ... 116
도커(Docker) 컨테이너 ... 161, 215
동기식 작업 ... 273

라

라즈베리 파이(Raspberry Pi) ... 137
루미나 네트웍스(Lumina Networks) ... 30
리눅스 재단(Linux Foundation) ... 26
리소스 어댑터(resource adapter) 인터페이스 ... 318
리액티브(Reactive) 방식 ... 59

마

마라톤(Marathon) ... 45
매치 필드(Match Field) ... 57
메시지 큐(message queue) ... 273
목적지 IP 주소 ... 57
목적지 MAC 주소 ... 57
목적지 포트 번호 ... 57

바

백홀(backhaul) ... 323
범용 NOS 인스톨러 ... 109
베어메탈(Bare-Metal) 스위치 ... 106
베어풋 네트웍스 ... 82
벨 연구소(Bell Labs) ... 315
보안 채널(Secure Channel) ... 55, 74
부트로더(boot loader) ... 109
분산 코어(Distributed Core) ... 39
브로커(broker) ... 273
브로케이드 SDN 제어기 2.0 ... 30
브로케이드(Brocade Communications Systems) ... 30
비동기식 작업 ... 273
빅 클라우드 컨트롤러(Big Cloud Controller, BCC) ... 45
빅 클라우드 패브릭(Big Cloud Fabric, BCF) ... 45

빅스위치 네트웍스 플러그인(Big Switch Networks Plugin, BSN Plugin) 모듈 ... 45
빅스위치 네트웍스(Big Switch Networks) ... 26, 42

사

사우스바운드 인터페이스 ... 13
사우스바운드 인터페이스 & 프로토콜(Southbound Interface & Protocol) ... 32
사우스바운드 코어 API(Southbound Core API) ... 39
삼성 SDN 솔루션 ... 36
섀시(Chassis) ... 76
서드 파티 애플리케이션(3rd Party Applications) ... 32
서비스 기능(Service Function) ... 310
서비스 오케스트레이터(service orchestrator) ... 318
서비스 체인(service chain) ... 310
센트럴/에지 클라우드(central/edge cloud) ... 314
소프트웨어 정의 네트워킹 ... 1
시계열 DB ... 287
시계열 데이터베이스 ... 286
시스코(Cisco) ... 309
시스템 호출(System Call) ... 93
시에나(Ciena) ... 317
심볼릭 링크(Symbolic Link) ... 211

아

아파치(Apache) 2.0 ... 34
애자일 네트워크(Agile Network) ... 35
애자일 컨트롤러 3.0(Agile Controller 3.0) ... 35
애플리케이션 개발 도구(Application Development Kit, ADK) ... 103
애플리케이션(Applications) ... 39
액션(Actions) ... 55
에도 아리스타 네트웍스(Arista Networks) ... 26
에지 클라우드(edge cloud) ... 316
오픈 네트워킹 랩 ... 34

오픈 네트워킹 재단(Open Networking Foundation, ONF) 37
오픈시프트(Openshift) ... 45
우분투 마테(Ubuntu MATE) ... 137
우분투(Ubuntu) ... 115
워커(worker) ... 273
웨스트바운드 인터페이스(Westbound Interface) ... 43
인스트럭션(Instructions) ... 57
인터넷 서비스 제공자 ... 4
입력 포트 ... 57

자

자바 개발 도구(openjdk) ... 170
자바(JAVA) ... 170
전송 네트워크(transport network) ... 323
전송망(transport network) ... 309
정보 통신 기술(ICT, Information and Communications Technology) ... 31
정책 기반 제어 ... 314
정책 컨트롤러(policy controller) ... 310
제어 평면(Control Plane) ... 5
주니퍼 네트웍스(Juniper Networks) ... 26

차

초고신뢰 · 저지연 통신(URLLC, Ultra Reliable and Low Latency Communications) ... 309
초광대역 이동통신(eMBB, enhanced Mobile Broadband) ... 309
출발지 IP 주소 ... 57
출발지 MAC 주소 ... 57
출발지 포트 번호 ... 57

카

카운터(Counters) ... 55, 57
컨테이너 엔진 ... 163
컨테이너(Container) ... 116

컨트롤러 서비스 & 애플리케이션(Controller Service & Applications) 32
콘트랙트(contract) 314
쿠버네티스(Kubernetes) 45
쿠키(cookie) 57
큐뮬러스 네트웍스(Cumulus Networks) 91

타

타임아웃(Timeout) 57
태스크(task) 272, 273
토피노 2(Tofino 2) 82
토피노 3(Tofino 3) 82
토피노(Tofino) 82
통합 클라우드 패브릭(Converged Cloud Fabric, CCF) 47
트라이던트 3(Trident 3) 83
트라이던트 4(Trident 4) 83
트래픽 처리량 262

파

파이썬(Python) 210
패킷 서비스 유형 57
패킷 타입 57
패킷-인 메시지(Packet-in Message) 60
프라이어리티(Priority) 57
프로그래밍 가능한 ASIC(Programmable ASIC) 85
프로바이더(Providers) 39
프로액티브(Proactive) 방식 59, 64
프로토콜(Protocols) 39
플랫폼((Platform) 32
플로우 수정 메시지(Flow Modify Message) 61
플로우 정책(Flow Rule) 55
플로우 테이블(Flow Table) 55
피카8(PICA8) 91, 95

하

하드웨어 추상화 계층(Hardware Abstraction Layer, HAL) 93
하이브리드 SDN(Hybrid-SDN) 89
하이퍼바이저(Hypervisor) 162
하향식 제어 방법 87
한국전자통신(Electronics and Telecommunications Research Institute, ETRI) 31
해시(hash) 155
헤더 필드(Header Fields) 55
홉카운트(Hop-Count) 61
화이트 박스(White-Box) 스위치 105

A

ACI 패브릭 313
ACI(Application Centric Infrastructure) 30, 313
Aluminium 31
AmpCon 98
ANP(Application Network Profile) 314
API(Application Program Interface) 13
APIC 제어기 313
Argon 31
ASIC 22, 76, 78
ASIC(Application-Specific Integrated Circuit) 21
ATSCALE 320
ATSCALE 백서 320
Avocet 37

B

Bazel 209
Beacon 26
Beryllium 31
Big Cloud Fabric 백서(White Paper) 45
BIOS 127
Blackbird 37

Blue Planet	318	**F**	
Blue Planet Analytics	318	Falcon	37
Boron	31	feature	177
BPS(bits/sec)	278	fields	291
bytesReceived	277	Floodlight	26, 42
bytesSent	277	Fluorine	29, 31
		Future X	315

C

Carbon	31
Cardinal	37
CCF 컨트롤러(CCF Controller)	47
CDP	102
Celery	262, 272
Celery beat	282
Chlorine	31
CloudR AN, Service-Oriented Core(SOC)	308
CNX88091	83
Cumulus Linux	91, 92
cURL	164

G

Goldeneye	37
GPG 공개키	164
Grafana	262, 292

H

Helium	31
Hummingbird	37
Hydrogen	31

D

Data Center Network Architecture	16
Destination Port	57
DPID	187
Drak	37
durationSec	277

I

Ibis	37
idle time	271
ifconfig	219
InfluxDB	262, 286
Ingress Port	57
Internet Service Provider, ISP	4
IP Destination Address	57
IP Protocols	57
IP Source Address	57
IP ToS bits	57
IP 프로토콜 번호	57

E

E2E 인프라-오케스트레이터(infra-orchestrator)	319
Emu	37
EPG(End-Point Group)	314
EPL(Eclipse Public License) 1.0	27
Ethernet Destination Address	57
Ethernet Source Address	57
Ethernet Type	57

J

JAVA API	44

JDK	212
Junco	37

K

Karaf	176
Kingfisher	37
KT	319

L

LG U+	323
Lithium	30, 31
Loon	37
LTS(Long Term Support)	116

M

Magnesium	31
Magpie	37
Management 포트	74
measurement	291
Mininet	168, 262

N

NBI, Northbound Interface	13
Neon	31
Netplan	155
net-tools	219
Network Service Provider, NSP	3
Nexus 9000	313
Nightingale	37
Nitrogen	31
NOS	90
NOX	26

O

ODP	102
OF-DPA	91, 100
OF-DPA API	101
ON.LAB	34
ONIE	109
ONOS(Open Network Operating System)	26, 34
ONOS JAVA API	277
ONOS REST API	276
Open Compute Project(OCP)	111
Open Network Linux(ONL)	92
Open SDN Controller(OSC) v1.2	312
Open vSwitch(OVS)	95, 137
OpenContrail	26
OpenDaylight	26
OpenFlow	53
OpenFlow Switch Specification	54, 68
OpenFlow 적합성 테스트 프로그램(OpenFlow Conformance Testing Program)	69
OpenMUL	26
OpenSSH	221
OpFlex	30
ovs-ofctl	187, 243
Owl	37
Oxygen	31

P

Peacock	37
Phosphorus	31
PICOS	91, 95
PostgreSQL	287
Potassium	31
POX	26
Python	262

Q

Quail	37

R

RabbitMQ	273, 274
RAN	308
Raven	37
requests	279
REST API	245
RESTCONF	191
Ryu	26

S

SBI, Southbound Interface	13
SD Memory Card Formatter	140
SDN	1
SDN Layer	310
SDN 스위치	14, 22, 73
SDN 제어기	14, 22, 25
SDN 프로토콜	14, 22
SDN-오케스트레이터(SDN-O, SDN Orchestrator)	320
SDxCentral	27
SD협회	140
Service Oriented Core(SOC)	309
SFC(Service Function Chaining)	310
Silicon	31
SK 텔레콤	320
Sodium	31
SONA(Simplified Overlay Networking Architecture)	35
Source Port	57
Sparrow	37
Sulfur	31
Switch Light	91
switchd	93

T

tags	291
Time-Scale Database(TSD)	287
TNaaS(Transport Network-as-a-Service)	322
Toucan	37
traceroute	160
T-SDN(Trasnport-SDN)	31

U

uCTN(Unified & Converged Transport Network)	321
Uguisu	37
UltraISO	117

V

vASIC(virtual ASIC)	96
Velocirapto	37
vim	219
VLAN ID	57
VLAN Priority	57
VLAN(Virtual LAN)	205
VNF(Virtual Network Function)	308, 323

W

Win32 Disk Imager	144
Woodpecker	37

X

X-Wing	37

Y

YAML	155

ETC

4G(LTE) ... 309
5G ... 307
5G Future X ... 315
5G 유스 케이스(use case) ... 309
7 ZIP ... 139